劉榮生著

文學叢刊

東橋說詩續集

文史哲出版社印行

國家圖書館出版品預行編目資料

東橋說詩續集 / 劉榮生著. -- 初版. -- 臺北
市：文史哲, 民 97.01
頁： 公分. --（文學叢刊；196）
ISBN 978-957-549-761-3 (平裝)

1.詩評 2. 中國詩

821.886 97001304

文學叢刊 196

東橋說詩續集

著者：劉榮生
出版者：文史哲出版社
http://www.lapen.com.tw
登記證字號：行政院新聞局版臺業字五三三七號
發行人：彭正雄
發行所：文史哲出版社
印刷者：文史哲出版社
臺北市羅斯福路一段七十二巷四號
郵政劃撥帳號：一六一八〇一七五
電話886-2-23511028・傳真886-2-23965656

實價新臺幣四二〇元

中華民國九十七年（2008）元月初版

ISBN 978-957-549-761-3

《東橋說詩》續集序

張定成

余讀《東橋說詩》，蓋有年矣。然與作者未嘗謀面，不知何許人也？觀其文藻富贍，博雅多聞，引據古今詩文及相關人物典實，精詳考證，有似乾嘉學人。品評月旦，則類彼汝南；簡序後先，或優乎記室；清裁卓議，肆外閎中；因心儀久之！越數年，湘鄉詩人劉治慶兄，告余彼亦湘人，於某日約與來舍，乃倒屣迎之，互道傾慕，此余初識東橋劉兄榮生也。自茲而後，或文酒之讌，或品茗清談，進知其與里人劉漢屏（潤常）兄有僚屬之誼，久而不忘故交，為人富情感，重道義；又悉其早年于役戎行，慕義彊仁，敏而好學。其原籍邵陽，余謂清季早倡「師夷制夷」之魏源，民初討袁護法之蔡鍔，近如學人從政之外交家蔣廷黻，及使台灣經濟振衰起敝，為國家建設負天下之謗而不悔，主財經十二年，盡瘁邦國而身後蕭條，以廉能剛毅為世欽重之尹仲容，皆邵陽之振奇人也。東橋聞之有得色！

余嘗兼課上庠，開《昭明文選》及《唐宋詩選》諸課；自考試院退職，又主中華學術院詩學研究所有年，或詢以後人學杜而不學李何故？余謂太白詩思如天馬行空，不可羈絡；如神龍出沒，無跡可循，世人譽之為詩仙。詩有仙氣，橫逸凌雲，非人力強學所能致。杜公稱詩聖，希聖希賢，人皆可以為堯舜，故人多學杜而不學李也。東橋謂然！並論唐宋詩家五、七言古風，李、杜之雄渾沉鬱，縱橫變化，卓絕千古，非諸子所能逮。若韓退之排空硬語，雄奇傲兀，學杜公得其神而變其貌；宋以歐、王各有工力；山谷則力絕恒谿，其精者直吸杜公之髓。五、七言律詩，太白有奇氣，剽姚曠逸，而飄然不群，多有神來之筆；杜公則涵蓋宇宙，包羅萬象，而跌宕雄豪，臻於聖域。學杜者以李商隱、韓偓繼軌於前，黃山谷、陳師道躡蹤於後。至於絕句當以摩詰、龍標、太白為擅長，杜公以涵天負地之才，未專擅此也；然觀錦城絲管之篇，岐王宅裏之詠，較之太白、龍標又何遜耶？余亦以之為然，謂東橋乃可與言詩者，惟相識恨晚，未能早薦其被春風於上庠，良可惜也。今時移勢易，而年事俱高，復何言焉！又常關心時政，每資傳聲器通話言，以為能有素交越世高談之樂！

自古詩話之作，卷帙浩繁，而作者不可勝紀。夫詩話者，乃評論詩章，或講究詩法，記載詩人故實之作也。風起於宋代，歐陽修嘗集《六一詩話》一卷，開諸家詩話之先例；旋有司馬光《續詩話》一卷，繼之者有劉攽《中山詩話》、陳師道《后山詩話》、嚴羽《滄浪詩話》……宋人詩話不下數十家。至清代纂集詩話之作，吳景旭著《歷代詩話》，統論歷代之詩，上起三百篇，下迄明季，凡八十卷，分為十集。又何文煥集《歷代詩話》，自梁鍾嶸《詩品》，迄明顧元慶《夷白詩話》凡二十八種。至民初丁福保為《續歷代詩話》以補其遺，自唐孟棨《本事詩》迄明陸時雍《詩鏡總論》，亦輯二十八種。言詩話者，當以是為淵海矣！然吳、何、丁三氏所選皆止於有明一代，不知何故？豈援梁代蕭樓之例乎！吳氏之作，先列舊說於前，而雜引諸書以互相參考；其舊說所無，而景旭自立論者，則列本詩於前，而附己意於後。取材宏富，能於眾說參考得失，可謂淹貫矣。何著繫以《歷代詩話考索》凡百有一條，於前人詩話加以評述，乃是書特點，亦有其獨到。至於丁氏補前書之遺佚，求全備采，良有足珍。而另集《清詩話》，叢收清代諸詩家若王夫之《薑齋詩話》，吳偉業《梅村詩話》，王士禛《漁洋詩話》……凡四十四種。竊以清代詩話之作，風起雲湧，眾采紛陳，踵事增華，邁越前代，丁氏集為專著，嘉惠後學，有足多者！

前述諸人所著《歷代詩話》，皆止於有明一代，而不論列當代詩人。東橋說詩，人不分古今，不論識與不識；詩不分新舊，但論善與不善，內容除詩以外，間亦論及詞、聯與文。東橋自有詩云：「詩詞不論舊和新，要合時宜美善真，務去陳言求獨創，最難平易見精醇」。可以見其詩論之大端。其引據諸家詩話不下數十種，而不主故常，不宗一說，可見其旁稽博采，亦可見其卓犖不群，每能推陳出新，融今汲古，而自有其獨到之見，良可佩也。於嚴羽之「興趣」說，阮亭之「神韻」說，王國維之「境界」說，樊志厚之「意境」說，洛夫之「意象」說，概括之為「詩魂」，此其折中一說也。今時代更新，傳統詩人應切忌無病呻吟，避免堆砌艱澀，須言之有物，語近情遙，此則東橋寄慨也深。中華學術院詩學研究所於創所之初，即揭櫫「昌明詩學，弘揚詩教」之旨，余於主所期間，與諸研究委員咸有詩學式微之嘆，乃常以類乎東橋之言與同仁相勗勉。

《東橋說詩續集》，行將付梓，合前集都五十萬言。慨自五四倡行新文學以來，著詩話者尠，而能卓然成家者，其惟東橋乎？囑余一言以贅其端，爰瑣述於上，聊申景佩，用以為序！

《東橋說詩》續集序

劉漢屏

邵陽劉君榮生仁棣，譜名先智，吾老友，亦畏友，五十四年前於台北淇哩岸（現改為石牌），甘苦與共經年，其穩於任事，不苟言笑，言必有中，行止及物，有鶴立超群之概。多年戎馬倥傯，局促於海隅，風雨飄搖，久經戰備，均心身勞頓。我因體力不勝，調高砲部附員，彼則隨部駐防馬祖，疆場歷練有年，時移世換，我經考試轉入樞府工作十年，繼之宦遊東瀛，北非等地又十年，抵美後、即聞其官止神行，得掌空總行政主管，出類拔萃，於軍書旁午間，以餘事為文章，兼及詩評，皆斐然可觀，一展身手，歷任《新生報》詩苑主編，以詩品名於時，躋身於當世作者之林，玉尺量才，得心應手，對詩人行誼評述，及人生感悟，引經據典，論說詩法，古今奇觀，見解獨到，且兼社區大學講座，誨人不倦，歷久彌新，於創作技法，立論更新，影響老、中、青三代，見界深遠，函電求教者日眾，多年前、以生花之筆，成《東橋說詩》一書、名響海內外。緣於鄉梓文風之盛，家學淵源，自幼耳濡目染皆詩話、且攻讀勤謹，根基深厚，涉獵甚廣之所致。

綜觀其傑作，及近年來所寄篇章，才情卓越，匠心獨運，因其襟懷磊落，至情至性，饒有詩家品評之風範，以繼絕學，而發揚光大，孜孜不倦於詩學，業精於勤，在其作品中，窺前人之堂奧，更勝一籌。

詩是文學的精華，文學藝術皆以詩為依歸；詩講求「神韻」，也就是把握「靈感」，深入淺出，風趣無窮，如神龍見首不見尾，臻於化境；詩講求「境界」，境界中分「有我之境」，與「無我之境」，即以我觀物，或置身於物外，物我相忘，而完全「超脫」；由詩之境界，可窺詩人之胸懷、氣度、與含義之深廣；詩重「鍾練」，一字之工，常使全篇面目一新，致所謂：「語不驚人，死不休」、「吟成一個字、撚斷幾根鬚」，即此道理。讀《東橋說詩》，深體「神韻」「境界」及「鍾練」工夫之深，可賞心悅目，怡然自得，且蕩氣回腸，百讀不厭；聞其續集，即將問世，台北詩壇，交相推譽，洛陽紙貴，爭窺全豹，自古三不巧，悉有所歸；爰題數語，以表敬忱，非敢言序。

八一叟長沙劉漢屏於芝加哥
二〇〇六年六月歲次丙戌季夏

自序

——概述自我對文學的體驗

憶自髫齡開始讀唐詩，最愛孟浩然的〈春眠〉一詩：「春眠不覺曉，處處聞啼鳥；夜來風雨聲，花落知多少」？這是描寫早上春睡初醒的情景。自然流麗，是唐詩中雋永的神品。春眠酣暢好睡，醒來窗外啼鳥喚晴，使人想起夜來的風聲雨聲的悽迷。此詩全係用白描的手法，烘托出優美的意境。尤其是結句，引來「落紅滿徑」的聯想，仁人愛物的精神，言外見意，是我喜愛的原因。爾後又讀到一首新詩：「記得當時年紀小／我愛談天妳愛笑／有一回併肩坐桃林下／風在林梢鳥在叫／我們為什麼睡著了／樹下花落知多少」？此與前詩的情景略似，且結語都是「花落知多少」？值得說明的是：詩中這一雙「兩小無猜」的童年玩伴。他們在一起談笑，小小的心靈裡，究有什麼思想？談了些什麼？為什麼又睡著了？也許玩得太高興，太累了吧！醒來見到遍地「落英繽紛」，那是一個多美的意境！

從此我的看法：詩只要寫得好，有意境，是不分新舊的。何謂有意境？據王國維在評論元曲時，他曾有明白的解釋：「寫情則沁人心脾，寫景則豁人耳目，述事則如口出是也。古詩詞之佳者，無不如是」。

但胡適博士說：「作詩須力求具體，不可用抽象的方法。凡是好詩，都是具體的，越偏向具體，越有詩的意味。李義山的『歷覽前賢國與家，成由勤儉敗由奢』。胡氏認為「不成詩。因為李義山所用的幾個抽象名詞，沒有一點詩味」。胡氏認為下列幾個句子，都是好詩。如「綠垂風折筍，紅綻雨肥梅」；如「雞聲茅店月，人跡板橋霜」；又如「四更山吐月，殘夜水明樓」；又如「五月榴花照眼明」等，這些句子，寫得具體真切，明艷動人，所以能引起鮮明的影像。我對胡先的「詩觀」，是表贊同的。不過我也認為他引用的詩句，太偏重於「寫景」，對於「抒情」是否也須具體鮮明呢？答案如王國維前面說的「寫情則沁人心脾」。又說：「境非獨謂景物也，喜怒哀樂，亦人心中之一境界。故能寫真景物真感情者，謂之有境界，否則謂之無境界」。真景物目之可見，真感情則只能體味，二者是不相同的。因為「景」是有形的，「情」是無形的，也是抽象的。如「將我心，換你心，始知相憶深」；如「不好詣人貪客過，慣遲作答愛書來」；如「問姓驚初見，稱名憶舊容」；如「借問生身親父母，賣兒還剩幾多錢」？如「問世間情為何物？真教人生死相許」；又如「剪不斷，理還亂，是離愁，別是一般滋味在心頭」。這些詩句和詞句，都屬於內在本質的境界，沒有具體鮮明的影像，我們就不能說不是好詩。因二者的表現方式不同，是不能相提並論的。

再者我要強調的，無論詩詞，散文，小說，戲劇等文藝作品，須具有真、善、美三要素，始能成其偉大。其所謂「真」：在儒家曰「誠」，在釋老則多謂「真如」、「真諦」；《莊子漁父》篇謂：「真者，精之至也」。依我淺見，也可作情感自然流露，不禁而然解。我們讀李密的〈陳情表〉；諸葛亮的〈出師表〉；韓愈的〈祭十二郎文〉；袁枚的〈祭妹文〉，無不為那種真情所感動，很自然的淌下淚來，即其例證。但文學上的「真」，絕不同於生活的原型，而是經過作者加工提煉，具有藝術的產品。因此「真」絕不似外在的「形似」，而是形而上的人生內在的本質「神似」。如王國維稱道周美成的「葉上初陽乾宿雨，水面清圓，一一風荷舉」，為得荷之「神理」者，就是因為表現荷花所展示的本質內在美。

其次所謂「善」者，則有多種解釋。在此僅就善良、慈悲、憐憫、大愛而言。西方哲人卡西勒在他的《語言與神話》中說：「文學既不是快感，也不是消遣或娛樂，而是一件神聖的大事」。是什麼神聖大事？我想：不外乎啟示人生，闡揚人性，悲天憫人，消弭仇恨，泛愛人群，鼓勵向上，忠愛國家的崇高哲理。這些哲理，在世界大文豪雨果的《悲慘世界》〈孤星淚〉；托爾斯泰的《戰爭與和平》；漢明威的《老人與海》；莎士比亞的《羅米歐與朱麗葉》（鑄情記）；小仲馬的《茶花女》等名著中，以及我國大詩人屈原的《離騷》；杜甫的〈茅屋為秋風所破歌〉、〈哀王孫〉、〈悲陳陶〉、〈悲青坂〉，〈三吏〉，〈三別〉；白居易的〈村居苦寒〉、〈新製布裘〉等各詩詞中，都可覓尋答案。特以王國維的〈浣溪沙〉詞為例：「天末同雲黯四垂，失行孤雁逆風飛，江湖寥落爾安歸！ 陌上金丸看落羽，閨中素手試調醯，今宵歡樂勝平時。」這詞開始即布成一幕廣廓悽寂的場景，以「逆風」兩字強調這失群孤雁迷失和掙扎的苦況，繼而作者參予其中，寄予可憐的慰問。下闋是一幅郊外行獵圖。一位青年用彈丸擊落這隻孤雁，他夫人更是幫凶，剝煮來陪他下酒。短短四十二字，尺幅千里，表達了大千世界兩種哀樂不同的情景——一邊是無辜遇害，一邊是殺掠快意。作者對前者充滿無限的悲憫與同情，對後者雖無譴責之字眼，而深意已寓乎其中。這是「善」的最高境界，也是仁者的心懷。

至於「美」者，按《論語．八佾》篇載：「子謂韶，盡美矣，又盡善也」。美與善是不可分的。俗語常謂「盡美盡善」。而真善美三者又常相連結；真與善又是美的基石。凡一篇文章，一首詩詞，或一件藝術品，如果不能達到真與善，而徒求美，則不過人工裝飾的「綵花」而已。

綜合近代美學家克羅齊和朱光潛的學說：「自然美並不是藝術美。自然美可作藝術美的原料，經由作家再造，達到極似自然，才是美的最高境界」。李辰冬先生亦云：「作者對外界事務的意象，通過意識，恰當表現出來，使讀者與作者心靈產生同樣的喜悅情緒，即謂美感」。茲舉〈桃花歌〉為例：「三月桃花山路中，千朵萬朵照人紅。誰家女兒年最少，採桑來自溪之東。攀花欲折還縮手，見人避入桃花叢」。這就是作者意識恰當表現的美的畫面。這畫面中提籃的少女，本要來採桑的，見到山野紅艷艷的桃花，她想採一兩朵妝飾到她的鬢邊，但見有人來便將伸出的纖手縮了回去，羞怯怯的躲入桃花林中。這便使讀者與作者的心靈產生同樣喜悅的情緒——美感。世上還有什麼比這更美的呢？當然，這是中國文化孕育出來的古典美，在西方的朋友，或受西方教育的現代青年男女，可能審美觀不同，很少能體會其深意的。

所以凡稱得上偉大的文藝作家或詩人，須有真善美的素養。換言之，也就是須有科學家的精神，哲學家的智慧，宗教家的情懷，及敏銳的觀察力，高度的表達技巧。通達人情事理，切合時宜，力求創新，務去陳詞濫調。使每一句詞語，都從肺腑中流出，渾化、自然，不拾人牙慧。如果便句（如套用成語）太多，則是組詩，變為雕琢呆板，詩詞便失去性靈。

詩詞之高妙，並非用典之深僻，故意掉書袋，炫耀淵博；要儘量避免因襲，要「我手寫我口」，「我詩有我在」；意境要新，情感要真；語詞要工，聲律要協，寄托要遠。「道前人所未道」，要使「句中有餘味，篇中有餘意」；要言之有物，將抽象的事理具體化，把深奧的義理形象化，把普通的東西詩意化。表情美妙，達意婉曲，且明白曉暢。正如袁子才《隨園詩話》云：「立意要精深，下語要平淡」。使專家學者看來，不覺其平凡；凡夫俗子看來，不覺其高深。

尤其最要者，無論詩文、詞曲、及一切文學作品、要有嚴正的主題。所謂主題，即作者所要表達的主見，是作品的靈魂，思想的重心，問題的樞紐。但主題的表達，要含而不露，言外見意。俗語云：「會看者看門道，不會看者看熱鬧」。所謂門道，即指主題而言。凡對世道人心愈有匡益，則貢獻愈大；愈能犧牲小我，成全大我，則服務精神愈強，而價值也愈大。作品的境界愈高，情感愈真摯愈能代表大眾者，則所引起的同情與共鳴，也必深廣久遠。放眼世界所有文學名著，莫不如此。這是我六十餘年來讀書寫作，所思所感，所體驗的一得之愚。也是我賞詩說詩的標尺，卑之無甚高論。

拙著《東橋說詩》出版將近十年，贏得海內外詩（師）友的溢美，甚至有勸我再寫續集者，至為心感。爰將前在《新生報·新生詩苑》未刊完之舊稿及新增篇章，彙成續集，並蒙前考試委員張公定成教授，暨美國芝加哥《世界日報》海外詩壇主編老上司劉公漢屏（潤常）僑領，惠賜鴻序，謹衷心表示崇高之敬意與謝忱！

目錄

附錄

作品的藻飾與內涵

凡是一篇美好的作品，無論是詩、文，並非僅求詞藻的瑰琦，用典的古奧。而是思想的成熟，情理的通達，意境的高遠，以及寫物狀情的深刻、周延、精確、清新、美感。能引起讀者的感興與共鳴。歷覽古今佳作名篇，莫不如此。

如清朝江舟次〈田間〉一詩云：「小婦扶犁大婦耕，隴頭一樹有啼鶯。兒童不解春何在？只向遊人多處行。」袁枚對這首詩的批評是：「此種詩，兒童老嫗都能領悟，而學富五車者不能道其隻字也」。袁枚的話雖嫌嚴苛，亦未說明學富之人何以不能道的原因，但以筆者所見：一般習俗都是男耕女織，而此詩開始即出現兩位婦女扶犁春耕的鏡頭，而且是大小兩婦人，實在新鮮有趣。接著是一幅陽春煙景圖——隴頭碧綠的一顆樹上，有隻流鶯在婉轉的嬌啼，一聲聲讚美著美好的春光。另在田塍的一端，有位不懂事的兒童，可能是耕婦的孩子。他那裏知道什麼是春？什麼是秋。正自由自在的嬉戲，見到路過的許多遊人，也莫名其妙的跟著跑，直到他媽媽呼喚，才傻頭傻腦的轉回來。以上幾幕生動的情景，若對生活沒有深刻觀察與體驗的人，是寫不出來的。可見詩的明白易懂而有深度者難作。

又如《儒林外史》第一回中：「那日正是黃梅時節，天氣煩躁，王冕放牛倦了，在綠草地上坐著。須臾，濃雲密布，一陣大雨過了，那黑雲邊上鑲著白雲，漸漸散去，透出一派日光來，照耀得滿湖通紅。湖邊山上，青一塊、紫一塊、綠一塊，樹枝上都像水洗過一番的。尤其綠的可愛。湖裏有十來枝荷花，苞子上清水滴滴，荷葉上水珠滾來滾去。」這是吳敬梓用他的彩筆，輕描潔淨的幾筆，卻表現得通體透明，把一幅雨後天霽的湖邊美景，勾劃得有如一幕靈活的電影鏡頭。我們不得不佩服他手法的高超、筆觸的生動，觀察的深微，用詞的貼切，真是天衣無縫。

再如最近筆者一時想起宋朝朱熹的一首詠〈元日霧〉的詩：「元日昏昏霧塞空，無分南北與西東。幾多行旅垂坑塹，我亦驅車泣路窮。」此詩頗有意境，可惜有些句子記不得了。只好自作聰明的代擬，但仍感不妥。後來在我的筆記薄中，找到了朱熹的原作：「元日昏昏霧塞空，出門咫尺誤西東。人多失足投坑塹，我亦停車嘆路窮。」前後兩相比照，後者的用辭貼切多了。除第一句相同外，第二句「出門咫尺誤西東」，其中多了「出門」、「咫尺誤」兩層意思；不提「南北」，僅提「西東」而「南北」自然包括其中，詞句更顯精潔。第三句「人多失足投坑塹」亦較「幾多行旅垂坑塹」佳妙，且有形象感。第四句「泣」字下語過重，不如「嘆」字適當。「停車」亦比「驅車」合理。但筆者亦有一新發現，朱熹不是理學家嗎？以理學家的立場看來，末句中的「嘆路窮」，不如改為「嘆道窮」，因「道」字語帶雙關，且有更高一層的境界。這也許是「愚者千慮，偶有一得」吧！

法國大文豪福樓拜爾對他的弟子莫泊桑說：「無論你要寫的東西是什麼，能表現它的，只有唯一的名詞；要對它賦予運動，只有唯一的動詞；要對它賦予性質，也只有唯一的形容詞。你應該苦心思索，非發現這唯一的名詞、動詞、形容詞不可。如僅發現其近似的詞，千萬不可滿足」。這一段話，無疑是修詞方面的重要準則。因為詞句的巧拙，會影響到作品的良窳，所以用語必須精細準確。凡是對每件事，每一個意旨，必用不輕不重的詞語表現出來，不要太過火，也不要不夠，求其恰到好處。

宋朝洪邁所著《容齋隨筆》中有一段話：「王荊公絕句『春風又綠江南岸』。原稿『綠』字初作『到』字，圈去，注曰：『不好』；改『過』，復圈去；改為『入』，旋改『滿』字，幾經修改，始定為『綠』字」。從以上的例子可見：「到」、「過」、「入」、「滿」等字，都是近似的詞，那最後所定的「綠」字，才是最足以表現它的全句意境的唯一動詞。綠字優於其他各字，由於「綠」是名詞而兼動詞用，文學上稱為詞性活用，修辭學上謂之「轉品」，手法十分經濟。尤其綠字有色彩感。眼看那春風一吹，江南兩岸變得一片碧綠，意象明朗，意境顯豁。

可知欲求文詞的優美，非充實詞彙不可，倘若詞彙不豐富，那又何從去比較，選擇？一位詩人或作家，心中所儲備的詞彙越多，他所要表現的東西也越準確精當，越明晰，越有價值。

作品僅求詞藻的華美是不夠的。尤須做到篇章的彪炳，與內涵的充實完美。從前宋玉對楚王說：「天下之佳人莫若楚國，楚國之麗者莫若臣里，臣里之美者莫若管東家之子。東家之子，增之一分則太長，減之一分則太短；著粉則太白，施朱則太赤。」他先從天下的美女說起，再縮小到他的邦家，再縮小到他的鄉里，最後歸結到他家鄉東家的一位女孩子——真是漂亮。身材高矮適度，肌理細膩；不能增一分，也不能減一分。凡是臙脂水粉，如果擦在她的臉上，就有污她的顏色。她是一位清新脫俗的天生絕代佳人。當然，它還具有「清而不寒，秀而不媚」；「心較比干多一竅」的內在靈慧。我們綴詩屬文，何嘗不是如此。該長的就長，該短的就短；該說的就說，不該說的就刪（割愛）。不必畫蛇添足，不必塗脂抹粉。立意要精深，下語要平淡，整篇剪裁適度。圓潤如串珠。每一環節緊緊相扣；每一顆珠子，色澤均勻，明艷、清新、玲瓏剔透，使讀者看後，無不感到通體舒暢，熨貼，言外見意，味外有味。

孫中山的文學觀

戴季陶在《孫文主義之哲學的基礎》一書中曾言：「孫中山先生實在是孔子以後，中國道德文化繼往開來的大聖」。凡讀過孫先生全集的人，都會認同戴先生這一段話。孫先生不僅在政治思想方面有獨到的理論與創見，在文學方面亦有非常人所及的見解。他在《孫文學說》中說：「自人類有史以來，能紀四五千年之事翔實無間斷者，惟中國文字所獨有，而學者正當寶貴此資料，思所以利用之。如果用古人而不為所惑；能役古人而不為所奴，則載籍皆為我調查，而使古人為我書記，多多益善矣」。讀古人書，能不受古人迷惑，甚至不做古人的奴隸，這不是一般冬烘先生所能說得出來的。

孫先生又說：「中國自古以來，無文化、文理之學。為文者窮年揣摩，久而忽通，暗合於文法則有之，能自解析文章，窮其字句之所當然，與用此字之所以然者，未之有也」。故孫先生認為：「欲知文章之所當然，則必自文法之學始，欲知其所以然，則必自文理之學始」。文法學與文理學，為作文必修之學。文法學一詞，一般人耳熟能詳，至於文理學，在西方人稱為「邏輯學」，有人譯為「論理學」，有人譯為「辨學」，孫先生謂「皆未得其當」，而嚴又陵譯為「名學」，孫先生更譏其為「遼東白豕」，少見多怪。最後孫先生以為「當譯之為『理則』學」。後之學者，皆以此一名稱為準繩。

在文法學與理則學未傳入中國之前，一般讀書人確不知文章之當然與所以然。孫先生舉曾國藩與人論文為例：「如曾國藩者，晚清之宿學文豪也。彼之與人論文，有『春風風人，夏雨雨人，解衣衣人，推食食人，入其門而無人門焉者，入其閨而無人閨焉者』。其於風風、雨雨、衣衣、食食、門門閨閨等疊用之字，而解之上一字為實字實用，下一字為實字虛用，則以為發前人所未發，而探得千古文章之奧秘矣。然以文法解之，則上一句為名詞，下一字為動詞也。此文義當然之事，而宿學文豪有所不知，故強而解之為實字虛用也」。由此觀之，可知孫先生對文學之真知與卓識。

孫先生畢生奔走國事，但未嘗一日不讀書。所以他的學識淵博，兼中、西之長。而表現於其文章詩聯中者，如早年的〈上李鴻章書〉（詳總理全集），無論文采識見、皆軼邁群倫，炳耀百世。又如〈悼劉道一詩〉：「半壁東南三楚雄，劉郎死去霸圖空。尚餘遺孽艱難甚，誰與斯人慷慨同？塞上秋風悲戰馬，神州落日泣哀鴻。何時痛飲黃龍酒？橫槊江流一奠公」。以及〈輓蔡松坡聯〉：「平生慷慨班都護，萬里間關馬伏波」。不僅文詞典雅、聲調鏗鏘，而且悲壯沈雄。祇以德業蓋世，文名為其所掩，此鮮有人道及者。

意識決定文學體式

詞是詩之餘，此話未免太抽象。其實詞是因逸樂而產生，它與言志的詩，所產生的背景，是截然不同的。詩要莊嚴，不便逸樂。如歐陽炯在《花間集》序言中所稱「詩客曲子詞」，表示寫詞的多係詩人。而詩人都不敢將「曲子詞」編入己之正式詩集，證明其所作的目的在逸樂，難登大雅之堂。而「詩客曲子詞」是「詞」的最早名稱。

既然稱為「曲子詞」，一定要配曲。換言之，「曲子詞」與音樂有密切之關聯。至於關聯者何?當非關雅樂，應是指胡樂而言。唐朝白居易〈長恨歌〉中的「驚破霓裳羽衣曲」，此曲即為胡樂。按胡樂初入中國，名字未定，故稱為「新聲」、「新變」或「新曲」。在六朝時，已漸風行，迄至唐朝，才真正流行。詩人元稹說：「胡音胡騎與胡妝，五十年來競紛泊」。王建亦云：「城頭山雞鳴各各，洛陽家家學胡樂」，由此可見風行是何種程度。

詞至南唐李後主，境界已擴大，除寫男女之情外，猶寫君主身世之感。如他的〈菩薩蠻〉云：「花明月暗籠輕霧，今宵好向郎邊去。剗襪步香階，手提金縷鞋。畫堂南畔見，一晌偎人顫。奴為出來難，教君咨意憐」！這是描寫一位十五歲的少女——小周后，偷偷溜到宮裏與他幽會的情景，是何等的逼真、香艷、撩人！但自開寶八年南唐被曹彬討伐亡國後，他變成俘虜，所以他的詞風大變。如他的〈虞美人〉云：「春花秋月何時了，往事知多少？小樓昨夜又東風，故國不堪回首月明中，雕欄玉砌應猶在，只是朱顏改，問君能有幾多愁，恰似一江春水向東流。」再如他的〈浪淘沙〉云：「簾外雨潺潺，春意闌珊，羅衾不耐五更寒。夢裏不知身是客，一晌貪歡。獨自莫憑欄，無限江山，別時容易見時難，流水落花春去也，天上人間！」這是抒寫他的身世之感。由詞中可想見他在精神上所受的煎熬。「春花秋月」，原是最值得留戀徘徊，但此時反變成時光難挨，度日如年了。「雕欄玉砌」，本是南唐的宮廷，然而人事已經全非！美麗的故國河山，真不堪回首憶當年，這是亡國後的哀音，是何等的沈鬱悲苦！因而王國維說：「後主儼有釋迦基督擔荷人類罪惡之意」。又說：「詞至李後主，而眼界始大，感慨遂深，遂變伶工之詞為士大夫之詞」。也有人說，他雖失去了塵世的君主，但卻變成詞國的帝王，俱屬真切之論。

李後主之後，到宋朝的蘇東坡，詞的境界又為之一變。換言之，詞本來是抒情的，又加上了言志的成份。如東坡的〈念奴嬌〉詞：「大江東去，浪淘盡，千古風流人物。故壘西邊人道是：三國周郎赤壁。亂石崩雲，驚濤裂岸，捲起千堆雪。江山如畫，一時多少豪傑！遙想公瑾當年，小喬初嫁了，雄姿英發，羽扇綸巾談笑間，檣櫓灰飛煙滅。故國神遊，多情應笑我，早生華髮。人生如夢，一樽還酹江月」。這是東坡四十七歲被貶黃州所作，故有盛年不得志之感。「多情應笑我早生華髮」，是其著眼處，也是他所以要寫此詞的主題。他想以三國周瑜赤壁之戰的事跡，來抒發他的志抱。也可知東坡是以作詩言志的心情來寫詞，於詞又開一新境界。陳無己在《後山詩話》云：「退之以文為詩，子瞻以詩為詞」。又《坡仙集外記》云：「東坡問陳無己：『我詞何如少游？』無己曰：『學士小詞似詩，少游詩似小詞』」。可見當時人已發覺蘇詞是一大變格。

到了近代，詞的境界又一大變。如毛潤之寫的二闋〈沁園春〉，一詠「長沙」，一詠「雪」。前者云：「獨立寒秋，湘江北去，橘子洲頭。看萬山紅遍，層林盡染，漫江碧透，百舸爭流。鷹擊長空，鱗潛淺底，萬類霜天競自由。悵寥廓，問蒼茫大地，誰主沈浮？攜來百侶同遊。憶往昔崢嶸歲月稠。恰同學少年，風華正茂，書生意氣，揮斥方遒。指點江山，激揚文字，糞土當年萬戶侯。曾記否？到中流擊水，浪遏飛舟」。此詞係民國十四年所作。上闋描述長沙秋天景物之美。下闋表現毛潤之在少壯之年，即豪氣干雲，對於萬戶功名，視同糞土。他「問蒼茫大地，誰主沈浮？」這個「誰」字，即暗指他自己，這時已有統攝宇內之大志。後來所作的那闋詠「雪」的〈沁園春〉云：「北國風光，千里冰封，萬里雪飄。望長城內外，惟餘莽莽；大河上下，頓失滔滔。山舞銀蛇，原馳蠟象，欲與天公試比高。須晴日，看紅妝素裹，分外妖嬈。江山如此多嬌，引無數英豪競折腰，惜秦皇漢武，略輸文采；唐宗宋祖，稍遜風騷。一代天驕，成吉思汗，只識彎弓射大雕。俱往矣，數風流人物，還看今朝」。此詞係民國二十五年所作，至民國三十四年在重慶《新華日報》公布，一時全國大報小報，競相轉載，學者名流，和者如雲。柳亞子甚至稱讚此詞為「千古絕唱」；《大公報》

女記者高汾，還撰文讚為「雄韜偉略空前絕後」，這的確是一闋好詞，我們不能因人而廢言。其上闋在描述中國北方冬日之雪景，以及河山之壯麗。下闋在述評中國歷史上五位赫赫有為的帝王，並抒述他的大志。他批評秦始皇，漢武帝，僅懂得一點文學皮毛；唐太宗、宋太祖，談到詩歌詞賦，尚差那麼一點。而武功蓋世、橫掃歐亞的元太祖，也只算是彎弓射天上大鵰的能手。何況他們都過去了，要數真正英雄人物，還得看今天。而今天的英雄人物謂「誰」？當然是暗示他自己。有人批評他有帝王思想。其實早在詠長沙那闋〈沁園春〉中，即表現了此一思想。也有人說此詞係柳亞子代作，亦謂係胡喬木執筆，但據前後兩詞氣勢看來，脈絡一貫，絕非他人可以代筆。柳、胡二人參予修飾詞句或有可能，以氣魄言，絕非柳、胡所能致。毛潤之不僅以詞言志，而且以詞論政治、談軍事以及作戰行軍等，如〈清平樂〉——蔣桂戰爭；〈念奴嬌〉——崑崙；〈漁家傲〉——反圍剿；〈減字木蘭花〉——行軍廣昌路上等，意境清新，豪放婉約，兼而有之，開拓詞的又新境界。中國大陸詩詞界，受其影響最深。

最近大陸首次載人航天飛行成功，乃舉辦「神舟杯」詩詞大賽，其獲獎作品名列前茅者，多屬詞，而非詩。如獲首等獎者蕭征山的〈水龍吟〉云：「酒泉無限清秋，此間今是龍騰處。神舟奮起，火箭駿馳，悠遊銀浦。吞吐祥雲，摩挲星斗，縱橫天宇。想諸仙迎送，層霄屏列，慶高會，傾瓊露。宿海茫茫難度？叩虛空，夢縈今古。鼎分俄美，後來居上，先聲萬戶。須洞烽煙，織女愁眉，頓添霞煦。只靈光欲寫，歸飛健影，繞紅旗舞」。此詞畫面遼闊，意境優美，氣勢磅礴。從而對神舟號升空、巡天、返航的過程，作了全面藝術的掃描。獲二等獎者張進義的〈憶江南〉云：「千年夢，一箭送長空，天上群星迎遠客，人間萬姓仰飛龍，來日訪蟾宮」。此詞短小精練，二十餘字，字字能擊中核心與要害，表現高超之文字技巧。獲三等獎者徐風之〈攤破浣溪沙〉云：「遙見神舟入太空，歡聲響徹廣寒宮。迎客嫦娥舒錦袂，架長虹。萬眾同心爭報國，尖端科技建奇功，牛女休愁河漢闊，有槎通」。這闋詞將中國數千年來的神話故事，與現代的科學技術相聯結。想象奇妙且合理，筆觸清新，讀來有身臨其境的真實感。

總而言之，詞到了現代，其風格雖一再演變，但萬變不離其宗。因作品是作者意識的表現；意識決定作品內容；內容決定作品形式。無論詩、歌、詞、曲，都脫離不了這一範疇。至於何者宜詩？何者宜詞？宜歌？宜曲？該何體式？在於作者之喜好與選擇。什麼「詩以言志，詞以抒情」之說，皆非文學之本質。作品的體裁可以活用，而作者的意識是不變的。

香菱學詩三階段

在《紅樓夢》的四十八回中，香菱見了眾人之後，吃過晚飯，寶釵等都往賈母處去了，自己便往瀟湘館中來，要求黛玉教他學做詩，並同意拜黛玉為師。黛玉笑道：「什麼難事，也值得去學！不過是起承轉合。當中承轉，是兩副對子；平聲對仄聲，虛對實，或實對虛，若是有了奇句，連平仄虛實不對都使得的」。香菱笑道：「難怪我常弄本舊詩偷看一兩首，其中有對得極工的，也有不工的。又聽說『一三五不論，二四六分明』。看古人的詩，有順的，亦有二四六錯了的，所以天天疑惑。如今聽妳一道，原來這些規矩是沒有的事。只要詞句「新奇為上」。黛玉道：「正是這個道理。詞句究竟是末事，第一立意要緊。若意趣真了，連詞句不用修飾也是好的。這叫做『不以詞害意』」。黛玉這一番話，是說明作詩之道，也是強調作律詩的要訣。不過，一開始就講律詩的作法，對一個初學詩的人來說，調子未免拉得高了點。「若意趣真了，連詞句不修飾也是好的」，這調子就更高了。

接著黛玉告訴香菱應讀那些詩和詩集，所以又說：「妳若真心想學詩，應該看《王摩詰全集》。把王的五言律一百首，細心揣摩熟透了，然後再讀一百二十首老杜的七言律，其次，再讀李青蓮的七言絕句一二百首。肚子先有這二個人的詩做底子，然後再把陶淵明、應、劉、謝、阮、庾、鮑等人的詩看看，不用一年的工夫，不愁不是詩翁了」。香蓮聽了黛玉這一番指導，回到蘅蕪院中，諸事不管，在燈下一首一首的讀起詩來。寶釵幾次催她睡覺，她也不睡。如此廢寢忘餐，晝夜苦吟，揣摩了一段時期，終於寫出了〈詠月〉一詩：「月到中天夜色寒，清光皎皎影團團。詩人助興常思玩，野客添愁不忍觀。翡翠樓邊懸玉鏡，珍珠簾外掛冰盤。良宵何用燒銀燭？晴彩輝煌映畫欄」。這詩先給寶釵看了說：「不好，不是這個作法」。接著又送給黛玉看也笑道：「意思卻有，只是措詞不雅」。釵、黛兩人的批評都說得太籠統，不夠具體。我想「措詞不雅」這四個字，應該指構思平庸，造句淺俗而言。因為詠物詩好比繪畫，不能太像，又不能不像。所謂不黏不脫，不能執著於所詠之物，又要切合於所詠之物的「神似」，且有寓意，才是上乘之作。這詩開頭就直說「月掛中天」，以下寫月的光度、形狀，月色，很普通化。尤其是「常思玩」、「不忍觀」，不特用語不妥，且嫌庸俗。頸聯雖好，但犯了合掌的毛病。結聯「言盡意止，了無餘味」。不過，對一個初學詩的人而言，起步就寫七言律詩、而聲調都合要求，也的確難為她了。

香菱沒有因為第一首寫得不好而灰心，她仍按照黛玉鼓勵她的：「放開膽子去作」。於是她在「池邊樹下，或坐在山石上出神，或蹲在地上摳土」，「只見皺一回眉、又自己含笑一回」，苦思冥想，又寫成了第二首：「非銀非水映窗寒，試看晴空護玉盤。淡淡梅花香欲染，絲絲柳帶露初乾。只疑殘粉塗金砌，恍若輕霜抹玉欄。夢醒西樓人跡絕，餘容猶可隔簾看」。顯然香菱已意識到蘇軾所云：「賦詩必此詩，定知非詩人」的道理。故將首句改為「非銀非水映窗寒」，但第二句「試看晴空護玉盤」又落入陳俗。頷聯寫月光下的柳帶、梅花，頗有詩的韻味。但頸聯中「殘粉塗金砌，輕霜抹玉欄」，出句和對句，同一個意思，且有過於雕琢，困滯之感。結聯中之「隔簾看」，使人想到李白〈玉階怨〉中「水晶簾」中「望秋月」之情景。比較起來，無論從構思與用語上，第二首比第一首都有明顯的進步，但還未做到詠物詩步步有情、有托意。因此黛玉雖鼓勵了她幾句話，但還是要她重作。香菱自以為這詩妙絕，竟未得首肯，雖有點掃興，卻不肯丟手。便只好更加挖空心思，「耳不旁聽、目不別視」。探春隔窗笑她，要她閒一閒，她怔怔地答道：「『閒』字是十五刪韻，錯了韻吧！」眾人聽了，哄然大笑起來。寶釵說她可真入了魔了。晚上香菱一直想詩，想到五更，才朦朧睡去。她「苦志學詩、精血誠聚，日間做不出，忽於夢中得了八句」：「精華欲掩料應難，影自娟娟魄自寒。一片砧敲千里白，半輪雞唱五更殘。綠蓑江上夜聞笛，紅袖樓頭夜倚欄。博得嫦娥應借問，緣何不使永團圓」？香菱這第三首詩，得到黛玉寶釵李紈等眾人一致讚揚：「這首不但好，而且新巧有意趣。可知俗語說：『天下無難事，只怕有心人』。社裡一定請妳了」。香菱憑了這首詩，終於躋身於大觀園女詩人的行列。

這詩首聯便不尋常。「精華」不僅指月的光華，更暗示作者自已的才華。「欲掩料應難」，這正是一個被壓抑的女孩向環境突破、抗爭的內心呼喚，且飽含著激越的情感噴薄而出。「掩」字還意味著新詠之月是缺月。「影娟娟」，指形象姣好；「魄自寒」指月的本質高寒，也暗示人格高潔。頷聯化用了李白「長安一片月，萬戶搗衣聲」的意境。「一片」從語法位置上看應指砧聲，但加一「白」字，自然指千里月色。「砧」本是「敲」的受詞。詞語的倒裝，似乎使月光有了聲，砧聲有了色。砧聲和著雞唱，直到五更月殘天曉。頸聯寫月色所觸發的愁思，作者從江湖遊子和深閨怨女著筆，對月懷人，別有一番詩意。其中「綠蓑」指野客，遊子；「紅袖」指佳人、怨女。他（她）們都有滿腹心事，對月興感。所以結聯引起嫦娥向造化發出痴問：「為什麼要有月圓月缺？不讓它永遠團圓」！正如蘇子瞻所云：「月有陰晴圓缺，人有悲歡離合，此事古難全」。這是千古以來，難以解決的憾事！這詩總的來說，除了「料應難」「應借問」兩個應字意複外，稱得上一首成功的好詩。

香菱學詩的情節，是《紅樓夢》中曹雪芹論詩的重要部份。曹雪芹透過寶釵黛玉等人之口，評論香菱的詩，來闡述自己的「意趣要真，形式要新」（形式不如改為內容。因格律詩的形式是固定的）的詩歌主張，同時也透過香菱一題三詠、逐步由淺俗，生澀的詩風，進入到「新巧有意趣」的詩境。曹雪芹認為只有真誠的思想，才能撼動人心。香菱第一二首詩，都嫌淺俗，這是學詩必然現象。也是學詩的艱辛歷程。惟有經過「一番寒徹骨」的煎熬，才能達到「梅花撲鼻香」的藝術成功領域。（參考《紅樓夢詩詞新賞》改寫）

王船山寫悲憤詩

王船山的故鄉湖南衡陽，他生長於此地，老死安葬於此地。在衡陽金蘭鄉的大羅山，有他的墓園，墓碑刻載「明徵仕郎行人王公姜齋府君之墓」。兩傍立有兩幅石刻對聯：「前朝乾淨土，高節大羅山」。「世臣喬木千年樹，南國儒林第一人」。

他生於明萬曆四十七年，歿於清康熙三十一年，享壽七十四歲。名夫之，字而農，號薑齋。晚年居於湘西之石船山，自號船山老人，學者稱船山先生。年二十四，與長兄介之應湖廣鄉試，均同中舉。次年，張獻忠陷衡州，執其父為人質，逼其投誠。船山引刀自刺肢體，托人抬往易父；父子俱得脫免。他二十六歲時，李自成陷京師，清兵入關，崇禎帝自縊於煤山，船山聞訊，作悲憤詩一百韻，悲痛數天不進食。兩年後，福王，唐王先後被劫，再續寫悲憤詩各一百韻。至三十二歲，瞿式耜荐於永曆帝，在梧州，授行人之職，被王澄陷害，幾至死。八月，其母去世。清兵陷桂林，瞿式耜殉節，船山乃返湘。浪遊浯溪，郴州，耒陽等地，並匿入常寧猺洞，變姓名為猺人。四十歲時始歸衡陽。康熙元年壬寅，永曆帝被吳三桂所弒，又痛寫悲憤詩一百韻。康熙十七年戊午，吳三桂據衡陽稱周帝，迫船山寫勸進表，船山避入深山，郡守餽粟帛請見，亦以疾辭謝。吳三桂卒，兒子吳世璠繼位敗亡，船山仍回湘西草堂，授徒，寫書，未幾即卒。

船山論學，以漢儒為門戶，宋五子為堂奧，尤神契張載正蒙之說。所著船山全集，凡三百二十四卷。不僅精於易學，理學，歷史哲學，且擅於詩學。他的《薑齋詩話》，尤深切著明。在各種著述中，皆留有追念明朝的心跡，痛恨滿人入主中國之憤慨。在史論方面，嚴華夷之辨，雖受滿清之統治，仍奉明朝之正朔，作永曆實錄二十六卷以見志。

羅光先生評船山云：「從中國學術史來看，在詩學方面，屈原應是南國第一詩人。從儒學來看，宋朝理學家周敦頤和張南軒，應是南國名家。但就學術思想的淵博來說，還是明末清初的王船山，應是『南國儒林第一人』。此就時代區分與民族氣節大義而言，實為允當之論。

船山有一闋自題畫像的〈鷓鴣天〉詞云：「把鏡相看認不來，問人云此是薑齋。龜於朽後隨人卜，夢未圓時莫亂猜。誰筆仗，此形骸，閑愁輸汝兩眉開。鉛華未落君還在，我自從天乞活埋」。詞的上闋說攬鏡自照，幾乎認不出自己，別人對他說，此即是薑齋。烏龜死後，任別人可取它的殼來做占卜把玩，但人生的夢未完時，卻不可亂猜其結局。下闋說，憑誰的彩筆，畫他這幅形象？畫中的他，比他本尊多幾分開朗，只要粉墨不褪色脫落，他會長久存在的，而他的本尊，將聽從天意，隨時會消失掉。上闋說鏡，下闋說畫；其實鏡即是畫、畫即是鏡。君汝即我，我即汝即君。人的本尊（肉身）雖然短如春夢，而精神（及畫像）將會永久長存。

英魂長伴碧波粼

朱教授學瓊兄謝世已經一年多了。他的音容笑貌，常留在我的憶念中。記得我主編《台灣新生報，新生詩苑》期間，從來稿中，即知學瓊兄的大名。並從他的談吐中，了解他是一位飽學之士。他畢業於成大，並獲台大中文研究所碩士學位（當時各大學尚未設立博士班）。隨即留校任講師，後來轉入嘉義大同商專任副教授，教授。畢生從事經學詩學研究。屆齡退休後，至民國八十八年春，復受聘台北市《長青學苑》古典詩詞班指導老師。由於教學認真，深獲「長青」弟子們的愛戴！

他的詩，不僅意境清新，筆觸輕巧平易，且多取材於世情萬象。正如他在《洗心詩草》自序所云：「前人評杜工部詩，無一『字』無來歷。予之詩，無一『事』無根據。秉其良知，執其忠愛，念念不離族國，此亦書生報國之一途乎！」如說他是社會詩人，實足當之。他常以律詩論（敘）事，如：談總統制，內閣制，談工廠短缺勞工，核四建廠；談台獨，談賄選，談海砂屋，談焦唐會；談飆車殺人，進聯合國受阻，金馬撤軍，海底隧道；談借腹生子，老農津貼，垃圾填海；談柏林影展，波士尼亞內戰，學生自殺；談拆違建，省市長選舉，菲傭殺主，官員雙重國籍；悼千島湖遇難同胞等等。無不關係國計民生，政治、經濟、科學、民主。且多以論文題材入詩，而不失詩的美感。特舉〈日本太空館〉一詩為例：「日本雄心萬丈高，騎龍直上太虛遨。星球列宿藍天盡，火箭橫空赤燄號。神眼搜尋雷塔轉，光芒閃耀電波撓。人工巧奪天工後，摘月摧雲玉帝逃。」其中星球，火箭，雷塔，電波等新名詞，皆能入詩。誰說律詩格律太嚴謹，難以表現今日社會的生活與複雜的感情？學瓊兄不是表達得很好嗎？我深佩服他驅遣文字的能力。

其次，他的詩，總要註明事實之來源，用典的出處，期使讀者詳其深意，明其旨趣，引起共鳴，此與一般好用古字僻典自炫淵博者不同。一位詩人或作家，在創造作品時，並不以贏得讀者讚賞誠服或感傷飲泣為最高滿足，最主要的是希望造成一種影響，對藝術文化有所發揚。學瓊兄的詩，是有影響的，讀來有一新耳目之感。

回溯民國九十年二月七日的早晨，我忽接到學瓊兄的電話，說他身體不適，在《長青學苑》的詩課，要我去代替。我問他何處不舒服？僅說身體發燒，不能起床。後來我才知道他是患青光眼。在此期間，他對各方面的電話都婉拒接聽，對《長青學苑》的弟子們來探望，也被家屬婉拒門外；惟獨我的電話，一定接聽。且要聊上幾分鐘。不久他割膽囊住臺大醫院，兩次我去看他，總要從床上坐起來，與我閒聊一番，言詞中頗富真情哲理。出院後，我和馥苑兄，品珍兄同去仙岩路他府上看他，見他的傷口復原很好，精神亦佳，而且拿出他編著（註）的「大學文選」分送給我們觀賞，臨別時還出來送我們到巷口。沒想此後病情毫無起色，身體一直虛弱。我勸他打點補針，他說醫生告訴他，能吃飯最好不要打針。但我常見他每餐只能吃半碗飯，最多吃一碗飯，多年胃病，食量少，營養不足，打點補針也要去請教醫生嗎？為何不重視自已的生命？最後連我的電話也無法接聽了。家屬不是說他去台中靈隱寺誦經，就是說他去某廟中燒香許願，我為使他能安心靜養，也未再去打擾他。

兩個月後，我再電詢他的病情，他夫人回答說他已經走了！我又問何時出殯？靈堂設在那裏？他夫人說：「七七已過，未設靈堂，家祭後火化海葬，至親好友，全不發訃聞，這是朱教授生前的遺囑。」

說也奇怪，他夫人告訴我：「那天（去年五月二十日）早上，他說要去指南宮，中午不回來用餐。」他夫人問他：「指南宮這麼遠，你的體力行嗎？到附近散散步好了。」沒想到他出門後，直到下午兩時，警察來通知：說他已倒在公園的路邊。唉！一定是體力不支倒下多時了。「天乎！人乎！而竟已乎！」一代學人，就如此匆匆劃上人生的句點。有如詩人徐志摩說的：「他輕輕地走了，正如他輕輕地來；揮一揮手，不帶走一片雲彩。」而且連至親好友，也不願意驚動，走得那麼突然，那麼瀟灑。

如今，事隔年餘，我仍然以為他活在人間。的確，他留給人民的風範、和他的詩集和文集，是永垂不朽的！

最後，我以一首蕪詩來追念他：

幽明永隔倏經春，輒讀遺篇感喟頻。

傲骨不埋黃壤土，英魂長伴碧波粼。
記從病院憐躬弱，猶起醫床話道眞。
濁世賢豪留弗住，泉臺爭忍迓斯人！

傅紫眞令人懷念

傅紫真先生離開人世忽已十一年了。凡是詩界的朋友，我想都會懷念他的。

傅先生出生於民國十三年九月十四日，歿於八十五年十一月廿五日，享壽七十三歲。按我國的習俗，「人生七十古來稀」的說法，雖不算高壽，但也並非毫無遺憾。記得八十五年春節時，他們夫婦雙雙住院。先住台北醫學院（現改為台北醫學大學），再轉台大醫院，最後轉台安醫院（他夫人來不及轉院，早半年離他而去）。

他在台大醫院時，我去看他，他的意識尚清醒。在病床上坐起與我聊天，有時談詩的章法，與詩的拗救。他常提到僧志南的兩句詩：「沾衣欲濕杏花雨，吹面不寒揚柳風」。他說下句第五字的「楊」，不僅救當句第三字的「不」，且救上句第五字的「杏」，屬雙拗雙救。因為詩人是一位和尚，他嫌桃花輕薄，避免用「桃花雨」，而改用「杏花雨」（杏字是仄聲），致形成拗救。我也舉了趙嘏的兩句詩：「殘星幾點雁橫塞，長笛一聲人倚樓」。我說下句第五字的「人」，不但救當句第三字的「一」，且救上句第五字的「雁」。趙嘏且被後代詩人譽為「趙倚樓」，名揚千古。於是兩人相視而笑，彼此談得甚投機。沒想到最後他轉入台安醫院後，我去探望，他就不認識我了，瞳孔放大，講話更不清楚。我當時暗自嘀咕，心中極為不安。在他過世的前一晚，我去加護病房，見他乾癟的面孔，在氧氣罩中喘息，暗想：他這個樣子，恐怕來日無多了。沒想到次日清晨四時十分，他就安然地走了！

傅先生祖籍福建南安，學識很好，國台語都極流利。歷任科員、專員、視導，服行公職三十餘年。退休後擔任網溪詩社秘書長，梅社總幹事，繼曾文新出任《新生報·新生詩苑》主編將近十年。為人平易寬厚，和藹謙遜。平生盡瘁於詩詞，著有《詩苑瑰琦》，並有詩五首，載入大陸出版的《二十世紀名家詩詞鈔》。其中如〈觀日峰晚眺〉詩云：「翠微隔斷市聲譁，老去尋芳負物華，世路險巇驚鳥道，人情澆薄似蟬紗。可憐滄海橫流日，猶向殘春摘豔花。絕頂登臨舒望眼，夕陽天際襯餘霞」。首聯言翠綠的山嵐，阻斷了鬧市的喧譁。他到老年才有暇去尋芳，卻孤負了風物的美景。頷聯感嘆世路之崎嶇，有如鳥道之驚險，人情淡薄有如蟬翼。頸聯謂趁春日所餘無多，世事蜩螗之際，猶去賞景探花，多少有點感傷，此與次句相呼應。結聯方點出題意。情景交融，筆觸老到。

次如詠〈清宮〉詩云：「綸音赫赫震咸同，老去蒙塵道已窮。龍種獨堪王天下，奴儕何幸作臣工。霸圖未許康梁計，啻政猶虧呂武功。終是婦人能勝國，英名盡付水流東。」首聯指出慈禧太后在咸豐、同治年間，即聲名赫赫，權傾一時，但到晚年，卻遭八國聯軍之痛，走避西安。頷聯中之「王天下」，即君臨天下之意。「王」字應讀「旺」，屬拗句。頸聯指「戊戌政變」，慈禧三度臨朝聽政；幽禁德宗於瀛台，並屠殺楊銳、林旭、劉光第、譚嗣同、楊深秀、康廣仁六君子；康有為、梁啟超亡命海外，一切新政全被慈禧取消。所以論政績慈禧比不上漢朝的呂后、更比不上唐朝的武則天。結聯謂：畢竟是婦人治國，能力有限，雖有一代英名，終於付諸流水。有褒有貶，不愧史家筆法。

他在生病的春節前，有〈感時〉一詩，其中有句云：「轉眼雲煙賸追憶，人生飄渺等浮漚」。這不僅是他生命的一語成讖，也為世人所同慨，人生真是苦短！正如清朝詩人王漁洋的〈治春〉詩云：「紅橋飛跨水當中，亞字欄杆九曲紅，日午畫船橋下過，衣香人影太匆匆」。百年千載、一樣短促；衣香人影，可以概括人世間的形形色色——富貴榮華，生老病死苦，皆如畫船過於橋下，一轉眼就消失了。

傅先生悄悄地走了！他能帶走的是什麼？他能留下的，是我們對他難忘的懷念！

（民國九十六年三月）

李漁叔受知陳誠

李漁叔先生，前清光緒三十一年生，湖南湘潭人。早歲負笈日本，畢業於明治大學。歸國後，研究《墨子》，講授韻文、詩學。著有《花延年室詩》《魚千里齋隨筆》《墨辨新註》《風簾客話》等書。抗戰時期，曾入李默庵將軍幕府。民國三十七年來臺，由劉慕曾主秘之推荐，任臺省府秘書，負責重要文稿撰擬，初時尚未為主席陳誠（辭修）深知。未久陳誠出任行政院長，漁叔與慕曾亦隨同入政院。

此時適值臺灣大學校長傅斯年病逝，陳誠與傅斯年關係素深，慕曾轉告漁叔撰擬輓聯，迄撰妥送閱，陳誠甚感滿意，隨命慕曾與漁叔至其官邸共餐。此後，凡關於這一類應送陳誠親閱的文稿，均由漁叔執筆。如某次為了增加國防建設，要宣布公賣物品短期加價。陳誠召漁叔至其官邸，以對各工商人士發表談話原稿見示，說道：「這篇談話稿不甚合我意，你看缺點何在？」漁淑看後答以「大體尚好，只是重點不甚顯明」。陳誠說：「正是如此。即請你在此改寫，因為明天上午要用，再遲就來不及了」。漁叔匆匆趕寫完稿面呈。陳誠看了笑著說道：「就這麼定稿，我和你共同保密到明天十時」。彼此相視心照。

又如美國總統甘迺迪之喪，陳誠原先以電唁，數月後，忽又想到要寫一篇紀念文，經漁叔撰稿呈奉核定，適巧羅勃甘迺迪的信也到了，信中說要建立甘故總統圖書館，特請撰寫文字，陳誠對漁叔笑道：「這樣適逢其時，可算巧合」，漁叔說：「誠意所感，無論遠近，都是一樣」。此文據說，由葉公超與錢復兩位博士譯成英文，並由王壯為書妥寄往美國，成為甘故總統圖書館中重要文獻之一。

民國四十九年夏天，黃少容被外放西班牙大使，出國前，正逢其六十壽辰。陳誠召漁叔寫文字相贈，面囑的話，頭緒甚多，漁叔聆後回座，撮其大要，撰成一首七律：「平生謀國此心同，廿載交親患難中；久歷艱辛多盛績，每因迴斡見深衷；能仁始信和無敵，不辱從知忍有功；執手依依惟惜別，壽杯香送芰荷風。」陳誠閱後，對漁叔說：「我原以為你會撰成一篇散文，想不到竟作成一首詩、難得的是短短幾句，卻將我要說的意思全部包括了」。言下甚為欣賞與當意。

民國五十四年三月，陳誠逝世，漁叔在一篇悼念文中述及：「我來臺後十七年中，一直追隨辭公，尤其是近三、四年來，更加親近，常召見談話，有時甚至一日之間，延請二、三次，談至數小時」。又云：「辭公數年來，於我所寫的文字，大都認可，絕少重改。所涉及的範圍頗廣，有些重要文件，關係政局與進退的，我本著昔人焚草之義，均不留片紙隻字，詩文詞聯，也分別歸卷，不自行留稿。平生蒙國士之知，恨難作國士之報」。由此可見陳誠對漁叔之賞識與倚重。

再談前面那首七律，首聯在說明陳誠與黃少谷兩人關係的深厚，二十年相交於患難之中，謀國盡忠之心，彼此相同。頷聯在贊賞黃少谷任內之嘉猷懋績，與多方襄助之功。頸聯在闡述孟子「仁者無敵」之儒家義理，與老子「知足不辱」之道家智慧，兩者都是嘉美黃少谷立身處世，待人接物之修持。至於頷聯中「迴斡」一語，據漁叔先生在另一篇文章中曾略以提及：陳誠院長係軍人從政，秉性剛毅，每主持行政院會議，或向立法院作施政報告，以及接受各立委之質詢時，如有不滿，當即爆發出來。斯時坐在其身傍的秘書長黃少谷，見一時氣氛嚴肅沉悶，總是悄悄地遞上一小紙條，內容不外乎勸陳「息怒」、「相忍為國」、「事緩則圓」一類的話。因此陳將黃引為得力助手與知己。黃在政壇，亦享有能「調和鼎鼐」之譽。結聯是說黃即將赴西班牙任所，而農曆六月九日，恰逢黃的六十歲生日，風送荷香，祝壽餞行，具有雙重意義，詩極完美。

漁叔先生的詩，不僅見賞於陳誠院長，且為當時學者名流詩壇大老所推服。如陳含光說他的詩「婉麗如綠水芙蕖，俊逸如洛浦游龍」；錢基博說他的詩「風華富有，秀麗疏朗」；張昭芹說他的詩「意境如天邊朱霞，雲中白鶴；詞句又如出津龍劍，臥壑虬松，力矯甜熟，淨滌塵氛」；陳定山說他「詩多英發，於穠郁中時具疏野之致。如〈夜坐〉云『熠熠流螢耿夜光，娟娟黃蝶抱秋芳；空山玉露冷然下，風起微聞野蕨香』極似宛陵」（指梅聖俞）。在他的〈花延年室詩集〉中，此類佳作甚多，如「寒槕劃水月，散作萬魚鱗」；「晴雲度芳阡，春風繡紫海」；「盈眸飲新綠，可挹不可採」；「古屋斜街花下路，斷雲疏樹雨中山」；「淺碧一篙衝玉碎，冷雲三尺護衣青」；「身從北地重圍出，詩奪南山霽色歸」。皆屬戛戛獨造，道前人所未道也。惜天不假年，於民國六十一年逝世，享壽六十七歲。

現在臺名詩人學者張夢機博士（湖南水綏），即其高足，詩學深得其傳，並發揚光大之。

詩有別才與妙悟

都穆《南濠詩話》：「老杜云：『讀書破萬卷，下筆如有神』。意謂凡讀破萬卷書的人，作起詩來，自有神來之筆。蕭千巖說：「詩，不讀書，不可為，然以書為詩則不可」。范景文也說：「讀書而至萬卷，則抑揚高下，何施不可，非謂以萬卷之書為詩也」。綜揣蕭范之意，即是作詩，當然要讀書，不讀書，則不能作詩。讀書能達到一萬卷，任憑如何揮灑，都能得心應手，抑揚頓挫、運用自如。但僅可用其意，用其神。並不是將書中典故，獺祭似的陳列堆砌，徒示淵博艱深，故意掉書袋。所以自古以來，稱得上好詩者，莫不清新自然，含意精深，下語平談，「繁華落盡見真醇」。而偉大的詩人，雖然胸藏萬卷，但在下筆時，須忘掉一萬卷。否則前人之詩句，會自然地進入自己的詩中，形成胎化，蹈襲的陳腔濫調。所謂文藝創作，乃是嘔心瀝血之作，不僅不容蹈襲，而且連摹擬也是不可以的。

嚴羽的《滄浪詩話》云：「詩有別才，非關書也；詩有別趣，非關理也」。又云：「大抵禪道惟在妙悟，詩道亦在妙悟。且孟襄陽學力下韓退之遠甚，而其詩獨出退之之上者，一味妙悟故也」。嚴羽的意思是：作詩有一種特別的才能——妙悟，與讀書多少無甚大關係。如韓愈讀的書（學歷與學力），自比孟浩然要多，但孟浩然的詩，卻比韓愈作得好。也就是比韓愈悟性高。

談到「妙悟」，本是禪家用語。學者有多種解釋。筆者認為這是一種特殊的悟性。換言之，即是一種直覺式的心靈體味與感悟。透過這一微妙的體味與感悟，才能掌握詩的要素及寫作要訣。否則，任憑讀書再多，也寫不出當行本色的詩來。至於「別趣」，則指一種特別的興致或感興，是一種純粹的不雜用的興味感情。正因有此一興味感情，使得詩有美學趣味，故稱為「興趣」或「別趣」。

嚴羽又說：「非關理也」。有人認為他排斥學問及道理。其實他在〈詩辨〉中曾說：「然非多讀書，多窮理，則不能極其至」。可見他認為：詩要達到最高境界，仍需要讀書窮理。他真正的意思，並非否認詩中有理，事實上任何詩都有條理。而且好的詩必會蘊藏人生的真理與哲理。

由此令筆者想起姜亮夫的故事來。姜先生雲南昭通人。曾任復旦、雲南等大學教授。著有《中國聲韻學》《詩騷連綿字考》等數十種。對詩詞甚感興趣，本想作一位詩人。但他在清華大學當研究生時，王國維與梁啟超都認為他不適宜於文藝創作，有「理障」而無才華，使他一時清醒，便將所作詩詞，一把火燒掉。以後不再作詩。隨王國維專作學術研究，成為一代學者。又如王漁洋，汪純翁，劉公斛都不認同方望溪作詩。劉甚至批評方望溪：「人各有性之所接近，子以後宜作文不宜作詩也」。又袁子才批評陸陸堂、諸襄七、汪韓門三位太史：「經學雖淵深，而詩多澀悶」。由此看來，可知嚴羽所說的「詩有別才，非關書也」。儘管讀書再多，若無「別才」，不能「妙悟」，沒有詩的細胞，那只能做學術研究，成為學者，不能成為詩人。

舞馬詞與陽關曲

格律詩詞中有〈陽關曲〉與〈舞馬詞〉各一體裁。表面看是曲，是詞，實際亦可謂詩。〈陽關曲〉的體裁與句法，筆者前於拙著《東橋說詩》上集中述及，茲再就〈舞馬詞〉參考黃祥麟先生大文，略做說明。

據康熙《御製詞譜》記載：「〈舞馬詞〉屬詞牌名。乃舞馬時所歌，即唐人六言絕句……。」又據《唐書禮樂誌》載：「明皇嘗命教馬四百蹄，各為左右分部目，衣以文繡，絡以金珠，每逢千秋節，舞於勤政殿下。設讌賜酺，其曲數十疊。馬聞聲奮首鼓尾，縱橫應節。

又施三層板床，乘馬而上，抃轉如飛，或命壯士舉榻，馬舞其上」。其中樂工所歌之詞，即謂〈舞馬詞〉。

在開元、天寶年間，中書令張說有〈舞馬詞〉六首，其中第一首為：「萬玉朝宗鳳扆，千金率領龍媒。眄鼓凝驕躞蹀，聽歌弄影徘徊。」這闋詞（也可謂詩），每句的句式都是平仄相間，完全合乎格律詩的規則。首聯和次聯對仗工整。但它也有與格律詩相異之處，即二句和三句不相粘而平仄相對，形成折腰體。

所謂折腰體，王維的〈陽關曲〉可作說明：「渭城朝雨浥輕塵，客舍青青柳色新。勸君更盡一杯酒，西出陽關無故人」。其中二、三句不相粘、而是平仄相對。在折腰體中，又有絕句折腰體和律詩折腰體之別。律詩如李白的〈登金陵鳳凰台〉一詩，二、三句和四、五句都未按律詩的規則相粘。杜甫的〈詠懷古跡〉五首中第二首，亦屬此類。這並非詩人的刻意求新，也許是興之所至，率爾信手拈來。這種體裁，在詞格中是常見的。

張說的〈舞馬詞〉中，也有二、三句相粘，而成有規則的絕句體。如第五首：「聖君出震應籙，神馬浮河獻圖。足踏天庭鼓舞，心將帝樂躊躕」。一、二句是平仄相對之拗句，二、三句相粘，且兩聯對仗，此與六言絕句並無不同。

其次，尚有一、二句平仄相同的，如張詩第三首：「採旄八佾成行，時龍五色因方。屈膝銜盃赴節，傾心獻壽無疆」。一、二句非近體詩的規律，而是詞的規律，二、三句折腰。其對仗與前兩例一樣。

從上述三例中，可以看出〈舞馬詞〉的基本句法，可以歸納為：(一)六言四句、平仄相間，偶有拗句。(二)兩聯須成對仗。二、三句若相粘，即成有規則的格律詩，可歸入六絕。(三)一、二句可平仄相同，二、三句若不相同即成折腰，屬異體。另外，張說尚有〈舞馬千秋萬歲樂府詞〉三首（見全唐詩），此三首是合乎規則的七言律詩，可能亦應詔為配合樂工演唱之作。

〈舞馬詞〉按詩的體裁區分，乃屬於六言格律詩。這也許是輯入《全唐詩》的原因。但與六言絕句是有區別的。若從詩詞的體裁嚴格劃分，〈舞馬詞〉應是「兩兩相對，二三折腰」。這是它的詞格特性，否則即應歸入六言絕句。又六言格律詩與五、七言格律詩一樣，有絕，律之分。六言律詩如武則天的〈唐享昊天樂〉第三首〈咸和〉（見全唐詩卷五），張說的〈破陣樂〉二首（見全唐詩卷八十九）等，都是很好的六言律詩。

王維有六言絕句〈田園樂〉七首，其中如：「再見封侯萬戶，立談賜璧一雙。詎勝耦耕南畝，何如高臥東窗」。這是兩聯對仗，但二、三句亦不相粘，與〈舞馬詞〉無甚差別。王安石有〈題西太壁二首〉，其一如：「柳葉鳴蜩綠暗，荷花落日紅酣。三十六陂春水，白頭想見江南」。他只用一聯對仗。〈舞馬詞〉的特徵是對仗和折腰，缺一不可。

要之：〈舞馬詞〉原為歌功頌德，專供宮庭享讌的歌體。但作為格律詩詞的一種體裁，亦可以舊瓶裝新酒的方式，以拓展和豐富格律詩的創作園地，充實對格律詩詞內蘊和欣賞力，進而更求大眾化。

張定成的詩詞書法

張前考試委員定成，公餘兼任淡江、東吳等大學教授凡三十餘年，及出任中華學術院詩學研究所長等職。胸羅宏富，博洽淹通，詩筆高華。而書法尤迴邁時流，為世所宗。

張先生現寓台北市士林區。寓所環境清幽，面對陽明山，芝山、並有雙溪映帶左右。矯首遐觀，青山碧水，盡收眼底。樓頂建有書齋，及花圃（兼菜園）。暇時蒔花，種菜，讀書，飲酒，賦詩，揮毫，真似人間仙境。正如他的〈丁丑歲暮書懷〉詩中有云：「但喜溪山橫眼底，不教憂樂滯心中。小園高閣兼耕讀，粗糲醇醪任儉豐」。實足表現他恬逸的心境。至言及「任儉豐」三字、不禁使我聯想鄉先賢曾文正公家書中有云：「余服官二十年，不敢稍染官宦氣習。飲食起居，尚守寒素家風。極儉也可，略豐也可，太豐則吾不敢也」。張公詩中，也有此一層意思。他在〈家住士林〉一詩云：「高踞岑樓一室懸，騁懷游目自欣然。溪山獻媚堪娛志，楮墨相親足養年。容膝易安窮造化，銜杯樂聖傲時賢。士林敢望增聲價，居止於斯亦有緣」。此與前詩略似，惟詩境更進一層，有陶元亮歸田園之逸趣。詩的遣詞平易，意境清新、雅緻；景中寓情，情景交融。頷聯直是名句。結聯妙語雙關，如龍脈結穴。讀來有神怡心暢之感。

猶憶民國九十三年甲申仲秋，由同鄉詩友治慶宗兄陪同，初次拜謁張公時，他正在樓門口迎候，盛情有加。彼此把握寒暄後；隨即引至樓頂書齋。其夫人在一傍以茗果相待，賢淑有禮。張公順手拿來他桌上兩篇詩詞作品，我先拜讀他的〈沁園春〉詞云：「夢也難憑，攬麗嬙遊，擁屈宋陪，與少陵聯句，並爭瓌瑋；謫仙鬥酒，莫見高低。蔡女鋪箋，班姬侍硯，鳳翥鸞迴信手揮。聞雞唱，卻疑真疑幻、不盡低徊。　平生自恃風雷，且問字頻年載酒隨。昔鵬摶萬里，宦遊四院，柏臺參事，棘院掄才，仕路浸尋，秩同卿相，亦似槐安一夢回。東閣望，動吟梅詩興，聊自銜杯」。詞的上闋係紀夢，下闋為述懷。前者乃實筆虛寫，後者為實筆實寫。虛實相襯，使詞境超拔華贍，句勢更形跌宕瀟灑，搖曳生姿。無論是挽佳麗出遊，大文豪追陪，甚至與詩聖杜甫聯句，與詩仙李白鬥酒，以及隨手揮毫，閨秀作家磨墨牽紙。到頭來，終是「好夢由來最易醒」。即使在現實生活中，儘管是蟾中折桂，仕途騰達，東閣延賢、秩同卿相。一切富貴榮華，也不過是「南柯一夢」，過眼浮雲。所以古來大詩人、大文豪、大哲學家，都能看破此中道理。張公何能例外。豁達如李白，亦有「處世若大夢，胡為勞其生」之感嘆。詞本來是抒情的，屬婉約派。但自蘇東坡，辛棄疾以後，詞風一變而為言志的豪放派。張公此詞，亦在抒情與言志之間。尤其下闋中的「東閣」句，不禁令人想起漢朝公孫弘為承相時，開東閣以延攬天下賢士，與張公在玉衡樓為國掄才，玉尺量士，有先後輝映之盛譽。而引喻杜詩：「東閣官梅動詩興，還如何遜在揚州」。不論即事用典，均極洽切，不愧詩壇祭酒。

張先生自髫齡勤學，文武弛張，仕路浸尋、青雲得意；棘院掄才，黌宮教學，以及盡力培植公子成為留美超博士，在在顯示其奮鬥的輝煌事跡。及至晚年，退隱溪山，悠遊林泉。由絢爛趨於平淡。他回首過去，雖一片繁華，但心裡總感「自愧俸錢杯有酒、民多菜色食無油」。與唐代韋應物的「邑有流亡愧俸錢」。有同樣悲天憫人的偉大襟抱。他〈和朱萬里先生詠蘭〉詩云：「儒箴甘淡泊，嘉卉吐清芳。馨逸尊王者，葳蕤作袞裳。顯為天下重，隱便谷中藏。出處當如此，優游君子鄉」。這雖是詠蘭，何嘗不是說明一位讀書人應有的行藏；出處進退，拿揑得有分寸。詩如其人，詩格即人格，由此可見他的風範。（張公近已遷居淡水區）

詩苑探勝

毛潤之的沁園春

毛潤之先生的兩闋〈沁園春〉詞，一詠長沙，一詠雪，皆能情景交融。其造語之美妙，意境之高華，氣勢之豪雄、狂大，古今未有其匹。吾友鄧馥苑先生云：「看過毛潤之的兩闋《沁園春》後，其他人寫的《沁園春》，就不必再看了。」他這話不僅說過一、二次。可見他對毛詞的傾服。我想一般人（包括我），可能都有同感。

但我一再循讀毛先生那闋詠長沙的《沁園春》上闋云：「獨立寒秋，湘江北去，橘子洲頭，看萬山紅遍，層林盡染，漫江碧透，百舸爭流，鷹擊長空，魚翔淺底，萬類霜天競自由。悵寥廓，問蒼茫大地，誰主沉浮？」發覺其中魚翔淺底之「翔」字，似不夠妥適。有白璧之玷。

吾人不必去查考其他字書，僅在《千字文》中即有「鱗潛羽翔」之釋義。意思是說有鱗的魚只會潛（游）水，有羽毛的鳥才會飛翔（翔即回飛也），魚是不會飛翔的。雖然有「飛魚」這一名詞，那是指海洋中的魚類（如鯨、鯊等），遇天熱在海面上飆來飆去，並非在空中飛翔。人民只好叫它「飛魚」。而在江河中，且在「寒秋」「霜天」，此種情景是不可能出現的。或謂「翔泳」是連詞，如舊唐書：「翔泳歸仁」。又云：「深仁洽翔泳」，據《辭源》解釋：「此乃言仁德之盛，上及飛鳥，下逮游魚也。」並非指二字義同。或謂「翔」字係排版手民之誤，但我請教幾位權威學者，對照幾種版本，並查出毛先生之親筆字跡，原稿確為「翔」字無誤。

所以我的看法：「魚翔淺底」是欠貼切的。如能易為「魚潛淺底」，也許會更好。

蘇軾評王安石字說

王安石與蘇東坡，在政治上的見解雖有不同，但私人關係卻很好。王退休後，蘇常去探望他，與他交談。

據宋史本傳記載：王安石「晚居金陵，曾作《字說》，多穿鑿傅會。」蘇東坡常調侃安石《字說》之謬。清朝顧棟高輯《王安石遺事》並引東坡調謔篇記載：「東坡聞安石《字說》新成，戲曰：『以竹鞭馬為篤，不知以竹鞭犬有何可笑？』安石反問曰：『鳩字從九，從鳥，亦有證據乎？』東坡云：『詩曰：「鳲鳩在桑，其子七兮」，和爺和娘，恰是九個。』，安石欣然而聽，久之始悟其謔也。」又載：「東坡曾舉『坡』字問安石何義？安石曰：『坡者土之皮』。東坡曰：『然則滑者水之骨乎？』安石默然。又引述朱熹文集語：「安石《字說》，不明六書之法，盡廢其五，而專以會意而言。有所不通，則遂傍取書傳一時偶然之語以為證。至其甚也，則有遠引佛老之言，前世中國所未嘗有者附合之，所以其說愈穿鑿舛謬。」觀蘇，王二人之對話，幽默有趣，使人舒展眼界，正所謂「高人過招，身手不凡。」而朱子對安石《字說》之評論，謂「不明六書（一、指事。二、象形。三、形聲。四、會意。五、轉注。六、假借）之法，專以會意為言」。亦屬中肯。安石《字說》，未見流傳，至少，余未見及也。

含蓄白描與用典

或有人說：作詩如全憑白描，則質直無含蓄。無含蓄之詩，不能使人一唱三嘆。倘能借古人之典故，抒自己之懷抱，使其多一層含意，易引人入勝。這意思是說白描之詩不夠含蓄，用典才能達其目的。此語表面看來，似有道理，其實，有待商榷。

傅庚生在《中國文學欣賞舉隅》中，引述陳亦峰《白雨齋詞話》云：「……此『沈鬱，意在筆先，神餘言外，欲露不露，不許一語道破』云者，亦即含蓄之意耳」。傅將含蓄與沈鬱混作一談，如深入研究，二者是有區別的。筆者在本書上集內〈詩詞之沈鬱〉拙文中闡述甚詳，在此不贅。沈去矜《塡詞雜記》云：「言情貴含蓄。粲女窺簾而未出，得之矣」。換言之，含蓄如一美女，從簾中窺看，而未出來。她的綽約風姿，不能一覽無餘，卻能隱約使人想像而得。特舉數例述之於後：

李白的〈玉階怨〉云：「玉階生白露，夜久侵羅襪，卻下水晶簾，玲瓏望秋月」。詩題是「怨」，全篇無「怨」之字眼，卻能使人於字面之外，感到無限幽怨之情。此即含蓄之效果。又如陸放翁〈示子聿〉詩云：「儒林早歲竊虛名，白首何曾負短檠？堪嘆一衰今如此，夢回聞汝讀書聲」。放翁早年立志讀書，原想以「塞上長城自許」，而夢已成空，如今一衰如此，為儒巾所誤，夢中聽到兒子讀書之聲，擔心不免和老父一樣蹉跎，此一層意思，已含蘊其中未加明言。又如今人張夢機教授一首〈記蘆溝橋〉詩云：「樹影煙光入畫收，北京西去是蘆溝。可憐橋下桑乾水，曾帶中宵戰血流」。轉結兩句，是指民國二十六年七月七日，日軍藉口搜查一失蹤士兵，襲擊我宛平縣城。我守軍吉星文團長力加抵抗。拉開我八年抗戰之序幕，八年中軍民共死傷三千四百餘萬。所以「可憐橋下桑乾水，曾帶中宵戰血流」，含意多麼深遠？無限家國之痛，在「戰血流」三字中表出，已言外見意。

含蓄表達之另一方式是：不明言其意，或僅言上半截，將下半截留與讀者去體味。如元稹之〈行宮〉一詩：「寥寥古行宮，宮花寂寞紅。白頭宮女在，閒坐說玄宗」。在景象寂靜之古行宮中，有白頭宮女聚在一起，閒話天寶遺事，讀者可以想像所話何事？其懷舊之情，興衰之感，含蓄至極。正如沈確士所云：「說玄宗而不說玄宗長短，佳絕。只四語已抵一篇〈長恨歌〉矣」。又如高啟的一首〈猛虎行〉云：「陰風吹林烏鵲悲，猛虎欲出人先知。目光炯炯當路坐，將軍一見弧矢墮。幾家插棘高作門，未到日沒收豬豚。猛虎雖猛猶可喜，橫行只在深山裡」。凶猛之老虎，不僅人人害怕，即使英勇之將軍見了，亦驚慌的將所持的弓箭抖落。世上恐無比老虎更凶猛者。詩人未將問題提出，亦未作正面回答，僅在結語中輕輕一點，已含「不盡之意，見於言外」。言外者何？即所謂「苛政猛於虎」之意也。

從上面幾首詩看來，沒有一首不是白描，而能達含蓄之意者。可見含蓄與用典，並無關聯。但含蓄要使「恰如其分」一看就懂。否則便成為「詩謎」難猜矣。

鄧馥苑賸稿吟草

我與鄧兄馥苑先生的結交，應自八十七年四月五日算起。那是台灣新生報的一次徵文，恰好這一天他的大作〈結緣五十年〉發表了。文中說他五十年來，最欣賞新生報的「版面清純，不媚世俗」，尤其喜歡看當年七虎、大鵬、純德、碧濤的球賽報導和球評以及副刊「那分素雅氣質」。忽然筆鋒一轉：「遺憾的是《新生詩苑》刊出已逾五千期，在刊登傳統詩詞的園地少得可憐的今天，多年來新生報能有這番弘揚詩教的心意，實在可感。可惜這塊篇幅不大的專欄，在改版之後，不知何故？竟然失去了蹤影，令人懷念不已……」最後這一段「遺憾」，正好觸動我的敏感神經。因為當時我正主編詩苑專欄。為了詩欄縮刊，我與報社爭執得難解之際，竟然有仗義之士，評言相助，至為心感。於是查閱詩苑通訊名冊，發現馥苑兄在詩苑投過稿。乃即掛電話與其連絡，自我介紹職名、說明詩苑由每日一次改為每週出刊三次的經過，並感謝他對詩苑的支持與關懷。這是我們結交文字因緣的肇始。

爾後彼此書函往還、電話交談，深知他是一位謙謙君子、正義之士，對文學很有造詣的高人。他經驗豐富、反應敏銳，尤擅長速記。曾奉准調兼中樞多次重要會議的速記工作。民國四十一年冬，胡適博士由美返國，先後在台灣大學、師範學院講述〈治學方法〉與〈杜威哲學〉，他與其他兩位同道，同時受邀擔任記錄。由於當時沒有錄音設備，而胡先生的安徽績溪鄉音又重，思想更是跳躍式的，上句未完，緊接下句，加以許多專用名詞，真是耳不暇接。幸虧那時他正值青年，精力充沛，諸多困難與問題，都能一一克服。五十年後，他有一首七律詩云：「博議微言入耳清，龍蛇疾走記分明。大師剖釋顯真諦，士子凝神聆正聲；語帶機鋒傳妙法，眾無倦色見精誠。低回五十年前事，塵夢如煙暗自驚」。這是他感懷當年速記演講場面的情景。其中「龍蛇」句：係指速記符號；「疾走」乃落筆之迅捷。頷聯與頸聯，指演講之精彩與聽眾之專注凝神。結聯指五十年之光陰，有如彈指。昔日之翩翩青年，如今已成白髮飄蕭的老人。真是感喟萬千！

他對新舊各種文體，不管是文學性的詩詞，歌謠、聯對、散文、雜文；與實用性的公文、應酬文等，皆有所擅長專精。上級讓他軍職外調，不僅借重他的文學速記長才，也借重他的行政領導能力，以及敬事精神。他曾任國民大會秘書處議事組科長，及唐榮公司主任秘書，副總經理，都有特出表現，勛華績懋，獲得吳嵩慶、許師慎等前輩大老的賞識與倚重。多年後，談及此事，猶令他懷念追慕不已。

他曾參與各種文藝競賽，如民國六十八年中美斷交，中國時報響應自立自強號召，徵求歌詞，他以〈中華兒女氣如虹〉獲選優等獎（不分名次），歌詞分二疊，首唱如下：「昂起頭，挺起胸，中華兒女氣如虹。不屈不撓伸正義，堅持立場莫放鬆。寧靜能致遠，不怕浪和風，同心一德向前進，力量就在團結中」。次疊與首唱歌詞有同樣的高亢、簡潔、雄壯，不多贅述。同時獲得優等獎者，尚有文壇前輩作家張佛千先生、周春堤博士等。又如獲得教育部七十三年文藝創作獎作品〈河山春永組曲〉三首中有云：「春來了，意氣揚。人帶笑容土帶香。隆隆雷鼓瀟瀟雨，點點甘霖處處歡。平疇綠，溪流漲，秧針穿水出，麥苗翻風浪；杏花繡野春蠶醒，不採新茶快採桑。惜春光，子規聲裡百工忙……」這簡直就是一幅故鄉春景圖。不亞於鄭板橋〈田家四時苦樂〉歌中的春景。以上兩種歌詞，一為陽剛之美，一為陰柔之美，前者曾由有關單位公開徵求曲譜，灌製唱片，分送各級學校傳唱。又如〈傳家寶訓〉一文，係參與台灣日報「國際家庭年」徵文入選作品。在該文中，可以窺見中華偉大女性，在傳統文化中，雖多不識字，但對固有禮教、倫理、道德，知之稔而行之素。由馥苑兄之令祖母，可為代表人物。也可見馥苑兄在童年時期，即薰染到良好的家庭教育，奠定他日後立身國家社會，待人接物的準則和美德。

我與馥苑兄的家庭背景，出身履歷略似。平時天南地北、古今人事，無所不談。故相知也深，了解也多，只是相識較晚，晚年始能相慕相惜。互以顧亭林先生詩句「遠路不須愁日暮，老年終自望河清」共勉。有一次他與我在電話中談及一些嚴肅或感傷問題，他忽地插上兩句即興口占：「憂懷怯論興亡事，且訪東橋細說詩」，使我破破涕大笑。後來他添增兩句，成為一首七絕「亂世勞人嘆數奇，蒼茫大地欲何之；憂懷怯論興亡事，且訪東橋細說詩」。製成精緻的書籤送給我。記得有一次團體參觀旅遊，在車上，他介紹我：「東橋是他的筆名。《東橋說詩》是他的力作，銷路好，現在書店已難買到了」。這時同車的人齊聲拊掌。他就是這樣具有幽默感的人，常將快樂送給別人。當然他的夫人張雪琴女士也是個中翹楚，談話健將。曾當選過十大傑出女青年，自然不在話下。

今逢馥苑兄八秩攬揆初度，他將歷年所作，加以選擇，區分《馥苑賸稿》、《馥苑吟草》兩大部份，同時出版。在付梓之前，蒙他厚愛，囑我寫點意見。我雖疏陋，卻未敢辭，謹綴數語，表達淺識與純誠，實難免掛漏之譏。趁此順祝長春。

庾信的烏夜啼

庾信，字子山，小字蘭成，北周南陽新野人（今河南省新野縣）。文藻豔麗，與徐陵齊名，世稱「徐庾」體。仕梁為右衛將軍。當侯景叛亂，梁都建康失守，庾信走往湖北江陵，輔佐梁元帝。後出使西魏，在出使期間，梁亡。因北朝當時傾慕南朝文化，他以文學成就被強留於長安。北周替代西魏後，他更受重視，累遷驃騎大將軍，開府儀同三司，官位益顯。但因國破家亡，淹留北地，內心倍感鬱結，常有鄉國之思，曾作〈江南賦〉以寄意。有《庾開府集》。他在藝術成就上，講究形象，聲色，駢儷，用典，可謂六朝集大成之作家，在文學史上有承先啟後之作用。

如他的〈烏夜啼〉一詩：「促柱繁絃非子夜，歌聲舞態異前溪。御史府中何處宿？洛陽城頭那得棲！彈琴蜀郡卓家女，織錦秦川竇氏妻。詎不自驚長淚落，到頭啼烏恆夜啼」。一、二句的「子夜」，晉曲名；「前溪」舞曲也。〈烏夜啼〉是舞曲歌詞。所以說急管繁絃所奏之曲既非「子夜」，所歌所舞也與「前溪」不同。三、四句的上句是用《漢書》的典故：「御史府吏舍百餘區，井水皆竭。常有野烏數百棲宿其上，晨去暮來，號曰朝夕烏。後烏去不來者數月，長老異之」。下句是用《續漢書》之典故：「桓帝之初，京都童謠曰：『城上烏，尾畢逋……』此為揭露貪政的歌謠。以城上的烏鴉比喻居高位而貪財的官僚，他們都缺欠尾巴。後漢都洛陽，故云：「洛陽城頭」。五、六句的上句，是指司馬相如琴挑卓王孫之女卓文君，文君夜奔相如。後來相如欲聘茂陵人女為妾，文君作〈白頭吟〉以自絕，相如乃止之故事。下句是指秦州刺史竇韜之妻蘇蕙，字若蘭，因竇遠謫沙漠，離別時，對蘇言，誓不更娶、但至沙漠後，便另娶婦，蘇蕙則織錦作迴文詩寄韜的故事。七、八句是說：像卓文君，蘇蕙這樣賢慧的妻子，都曾一度被丈夫嫌棄，她們聽到烏鴉的啼叫，豈有不自驚落淚的，最後點出題意，謂烏鴉反正要啼，不管夜深時人聽了有何感想？

烏鴉（另有烏臼鳥，非同類）是不祥之鳥，烏啼是不祥之兆。〈烏夜啼〉是樂府曲名。烏鴉在夜晚會啼少見、值得研考？庾信這首詩寫女子聽到烏夜啼，也是不祥的離愁別恨到來，值得驚心傷感。劉載熙說：「庾子山〈烏夜啼〉開唐七律……唐五絕、五律、五排」之先河。他這首詩雖無特別的思想內涵，但在七律的發展上，是有一定的影響的。杜甫〈春日懷李白〉詩，有「清新庾開府、俊逸鮑參軍」之句，可見其敬慕之忱。

鮑照的樂府歌行

鮑照，字明遠，南朝宋東海（今江蘇灌雲縣北）人。家居建康，出身貧寒。雖也步入仕途，但在南朝那個「上品無寒門，下品無世族」的社會中，一生並不得志。他與謝靈運，顏延之同時，合稱「元嘉三大家」。而成就較顏、謝為高。是我國文學史上傑出之詩人。他曾做過臨海王子項的參軍，故世稱為「鮑參軍」。後子項事敗，鮑亦為亂軍所殺。有《鮑參軍集》。

鮑照詩的主要成就，在樂府歌行，但其境遇之艱困，情感之炙熱，對時世之憤激，及人生之幻滅，都反映在詩歌上。由詩歌中可見其心境。〈擬行路難〉十八首，是其代表作品，特選二首於後。

其一云：「對案不能食，拔劍擊柱長嘆息。丈夫生世會幾時？安能蹀躞垂羽翼！棄置罷官去，還家自休息。朝出與親辭，暮還在親側，弄兒床前戲，看婦機中織。自古聖賢盡貧賤，何況我輩孤且直」。他的心境，在此詩中全盤托出。他深感懷才不遇，世路轗軻。面對飯桌，食不下咽。拔下劍來，向柱上甩去，發出長長一聲嘆息：「大丈夫生在世上，會有幾多時日？為什麼要小步行走，不能振羽高飛？辭官回去吃老米飯吧！家中還有雙親，妻子兒女。早上出門，向雙親告別，晚上回家又在雙親身傍。在床頭逗笑小兒女，在織機傍看妻子織布，生活何等自由。想到自古以來的聖賢，那一個人能擺脫貧賤的，何況像我族寒勢孤，個性又如此耿直，不吹牛，不拍馬呢」！這是門第社會中不平之鳴。《詩品》說他「才秀人微，取湮當代」。可知一位才高、氣盛，且有自尊的詩人，在貴族社會壓抑下，無可奈何之心情。

其二云：「愁思忽而至，跨馬出北門。舉目四顧望，但見松柏園。荊棘鬱蹲蹲，中有一鳥名杜鵑，言是古時蜀帝魂。聲聲哀苦鳴不息，羽毛憔悴似人髡。飛走樹間逐蟲蟻，豈憶往日天子尊？念此死生變化非常理，心中惻愴不能言」。詩意是說，滿懷愁緒，策馬向北門行走，但見對面墓園中許多松樹和柏樹，荊棘也長得很茂密。其中有一隻杜鵑鳥，不停的在悲啼。傳說杜鵑是古代蜀帝的靈魂，怎不想起他過去做天子的尊榮！對於此種生死變化，沒有一定的道理，心中實在感到悲傷難過！由此詩引喻到人生富貴無常，使他想起晉恭帝，禪位給劉裕的事，不也和杜宇的處境相似嗎？在恭帝被廢零陵王的一年中，劉裕還不放過他。派兵看守，生活狼狽，恭帝與褚妃共處一室，親自在床前烹煮食物。永初二年，劉裕又殺了他。一個禪位之君，猶被殺，在以往是少見的，劉裕也太殘忍了！疑以詩中「羽毛憔悴」、「豈憶往日」和「死生變化無常理」等語，都是有所指的，也是寄托深遠，感慨無窮的。

鮑照另有〈梅花落〉一詩，也是比喻人生的，寫得極好：「中庭有雜樹，偏為梅咨嗟。問君何獨然，念其霜中能作花，露中能結實。搖蕩春風媚春日，念爾零落逐寒風，徒有霜華無霜質」。詩意說庭中有多種樹木，偏偏作者獨對梅花稱嘆，有人問他為何偏心？他回答：「因梅花在霜露中開花結果，有高貴耐寒的品格，不像一般的花朵，只向春風搖曳、向春日獻媚，禁不起寒風吹掃、飄零，徒有外表而已」。藉梅花讚賞堅貞之士，譏刺毫無節操獻媚之人。

由以上幾首詩看來，鮑照有極高的才華，自由的詩境，不是那種固定五言或七言體式所能拘限的。在一千多年前，就能作此隨性所至的詩，尤其梅花落一首，句數與字數均不齊一，卻能揮灑自如，變化多端。此種作風，使後代的高適、岑參，李白等詩人，都受到他的啟發和影響。他樸實的文句，民歌式的語調，和當時元嘉體的正統詩風，是絕然不同的。也非顏延之一輩人所能企及的。

謝朓澄江靜如練

謝朓，字玄暉，南齊時，陳郡陽夏（今河南太康）人。與謝靈運同族，故有「小謝」之稱。他幼時即有才名，文辭清麗，善於草隸，長於五言及山水詩。沈約讚云：「三百年來無此作也」。並與沈約共創「永明體」。曾任宣城太守、尚書吏部郎，有《謝宣誠集》。

東昏侯失德，始安王遙光謀篡，謝朓不肯附和，遙光大怒，誣陷謝朓，下獄而死。年僅三十六歲。沈約〈傷謝朓〉詩云：「吏部信才傑，文峰振奇響。調與金石諧，思逐風雲上。豈言陵霜質，忽隨人事往。尺璧爾何冤？一旦同丘壤」。一位在官場、與文壇非常傑出，不畏嚴霜，質同尺璧潔白的人，是死得多麼冤枉，令人嘆惜！

他曾和王融主薄〈有所思〉云：「佳期期未歸，望望下鳴機。徘徊東陌上，月出行人稀」。詩意是說，最好的日期（或云佳節），盼望她丈夫回來而沒回來，心中悶悶不樂，於是走下織布機，來到東郊田埂上，徘徊，觀望，等待，直到月出人稀，「猶未見丈夫歸來」。最後一句話，詩人雖未說出，但由女主角的行動看來，應當如此。這就是詩的「含蓄」。

又如〈玉階怨〉云：「夕殿下珠簾，流螢飛忽息。長夜縫羅衣，思君此何極」！此為宮怨詩。全篇未有一個怨字。僅說晚上宮殿中的螢火蟲，飛來飛去，她（宮妃）只低著頭，默默地在縫製羅衣，心中卻不斷想著君上的幸臨。「此何極」，表示思念沒有盡期。雖不言怨而怨自在行動表現之中。

又如〈王孫遊〉云：「綠草蔓如絲，雜樹紅英發。無論君不歸，君歸芳已歇」。這是說，綠草正生長蔓延，紅花開滿雜樹，正是日麗風和的春天。不用你說不回來，等你回來時，恐怕花季已過，花已凋謝了。亦如《楚詞》所云：「王孫遊兮不歸，春草生兮萋萋」的意思。唐朝王維〈送別〉詩中「春草明年綠，王孫歸不歸」？亦蹈襲此意。

以上的〈有所思〉、〈玉階怨〉、〈王孫遊〉三首五言詩，皆係樂府體，收入《樂府詩集》中。謝朓擅長五言與山水詩，尤其是他「晚登三山還望京邑」詩中的「餘霞散成綺，澄江靜如練。喧鳥覆春洲，雜英滿芳甸」。是他的名句。沈德潛說：「玄暉靈心繡口，每誦其名句，淵然冷然。覺筆墨之中，筆墨之外，別有一段深情妙理」。他所謂「筆墨之外」，即言外見意。李白平生眼比天高，但最敬佩謝朓。詩中常提及他，如：「宅近青山同謝朓」，「一生低首謝宣城」。又：「誰念北樓上，臨風懷謝公」。謝公，即指謝朓也。

陸凱折梅寄范曄

陸凱，字智君，代（今河北省蔚縣東）人。謹重好學，以忠厚見稱。曾任正平太守，在郡七年，號稱良吏。他有〈贈范曄詩〉云：「折梅逢驛使，寄與隴頭人。江南無所有，聊贈一枝春」。「隴頭」即「隴山」，在今陝西省隴縣西北。據《荊州記》載：「陸凱與范曄交善，自江南寄梅花一枝，詣長安與范曄，兼贈詩……」唐汝諤在《古詩解》中則云：「范曄為江南（順陽）人，陸凱為代北人，當是范寄陸耳」。此話言之自然有理。惟以人的籍貫，與其當時在外工作的住址，並不絕對相同。也許離開家鄉太久，寄一件故鄉的禮物與他，正可安慰他懷鄉之思，亦為人情之常。

王闓運的絕對

王闓運，字壬秋，號湘綺，湖南湘潭人，生於民國前八十年，歿於民國五年，享壽八十五歲。清咸豐癸丑舉人，曾主講四川尊經書院，衡州船山書院，民國後任清史館館長。著有《湘軍志》、《湘綺樓詩文集》等書，為湖湘詩派領袖。平時為人風趣。幽默、詼諧。與張之洞（香濤），潘祖蔭（伯寅）等清末一班文人，時相聚會往還。而楊皙子，齊白石等為其高足。

某天，楊皙子與齊白石、張登壽等弟子，群集於〈湘綺樓〉設宴，為其老師祝壽。酒入微醺，一時興起，王闓運喜不自勝向楊皙子等講述一則過往趣事：「記得當年在龍樹寺集會，我因故遲去，張香濤指責我：『壬秋晚到，要罰作對子』，我答：『此有何難；任何對子，皆能對出』。香濤云：『先別吹，剛才伯寅侍郎云四書五經文字，均可製聯，唯獨《左傳》有四字難對。我問：『那四字』？彼云：『《左傳》宣公二年上『牛則有皮』四字。我輩剛才甚久未曾對出』。此時潘侍郎等人都笑將目光集注於我，我一時亦感不好對。但大言已出口，不便收回，只好故作鎮靜專心去想」。

楊度也感覺此四字難對。但不知老師胡為如此神乎其神，看來此中必有奇趣。

王闓運面帶微笑，仍繼續得意引述當年之趣事：「我靈感忽來，當即說出：可對『焉哉乎也』。此時潘伯寅頓感驚愕，大腦尚未反映過來。忙問：『爾此四字何意』？其他人等亦都莫名其妙。惟有張香濤拊掌大笑曰：『壬秋、難怪別人謂爾放浪，對出此種下聯，不怕短壽』？我已知香濤明白此四字之意。笑答：『何必假道學。此乃人生第一等正經大事，何放浪之有？我將其製成佳聯，閻王爺應予我添壽』。王闓運邊說邊笑，白鬍子直抖。

楊度聽後，亦如墮五里霧中，不知此四字之深切含意。見老師如此樂不可支，卻笑不起來。禁不住問：「此四字究為何意？請老師講解」！王闓運曰：「我不作講解，爾可去查《說文》」。師生正談得高興，齊白石、張登壽等共舉起酒杯，頻頻向老師敬酒。楊度除了敬酒，心只惦念「焉哉乎也」四字。藉故小解，暫時起身離席，溜進老師書房，將《說文解字》逐字查閱，才恍然大悟。心中黯忖：難怪別人說王湘綺率性不羈如魏晉時人，此話不假。

蕭繹是詩人皇帝

蕭繹，梁武帝蕭衍第七子，昭明太子蕭統、簡文帝蕭綱之弟。字世誠，初封湘東王，繼為荊州刺史。遣王僧辯討誅侯景後，遂即帝位於江陵。嗣西魏伐梁，被戮，梁亡。

蕭氏父子四人，都是天才作家，也是詩人皇帝，太子。文采風流，照耀一時。蕭繹著述甚豐，所作與其兄作品有相混雜。而詠物之短詩，卻玲瓏可愛。如〈螢火〉詩云：「著人疑不熱，集草訝無煙。到來燈下暗，翻往雨中然」。意思是雖謂螢「火」，但與人的觸覺無熱度，集中在草叢沒有煙，來到燈下暗淡不見光，在雨中反而燃燒起來（然同燃）。狀物體情，真是入木三分。

孫綽的擲地有聲

孫綽，晉時人，字興公，博學善屬文，年少時即有高尚之志。居住於會稽（今浙江省紹興縣東），悠遊山水。曾作〈遂初賦〉以致意。又作〈天台山賦〉，辭意甚工。賦初寫成時，對友人范榮期云：「君試將擲地，當作金石聲」。榮期答云：「恐此金石，非中宮商」。對友人自誇其文，友亦無好言相贈。孫另有〈情人碧玉歌〉二首之一云：「碧玉破瓜時，相為情顛到，感郎不羞郎，回身就郎抱」。詩雖嬌小可愛，惟此熱情大膽的作品，出自東晉詩壇，且與孫綽一向主張玄理的詩風不符。有人懷疑非孫所作。又後世常讚譽某人詩文「擲地有聲」，故事即出自孫綽之語。

吳均的山中雜詩

吳均，字叔庠，梁代吳興故鄣（今浙江省安吉西北）人。家世寒賤。沈約見其文而好之。柳惲為吳興刺史，召補主薄，後為建安王偉記室。詩體清拔，在當時影響極大，號稱「吳均體」。如〈山中雜詩〉云：「山際見來煙，竹中窺落日，鳥向簷上飛，雲從窗裡出」。詩題一作〈還山〉。描寫山中所見情景，綺麗生動，清新親切，有意出塵俗，滌盪心胸之感。

蘇東坡被貶儋州

蘇東坡是宋代的大文豪大詩人。但他在世時，因為言論而得罪人，一再被貶江湖，坎坷一生。正如他寫〈潮州韓文公廟碑〉所云：「未能使其身一日安於朝廷之上」。他最後一次被貶海南儋州，自覺生還無望，然而仍盼望北歸。他在〈夢中得句〉詩中寫道：「登高望中原，但見積水空；此生當安歸，四顧真途窮」。不過他在儋州時，倒也交了當地幾位黎族朋友，如一位名子雲，一位名威，一位名徽，一位名先覺者。有一天他帶著醉意，遍訪「四黎」

之家。歸途天色已晚，酒意未消，他誤入「竹刺籐梢」之迷途中，致回家記不清路，只好沿著有牛屎的途程走，因為他只知自己的家在牛欄的西邊。於是他寫了首詩以記其事云：「半醒半醉問諸黎，竹刺藤梢步步迷；但尋牛屎覓歸路，家在牛欄西復西」。此詩淺近如話，將粗俗的牛屎寫入詩中，但讀來一點不嫌「俗」，而覺得「雅」。其原因是「真實」、「新鮮」，所以感到親切。詩人居官清貴，才高一世，貶來儋州，與當地居民結下深切的情誼。走在滿是籐刺的路上，住在牛欄傍的茅屋中，不是自傷自憐，而是達觀自得。據《侯鯖錄》中記載：「東坡老人在昌化（儋州府屬縣），嘗負太瓢，行歌田野間，饁婦年七十云：『內翰昔日富貴，一場春夢，坡然之。里中呼為春夢婆』。」東坡是哲人，怎麼不了解春夢這層道理。所以平時負著大瓢，行歌在田野間，與送飯之婦人交談，是何等的自得其樂！

宋元符三年春，哲宗駕崩，徽宗繼位。被謫元祐老臣，一律赦罪，東坡亦在其列。他聞訊後高興地寫了〈儋州〉一詩：「霹靂收威暮雨開，獨憑欄檻倚崔巍。垂天雌霓雲端下，快意雄風海上來。野老已歌豐歲語，除書欲放逐臣回。殘年飽飯東坡老，一壑能專萬事灰」。這詩表現了初得詔書感慨的心情。首聯寫雷雨之後，獨自登高遠眺。「霹靂」吟皐上之盛怒。既寫實景，也暗示哲宗的去世。「暮雨」含義雙關，暗指前朝的昏暗。「開」字表示他對新君的幻想，朝政從此清明。頷聯為方東樹譽為「奇警」。夏天雨後出現虹霓，是登高所見實景。但詩人不書彩虹，而以暗淡的雌霓入詩，寓有迫害元祐老臣的章惇，蔡京等政敵失勢之意。雄風指帝王之風，語出宋玉〈風賦〉。按儋州四面皆海，雄風來自海上，既是寫風來之快意，又暗喻詔書之降臨。頸聯記雙喜臨門。一是指野農豐收之喜，一是指自己獲得赦罪之喜。「除書」指詔書。逐臣即將北歸，其喜悅是可想像的。結聯指今後之打算，說自己年事已高，只要能飽飯，有棲身之所，則別無奢求。「一壑能專」語本《莊子·秋水》：「擅一壑之水，而跨跱坎井之樂」。原意是譏井蛙之淺薄，但後人卻以「專一丘之歡，擅一壑之美」來表現「輕天下，細萬物」的隱逸思想。東坡用法與此相似。他晚年思想很矛盾，由於政治上一再受到打擊，經常發出「心似已灰之木」的感嘆。但其思想深處，仍是「報國心猶在」。「少壯欲及物，老閒餘此心」。詩的末句雖稍消沈，但全詩的基調正如清朝汪師韓所評：「峭崒雄姿，經百折而不稍損抑；浩然之氣，於此見其心聲」。實為的論。惜北歸後一年，即在常州下世，時年六十六歲，與王安石、歐陽修同壽。

也談陳寅恪與其詩

在民國九十年冬季出版的《中華詩學》七十期上，讀到龔嘉英教授的專論：〈陳寅恪先生晚年的詩〉，文情暢懋。對寅恪先生之家世與詩作，均有所論述。惟其中述及寅恪「祖父陳寶琛，因力贊維新變法，被慈禧太后革職而隱居南昌之西山。父親陳三立為江西詩派傳人，有散原精舍詩集行世」一節，與筆者所知稍異。按陳寅恪之祖父為陳寶箴，字右銘。而陳寶琛則另為其人。他籍隸福建閩縣，字弢菴，同治戊辰進士，著有《滄海樓詩集》。是寅恪父親陳三立（散原）於前清光緒八年江西鄉試時的座師。並非寅恪之祖父。至民國十九年，散原已是八十高齡的老人了，而他的座師是八十五，僅比他大五歲。當散原老人八十初度那天，陳寶琛（一般人通稱為陳太傅，因他曾做過清帝的師傅。）特贈詩一首云：「平生相許後凋松，投老匡山第幾峰？見早至今思曲突，夢清忽地省聞鐘。真源忠孝吾猶敬，餘事詩文世所宗。五十年前彭蠡月，可能重照兩龍鍾。」其中第七、八句，即是指江西鄉試師生的事。

其次龔教授所鈔陳寅格的〈己丑元旦作時居廣州康樂村〉詩云：「無端來作嶺南人，朱橘黃蕉鬥歲新。食蛤那知今日事，買花彌惜去年春。避秦心苦誰同喻？走越裝輕任更貧。獨臥荒村驚節物，可憐空負渡江春」。己丑元旦為民國卅八年農曆初一。是年國曆元月十九日，寅恪攜眷抵穗，十月大陸易幟，國民政府遷台。此詩乃表達赴穗過春節之心情。其中第四句「買花彌惜去年春」，第八句又有「可憐空負渡江春」。律詩不可以重韻，而寅恪在一詩中連用兩春字，應屬犯重韻。又〈辛卯廣州元夕用東坡韻〉一詩：「嶺表春回欲雨天，新蒲細柳又爭妍。淅矛炊劍朝朝飯，泛宅浮家處處船。幾換魚龍餘此夕，渾忘節物是何年？風鬟霧鬢銷魂語，賸與流人紀上元」。此詩為民國四十年元宵節所作。前七句用「先」韻，最後一句用「元」韻，兩者不通韻，未可謂「獨鶴出群」格。當然這是用東坡的韻，問題不在寅恪，而在東坡，也不在東坡，而在韻書（當時北宋可能之韻書為《唐韻》，與後來之《佩文詩韻》略有不同。）以上情形，我於民國九十一年六月卅日，特函龔教授請益，但未接獲書面賜答。後於同年七月廿一日《乾坤詩刊》社新書發表會上，見到龔教授，曾當面向他請教：「龔老，拙函收到否？」他見了筆者，一時似感錯愕，也似有所思，面色略帶微笑表示歉意，筆者亦知其意，順便將話題說圓：「沒關係，您老可能記錯一時筆誤！」他接著也補充一句：「他

（指寅恪）的詩也不見得怎樣是嗎？」隨即送筆者他自己親筆書寫影印《景勝樓詩集》，並簽名題贈「東橋先生教正」，聲言不再回信了。龔老比筆者年長十餘歲，恂恂儒者，究竟不失前輩風範。他寫的《詩聖杜甫》一書，曾獲中山文藝獎，贏得詩學界的好評，而他的虛懷若谷，更令後輩欽佩。

至於陳寅恪先生的近體詩中，偶一出現重韻問題，實不足以貶損其對詩學之精湛造詣。已故名歷史小說家及詩家高陽，對寅恪先生甚為景仰。他說：「寅恪晚年詩力功深，合『雙山』於一手。雙山者，白香山，李義山。香山為表，取其老嫗能解，以詩代史，可以流傳久遠。義山為裡，則凡用典，皆具深意。」他初讀寅恪《論再生緣》一書時，即稱有「不得一親風範之恨」。繼讀其全集時，說：「受益真正不淺」。再讀其《柳如是別傳》時，「幾至於廢寢忘食」。由此可見寅恪在學術上之崇高地位。

林恭祖無理而妙

林恭祖先生，民國十六年（一九二七）生，祖籍福建仙游，現籍台北市。台灣大學文學士，美國藝術文化學院榮譽文學博士。台北故宮博物院簡任編纂退休。現任中華學術院詩學研究所副所長，春人詩社社長，世界漢詩學會榮譽會長、北京中華詩詞學會顧問。民國七十五年，榮獲「中山文藝古典詩創作獎」。有《林外詩稿》《詩與歌》《友竹居詩稿》《干支溯源》等待梓。他對詩，無論新舊，都情有獨鍾。平生詩觀：「詩無新舊之分，如寫得好，雖舊如新；如寫得不好，雖新亦不如舊」。其新詩〈拂曉〉云：「夢裡的花不會開在枕頭上

／失落的夢更用不著尋找／玻璃窗上擦去殘星數點／被窩裡也許還剩幾隻跳蚤。／為要除去昨夜的塵埃／睫毛輕輕地把眼睛掃一掃／為要揭穿宇宙的秘密／雞為太陽吹著起床號。／於是清醒的太陽／獨自在浪花裡洗澡。／藍色的天空／為它拍了一個照。／那高飛的鳥兒向天報到／不羈的野馬馱著太陽奔跑。／我向原野吸一口清鮮的空氣／看青青的草喲／越長越高。」詩中充溢著蓬勃的朝氣，青春的活力，積極的人生觀。文字用語非常清新、巧妙、幽默、俏皮。這是他早年最得意的作品。發布於五十年前審稿最嚴的《中央日報》副刊上，委實難得。

在古典詩方面，他更是個中翹楚。猶憶民國七十二年，他以一首〈春節懷大陸〉的七律：「誰憑彩筆寫餘暉，一髮青山漸向微。今夜失眠非守歲，天涯無客不思歸。尋梅踏雪西湖月，破浪乘風燕子磯。萬里長江春又到，莫言頭白故人稀」。此詩初在台北《自立晚報》發表，接著北京《光明日報》《人民日報》相繼轉載。恭祖先生在南京之堂弟林榮祖偶而見之，喜出望外。當年（癸亥）除夕與家人共誦此詩，以慰卅餘年契闊之情。後來廣東陸豐詩人陳章作和詩二律，刊於廣州《當代詩詞》。恭祖先生讀後，又於民國七十七年再和答二律。次年四月陳章又次和二首，並撰〈一點靈犀兩岸通〉一文刊於《汕頭特區報》，開啟了兩岸詩人相互唱和一段佳話。

民國七十九年恭祖先生返鄉省親，倡建仙溪詩社大樓於游洋，此乃海峽兩岸第一座詩人樓。民國九十二年，大陸第十七屆中華詩詞研討會在北戴河召開，恭祖先生與會，有〈歌唱北戴河〉六章，其中佳句如：「美哉北戴河，天造避暑地。渤海盪清波，海山著涼意。仰瞻聯峰山，二峰競聳翠。相距雖非遙，相看如棠棣。萬樹交高風，嚶鳴結雅誼」。「靈蟬訴古今，泉清有禪味。浴罷詠而歸，白雲隨衣袂」。「天邊舖彩霞，海角生瑤草。鷗帶白浪飛，人著運衫跑。我自天外來，餐霞半醉飽」。「地脈連天心，乾坤億萬載。群賢齊高歌，五雲共瀟灑」。歌詞甚長，意境甚美，讀後有如身歷其境。

又民國九十四年孟秋，全球漢詩學會第九屆詩詞研討會，在廬山召開。恭祖先生有〈廬山高〉古風一篇，長約四百字。佳句如：「廬山高，入青霄；天風起，彩雲飄。大江滾滾自西來，青潮拍岸浪花開。此時天地已開放，鷗鷺追潮何浩蕩。欲與匡廬結詩緣，為我江山大合唱。我亦隨緣到此山，非與花鳥共清閒。花有詩心向我吐，山中草木不嫉妒。鳥有詩心為世歌，四海魚龍皆吟哦。」「五老峰前領風騷，山中處處有詩巢。好鳥紛飛來報到，萬樹嚶鳴秋意鬧。」「古洞今雖無白鹿，青山依舊有書屋。誰將瀑布掛銀河？飛流直下盪清波。忽而為我洗耳目，忽而為世濯沈痾。」「草木有心山可飛，波瀾無腳海可立。詩山詩海總相繆，宇宙於今不孤寂。悠悠華夏五千年，古風古雅繞日邊。一卷縑緗一詩派，萬卷瓊瑤超萬籟。今逢盛世揚漢旆，詩情洋溢五洲外。千仞山高人更高，人立山巔謳世界」。由於佳句太多，實難一一選摘。

以上〈北戴河〉〈廬山高〉兩詩，不僅氣勢澎湃，如江河傾瀉，直奔而下。且意境優美，富於想像。試想：山峰怎知為「棠棣」？萬樹怎知敦「雅誼」？清泉何曾有「禪味」？白雲那懂隨「衣袂」？花怎知吐「詩心」？草木焉能知「嫉妒」？山中奚能有「詩巢」？鳥兒怎知來「報到」？彩霞豈能「餐」？豈能「醉」？豈能「飽」？原來這是詩人「移情」「擬人化」的筆調，也是詩人幻想的美化。此種筆法，與鄭板橋的「亂鴉揉碎夕陽天」，宋子京的「紅杏枝頭春意鬧」，李白的「白髮三千丈」同樣有背常理，但能合道。所謂「反常合道」「無理而妙」，就是這個意思，這就是詩。

恭祖先生的舊詩中，有新詩的養份；而新詩中也有著舊詩的韻律和意境。可知他是一位新舊雙棲的詩人。他從七歲時開始學詩，到今天已是八十開外的高齡了，還是豪情萬丈，手不停揮的在創作，在推敲，不斷的參與各地區的詩詞學術研討會。他那份對中華詩詞熱愛與執著的精神，的確令人欽佩！

朱敦儒的西江月

朱敦儒，字希真，宋．洛陽人，元豐四年生。志行高潔，屢辭荐辟。紹興三年，臺諫言其深達治體，有經世之才，召為迪功郎。紹興五年，奏對稱旨，賜進士出身，為秘書省正字，擢兵部郎中，累遷兩浙東路提點刑獄。紹興二十九年卒。著有《巖壑老人詩》一卷，不傳。及詞三卷，名樵歌。全宋詞收其詞二百四十六闋。

敦儒的詞，在數量上可與蘇東坡、歐陽修、晏殊等大家相頡頏，但其長調不足取，短調甚佳。如〈西江月〉二闋云：「世事短如春夢，人情薄似秋雲。不須計較苦勞心，萬事原來有命。 幸遇三杯酒好，況逢一朵花新。片時歡笑且相親，明日陰晴未定」。「日日三杯酒滿，朝朝小圃花開。自歌自舞自開懷，且喜無拘無礙。青史幾番春夢，黃泉多少奇才。不須計較與安排，領取而今現在」。詞中的春夢、秋雲，花新，酒好，有煙霞味。而對世事人情，看得極為淡薄。此種「今朝有酒今朝醉、明日無錢明日憂」的心理，稍嫌消極，有道家思想。可能與南宋偏安，甘作小朝廷、得過且過，不求進取的時代，頗有關係。

談字字須有來歷

古人作詩注重用字。尤其是江西詩派的詩人如黃山谷輩，總強調「字字有來歷」。其實此話未必全對。有些字詞，在古代用在某一事物，或同樣對象，是極其正確。但時移勢異，今日似不宜再作同樣的詮釋。特舉例說明之：

如《論語·泰伯》篇云：「舜有臣五人、而天下治」。武王曰：『予有亂臣十人』。孔子曰：『才難』。」其中的「亂臣」，在當時來說，並非作「亂」之臣，而是後來的學者解作治「亂世」之臣。其實「治」與「亂」，是相對的詞。為何武王要將治臣說成亂臣？實不可解。今日如有人將亂臣說成治臣，將使人訕笑「反用」、「不通」。

又如王維〈送綦毋潛落第還鄉〉詩云：「聖代無隱者，英靈盡來歸。遂令東山客，不得顧採薇」。詩中的「英靈」二字，在唐朝作「英豪」或「英傑」解。所謂「英華靈秀」之士。但後來演變作「靈魂」解。如「英靈千古」、「英靈長昭」。「英靈歸來」。若再解作「英華靈秀」即不合時宜。

又如杜甫〈丹青引贈曹將軍霸〉詩云：「將軍魏武之子孫，於今為庶為清門。英雄割據雖已矣，文采風流今尚存」。詩中「風流」二字，如今也有不同的解釋，如「風流種」、「風流病」、「風流人物」等……意思相差「幾希」，使用時可得要小心，否則遭人誤會。

再如錢起〈送僧歸日本〉一詩：「上國隨緣住，來途若夢行。浮天滄海遠，去世法舟輕」。詩裡的「去世」二字，在當時作「去的時候」解。但現代人解作「逝世」、「過世」或「往生」。故未可將離去時寫成「去世」，否則即被誤會對方死亡。

再如王勃〈滕王閣序〉中云：「督都閻公之雅望，宇文新州之懿範」。其中「懿範」二字，在當時作「美好的型範」解。無論男女雙方，都可適用。但後來演變專對女方而言。如女性某人亡故，祭幛題詞：「懿範長存」或「懿範永昭」。如對男性則只能寫「道範長存」或「德範永昭」。又「千古」、「仙逝」、「靈右」三者意義略似。如題輓幛上款：「某某先生仙逝」或「靈右」即不適宜，只能寫「千古」。女性才能寫「仙逝」或「靈右」，男女是有區別的。有人問：「何以須這樣」？也只能回答：「這是相沿的時代習慣」。

所以一切的字詞用法，都要跟著時代走，中國字詞雖屬多義性，但使用時要合乎當時的習俗與情況。如現今的一些新詞彙：什麼「粉絲」、「轟趴」、「羅生門」等，也是時代的產物。能與時代接軌，才不會被譏為「羲皇上人」、「食古不化」。古人云：「世事洞明皆學問，人情練達即文章」。人要做到「世事洞明」「人情練達」，談何容易！所以吾人在世，真要活到老，學到老也。

張泌的綠楊名句

王國維在《人間詞話》中云：「昔沈文愨深賞張泌『綠楊花撲一溪煙』為晚唐詩名句。然其詞如『露濃香泛小庭花』，較前語似更幽艷。」按沈文愨即為沈德潛，號歸愚，乾隆進士。他最欣賞以上張泌的兩句詩、詞，且認為張的詞比詩好。

據《全唐詩》記載：張泌係南唐淮南人。曾任句容縣尉，官至中書舍人。南唐亡後，隨李煜入宋。以故臣出仕史館。他工詩，尤擅艷詞。前面所說的詩句，即出自他〈洞庭阻風〉一詩中：「空江浩蕩景蕭然，盡日菰蒲泊釣船。青草浪高三月渡，綠楊花撲一溪煙。情多莫舉傷春目，愁極兼無買酒錢。猶有漁人數家住，不成村落夕陽邊。」時間雖值綠楊花飛的夏天，但在詩人眼中，情景卻極蕭然！可見其心情鬱抑。詩題是〈洞庭阻風〉，而詩中所云「空江浩蕩……」顯示釣船未進入湖中，尚停泊於長江或湘江岸畔。周邊有漁人數家，稀疏不成村落。詩的第四句固然很好，但就此詩整體而言，建構亦甚勻稱佳美。第七句屬單拗。

再看他的另一句詞，乃出自他〈浣溪沙〉詞中：「獨立寒階望月華，露濃香泛小庭花，繡屏愁背一燈斜。雲雨自從分散後，人間無路到仙家，但憑魂夢訪天涯。」

這是說他獨自站在寒露的簷階下，望著皎好的月光。回憶著一位戀人。而庭中的花香陣陣襲來，宛似往日伊人的衣香，而今伊人不知何處？只有在夢中去訪尋了。

由此使人想起張泌的另一首〈寄人〉的絕句：「別夢依依到謝家，小廊回合曲闌斜。多情祇有春庭月，猶為離人照落花。」這是以詩代柬，向友人透露內心的秘密。從措詞的簡單而深婉的內容看來，詩人與這位女主角曾相好過，但為何又分散了呢？是兵亂？抑為有力者奪去？然而詩人始終對她難以忘懷。「謝家」指女主角的娘家（不一定姓謝，如元稹的「謝公最小偏憐女」，就是以謝家來借稱其妻韋氏），詩人可能在女家待過，曲徑回廊，應是他倆見面定情之處。詩的前兩句寫入夢之由與夢中之景，後兩句寫夢醒後之所見。依筆者看來，詩人在〈寄人〉這首詩中，以「夢」開端，而在〈浣溪沙〉那闋詞中，以「夢」收束。兩者所夢，可能同為一人。

據清人李良年《詞壇記事》云：「張泌仕南唐內史舍人，初與鄰女浣衣相善……後經年不復相見，張夜夢之，寫絕句云云。」事實也許並非如此。因古時的浣衣女，門第並不高，而張泌曾為縣尉、中書舍人，兩人身份並不相稱。張泌何以日思夜夢這位戀人？而且一再稱對方為「仙家」、「謝家」。可見對方之身份門第。或謂張泌以上各詩詞，係未仕前所作。當年尚在微賤時段，且以釣魚為生，「愁極兼無買酒錢」，兩者相戀，門當戶對，此又為別論。不過，事隔千百年，李良年有何據而云然？值得再加考證。

李義山詠隋煬帝

隋煬帝楊廣，是一個弒父屠兄，荒淫無道，窮兵黷武，好大喜功，兼具南朝昏主和北朝暴君的特性。

當他即位之初，就徵集數十萬民工，開鑿大運河通濟渠與邗溝，沿途設置離宮四十餘所。繼在東都洛陽大興土木，修建宮殿和西苑。後宮佳麗無數。其淫亂行為，難以盡書。自大業元年至十二年，曾三次由西苑乘龍舟浩浩蕩蕩，南遊江都。並修築長城；開闢池道；發兵入侵高麗，使成千上萬人民死亡。農業荒廢，終於群雄並起，隋朝旋即滅亡。楊廣也被禁衛軍將領宇文化及縊殺。晚唐大詩人李商隱有一首詠〈隋宮〉的詩云：「紫泉宮殿鎖煙霞，欲取蕪城作帝家。玉璽不緣歸日角，錦帆應是到天涯。於今腐草無螢火，終古垂楊有暮鴉。地下若逢陳後主，豈宜重問後庭花。」首聯中之蕪城，即廣陵，又名江都，即今之揚州。詩意是說長安城紫泉水南邊的宮殿，深籠罩在煙霧瀰漫之中。而煬帝卻想把蕪城作為皇都。這指出煬帝厭絕了長安宮中的生活，要到美女如雲的江南去逸遊享樂。

頷聯中「日角」：據《舊唐書》載：「李淵起兵前，唐僉說他『日角龍庭』，必能取天下。」「錦帆」指龍舟之帆，以錦緞製成。二句是說如果隋朝的傳國玉璽不落到有天子相的李淵手中，則煬帝定必掛上錦帆的龍舟，遊遍天涯海角。換言之，要是隋朝不覆亡，煬帝必會到更遠的地方遊幸。因當時已開鑿了八百餘里的江南運河，可以從鎮江通杭州，直下會稽。

「不緣」「應是」兩詞，是轉折筆法，有迴旋之勢。

頸聯是說至今隋宮已變成廢墟，雖有腐草，但無螢火照耀了（螢火為腐草化生。當大業末年，天下盜起，煬帝猶於錦華宮徵求螢火蟲數斛，夜出遊山，放之，光照山谷）。而在久遠的歲月中，運河兩岸的垂柳樹上，只剩下黃昏時，老鴉發出啞啞的哀啼。這是一幅隋朝興廢圖。其中腐草、螢火、垂楊、暮鴉，用「有」與「無」貫串起來，對照鮮明，感喟無限！

結聯是說在九泉之下，若遇到同是亡國之君的陳叔寶，楊廣應無顏面去再詢問〈玉樹後庭花〉的歌舞了吧！歷史是如此無情的重演，而後人常不記取歷史教訓，實堪浩歎！詩意冷峭諷刺，情調慷慨蒼涼！正如張采田所謂：「含蓄不盡；僉覺味美於回，律詩寓比興之意，玉溪慣法也」。

楊君潛謙遜博雅

楊君潛先生，字春圃，號柳園。在余所識之台籍友人中，乃謙遜博雅之士也。他幼承庭訓，熟讀經史，及後受張火金先生之傳授，李嘯庵、林熊祥、葉蘊藍、林義德幾位詩老之悉心培植，奠下他透視諸子百家詩文之基礎。加以他高商畢業後，又進台灣大學夜間補習部深造，使他對中國文學及史學有更深一層之了解。故其詩學造詣，不亞於時下一般碩、博士。

爰就其謙遜言：他曾任台籍政、商界聞人辜振甫先生之秘書，然在他的自序中，僅說明在「台灣水泥公司蘇澳廠作電工。越四年，調台北總管理處」。至於調升何職？則謙遜不言，實則為秘書也。其次，在他平日言談中，對人總是謙和恭謹，從未見其大言自誇之語；對詩學亦僅謂「略知其梗概」。由此可想見其為人。

再就博雅言，菁華均散布於其詩中。無論古風、律、絕、集句，不僅古雅精工，馴麗深切。用典涉及群經諸子。因古風過長，不便引述。特舉其律詩〈詠懷十首〉其中二首為例：「富貴從來俗念輕，傳家詩禮最關情。烹經煮史燈相伴，鏤句雕詞酒自傾。好道已無槐蟻夢，消閒只有鷺鷗盟。熙游含哺還捫腹，卻訝漁樵識姓名」。第五句中「槐蟻夢」亦謂「南柯夢」，係詠唐開元間淳于棼醉酒好夢甦醒後，果蒙升任南柯郡守的故事（見〈異聞錄〉）。第七句「熙游含哺還捫腹」，乃胎化莊子〈馬蹄篇〉中：「夫赫胥氏之時，民居不知所為，行不知所之，含哺而熙，鼓腹而遊」。意指上古太平之世，人民歡樂之景狀。詩在敘述他輕富貴，重詩書，崇真理，無作官夢，希作太平之民，結聯尤覺清新可喜。又如「裾曳侯門誓不為，家無長物卻矜持。丹鉛點勘心常樂，鐵硯磨穿志不移。勝友相逢猶恨晚，暮年困學未嫌遲。沈吟幸免愁風雨，林下鷦鷯藉一枝」。此亦在述明，不拜侯門，人窮氣格高，酷好詩書，喜愛良友，生活愜意，暮年仍不改其樂。二詩不僅對仗工整，遣詞典麗，且可見其人生觀。

絕句如：〈論詩十首〉錄其二首：「詩欲求工必待窮，久窮我獨未詩工；始知詩好非關學，稟賦由來各不同。」「騷客休誇綺麗詞，要知平淡最難為；欲求綺麗歸平淡，必讀千家萬卷詩。」此確為經驗卓識之談。未讀破千家萬卷書的人，能道其所道嗎？正如杜工部所云：「讀書破萬卷，下筆如有神」。若說他的古風及律詩極為高峻深入，絕句則平易淺出，但事實卻有不盡然者，如：〈自北京至八達嶺見路旁綠柳〉云：「遠上雄關客思覃，路旁楊柳碧毿毿；幾曾惹得桓司馬，卅載睽違淚不堪」。詩的轉結二句，指晉朝的桓溫大將車，北征胡人時，路過金城（今甘肅皋蘭），見已前任瑯琊內史時所種的柳樹，「皆已十圍，慨然曰：『木猶如此，人何以堪！』攀枝執條，泫然流淚」。未讀過《世說新語》的人，能知此詩的真義嗎？又如：〈漫遊北京，見多家日商，皆捨台灣而投資大陸〉云：「秋近猶疑老眼差，千紅萬紫滿京華；舊時王謝堂前燕，飛入新興富貴家。」讀此詩有如蜂之採花釀蜜，不僅推陳出新，而且餘味無窮。又如：〈盆松〉一詩：「託根瓦缶屈虬枝，材大偏遭俗世欺；辜負昂藏身百尺，雄心只有鶴相知。」此雖詠物，且亦喻人。袁隨園云：「詠物詩無寄託，便是兒童猜謎。」但〈盆松〉一詩是有寄托的。他暗喻大才小用之旨，豈是才人之委屈，亦世人之同慨也！

他和星州老詩人張濟川〈詠史千首〉，其中如詠〈吳王夫差〉：「地下無顏見子胥，行成於越悔何如；劇憐北上黃池會，故國歸來盡廢墟。」又如詠〈老子〉：「莊讚真人孔讚龍，九州萬派盡朝宗；道窮函谷騎牛去，塵世誰知厥後蹤？」一寫帝王，一寫聖賢，各寥寥二十八字，將兩者一生，提要鈎玄栩栩如生，而褒貶寓乎其中。

其餘佳句如：「浮生得失本無常，寵辱譏譽盡可忘」。「沈迷到處求神佛，曠達伊誰學老莊」？「纔經分手猶延佇，常為開心共唱酬」。「章句偶從酣夢得，詩書常自短檠看」。「千株江荻花開白，四面霜楓葉染紅」。「乍覺比來親友少，卻驚老去鬢霜多」。似此情形，不勝一一枚舉。豈止工緻，尤富哲理。猶如繁花滿園，絢燦似錦，余僅採摘數枝把玩而已，其餘留待諸位詩家品賞。

易李詩壇相唱和

易大德，字太白，江西宜春人。武昌中華大學轉上海法學院畢業；及陸軍官校第六期、陸軍參謀大學將官班第五期畢業。中華學術院名譽哲士，大韓民國圓光大學名譽博士，國際桂冠詩人。曾任重要軍職及國大代表等職。

他與湖南湘潭名詩人李漁叔，同受文化大學創辦人張其昀聘為中華學術院詩學研究委員。易並兼任總幹事，副所長。二人關係特好，且均文筆優良，詞藻清俊。易有〈贈漁叔詞長〉

一詩云：「功名白首知無分，一卷能留足自豪。老眼猶明搜異籍，佳章每出壓同曹。雙園桃李承風露，舊國山川隔海濤。異日傳經歸故里，三湘物望數君高。」漁叔接讀贈詩後，當即覆函云：「昨展瑤札，兼諸新篇，意美詞工，超越流輩，迴環雒誦，感不絕於心。容當學步別箋求正。生平頗耽詞翰，晚亦遲回，情不易動，一也。思澀，二也。性不肯草率，三也。以觀賢者兼枚馬之長，豈駑馬十駕所能及乎！先覆布臆，不盡一一」。意思是說自己雖喜好詩詞，但對和章，未能及時撰妥附寄，原因有三，其主要原因是匆忙中「不肯草率」交卷。並贊譽對方有枚乘司馬相如之才，非他人所能企及。

過了未久，易即收到李的和詩云：「當年料敵無遺算，餘勁成詩氣自豪。晚接英光從上座，偶容疏散得分曹。休耽佳句矜詞律，願挽強弓靖海濤。幾日漢壇尊節鉞，西江壁壘為君高」。和詩有步（次）原韻者，有和其原意者。步韻之作較受拘束，有謂帶著腳鐐手銬跳舞。但漁叔此詩，係步原韻，寫來卻極自然工緻。不但不遜原作，且幾乎過之。

觀乎二人之唱酬，皆情辭並茂，相互傾慕。一譽對方具詞人本色，好學精研，「佳章每出壓同曹」，且桃李滿園。一譽對方在戰場上料敵如神，指揮若定，「餘勁成詩氣自豪」。及得挹光儀，有恨晚之感。最後互以「三湘物望數君高」與「西江壁壘為君高」作結，揄揚已達最高峰，頗有餘味。如今二人早歸道山，誦其遺篇，猶有不勝依依仰慕之情。

劉治慶詩詞選集

余同鄉宗兄治慶先生，少即投筆從戎，遍歷祖國大江南北，曾隨黃杰兵團轉戰南越，艱苦備嘗。至民國四十二年（一九五三）年返台。生平好學不倦，雖戎馬倥傯，猶致力於吟詠，可謂文武雙棲之士也。先後出版《瀛海吟草集》，《瀛海吟草續集》，近更刪選各體詩詞，留其精華，編為《瀛海吟草選集》，並乞序於余，余雖才識疏陋，亦未敢以不文辭也。

治慶兄詩詞均佳，而詞尤勝。他個性爽朗，耿介，富有愛國愛鄉情懷，與「湘男多情」性格，詩詞亦如其人。早年在東北長春，與一櫻花姑娘結識，故有〈憶秦娥〉一詞記其事云：「春留碧，綠楊深處鶯梭織。鶯梭織，園遊北海，款情如蜜。烽煙傷別常相憶；征衫曾染櫻花跡。櫻花跡，夢回腸斷，子規啼急。」故事甚美，詞亦極佳。他在和筆者〈遙寄〉詩中，亦曾道及此事：「羈留交趾曾通信，轉駐台瀛竟斷緣；北海公園情永在，東寧雅閣夢猶牽。」人當青年未婚時期，總難免有一段韻事，所謂文士風流也。又如他的〈鷓鴣天〉詞云：「渺渺予懷感慨長，老來重話少荒唐。開樽屢負樓頭月，攬鏡俄驚鬢上霜。吟玉律，弄笙簧，幾經人事幻滄桑。深知八二年非是，付與煙雲一笑狂。」晚年回憶過去種種，人事滄桑，有如春夢無痕。如今剩得兩鬢飛霜，惟有清樽對月，吟詩弄笙調簧，萬事笑付煙雲。這是何等達觀，何等瀟灑，也是美好的人生。如果說〈憶秦娥〉在表現他的青春活力，美麗動感的人生境界，而〈鷓鴣天〉則表現他老年成熟，爐火純青莊嚴的人生境界。這兩闋詞，予筆者深刻的印象，故首言其詞，次言其詩。

他的五言絕句如詠〈竹〉云：「臨風篩日影，碎玉串玲瓏；難展凌雲志，皆緣節未通」。短短二十字，已將竹的形態、特性，形容盡致。轉結二句，意在言外，寄托尤為深遠。又如

〈玫瑰花〉云：「紅白誇嬌豔，薰風拂錦裳；通身都帶刺，仍有採花郎。」此亦同前詩，以比興手法出之。語近情遙，言外見意。

七言絕句如〈三夏吟〉云：「雨霽山嵐掛彩虹，錦鱗戲水鷂巡空；眼前一幅有聲畫，煙樹新蟬短笛風。」好一幅有聲畫景，清晰展現目前。尤其結句「煙、樹、新蟬、短笛、風」七個字，包涵了五種景物，顯示詩的密度與濃度。又如〈漣源校友台南會〉云：「同鄉客地本相親，況復同窗共硯人；半紀流光彈指過，白頭聚首足堪珍。」少小同鄉又同學，老來異地聚會，分外親切。回憶往事如煙，真是感喟無限，殊堪珍惜。又如〈老家五日〉三首其一云：「白菜黃瓜辣拌薑，茶油炒煮味尤香；泥鰍腊肉沙鍋燉，清酒濃湯細品嘗。」此為他返鄉探親之作。亦將數種俗物如：白菜、黃瓜、辣椒、生薑、茶油、泥鰍、腊肉、清酒、濃湯、沙鍋⋯加以綰合，但頗有詩意與鄉土味。正如元朝詞曲家馬致遠的〈天淨沙〉：「枯籐、老樹、昏鴉。小橋、流水、平沙。古道、西風、瘦馬。夕陽西下⋯⋯」之筆法也。

五言律詩如詠〈大松〉云：「披甲昂然立，千林勢獨雄；靈根生厚土，翠蓋聳蒼穹。度偉憐雲雀，襟寬納大鴻。貞心常在抱，性與竹梅同。」氣慨雄偉，昂然獨立，度量寬宏，忠貞不屈，難與比並，雖為詠訟，實為寫英雄豪傑人物。正如清朝大詩人袁子才所云：「詠物詩必有托意」也。

七言律詩如〈暮春憶往〉云：「衣食難溫世事哀，江山零落望春回，寒流碧海風旋浪，殘照荒林雪鬥梅。曾記凱歌揚鐵嶺，那堪揮淚別豐台，慨懷四十餘年事，白首題詩氣益恢。」

鐵嶺屬遼寧，豐台屬北平，俱為地名。此為其回憶抗日勝利後，旋即因國共內戰，山河變色，揮淚離別東北之情景。前四句寫景，後四句敘情。首聯描寫東北飢寒之苦況，頸聯敘述離情之感傷。頷聯中之「風旋浪」對「雪鬥梅」，隱喻國共爭鬥之激烈，對仗工整，詩意沈鬱愴涼！結聯氣勢昂揚，究不失軍人本色。又如〈甲申除夕〉云：「圍爐憶往起徘徊，底事心頭鬱不開。萬里投荒人已老，全家餞歲酒盈杯。蓬萊樂道叨天佑，故國觀光藉地陪。野鶴翱翔玉山頂，衝寒踏雪好尋梅。」詩前四句為實寫，後四句為虛寫。本來全家圍爐餞歲，美酒盈杯，應屬樂事，但為何心事鬱結？其原因除了萬里投荒，人老江湖外，可能另有一份鄉愁，與對當前政局的失望。頸聯中「叨天佑」對「藉地陪」，至為巧妙。結聯上句屬正拗，末句以雪梅作收，頗有古意與春之氣息。

其他古風排律因篇幅過長，未便引述。七言中佳句如：「宿鳥歸林童唱晚，漁舟載得夕陽還」；「踏青攜酒郊原去，掇取春光漫剪裁」；「漣河蘭桂飄清氣，衡岳松筠結美緣」；「常擎桂釀邀明月，屢約村翁展釣綸」；「閱世方知荊路險，營生始識理財辛」；「綰愁谿外柳猶綠，擢秀籬邊菊正黃」；「一抱雄心誅寇盜，幾根傲骨藐王侯」；「蓉城麻辣山西麵，滬濆醪糟漠北羊」；「綠水無憂風皺面，青山不老雪盈頭」。無論是寫景，抒情，述事，感懷，出遊，垂釣，及閱世經驗，風俗人情，其中有比興筆法，有反常合道筆法，錦章繡句疊出，鞭劈入裡，目不暇接。

選集分為五、七言絕、律、排律、古風、詞，共計約六百餘首（闋），有如滿漢全席，美酒佳饌，惟筆者僅嚐一臠而已。

梁寒操高要才子

曾任總統府國策顧問，考試院秘書長的梁寒操，字均默，廣東省高要縣人。民國初年國立廣東高等師範畢業。擅長詩詞，才華卓越。在校時即見重於師長同學。有高要才子之譽。國民政府在大陸時期，他曾隨團赴新疆宣慰，旅行中，見道路兩旁堆積的騾骨，一時感興而起，寫下一首〈騾德頌〉的七律：「木訥無言貌肅莊，一生服務為人忙。祇知盡責無輕重，最恥言酬計短長。絕意人憐情耿介，獻身世用志堅強。不尤不怨行吾素，力竭何妨死道旁」。這詩雖然詠騾，也是他自己一生的寫照。他為人和藹熱誠，書法美健聞名。只要有人向他索求，他定不使人失望，也從未思及報酬。他逝世前，仍為一不相識的人題字，所以〈騾德頌〉中的每一詞語，都是他秉持的人生觀。

元積滄海難為水

元積，字微之，唐·河南河內（今洛陽市附近）人。元和初年，應制舉第一。累官監察御史，知制誥，未幾拜相。太和中，官武昌節度史，卒於任所。他除工詩外，亦擅長言情小說。他的〈鶯鶯傳〉（也名〈會真記〉），述寫張君瑞與崔鶯鶯私戀的故事，文學史上認為張生即作者。鶯鶯傳，會真詩（三十韻）與鶯鶯詩三者，可相互對照閱讀。詩與傳俱極香艷，小說亦引人入勝。

他的〈雜詩五首〉之一云：「曾經滄海難為水，除卻巫山不是雲。取次花叢懶回顧，半緣修道半緣君」。前兩句應是名句，《浮生六記》及各種言情小說中，多曾引述。意謂曾歷經滄海、見過那浩渺無際的海水，再來看其他地方如江、河、池、塘的水，就不足道了。這隱喻著一段刻骨銘心的愛情，無法比擬與替代。次句是說，天上的雲何其多，但他否定其他地方雲的存在，只有巫山的雲才是雲。因為巫山的雲是有情的。正如相傳的神話：「每日平旦化為朝雲，入暮變為暮雨，朝朝暮暮，圍繞在陽台之下」。三、四句是說次第覽遍花叢，上千上萬的花花草草，也不願回頭看上一眼，原因是一半為了修道，提升心靈層次，一半也是為了對妳的鍾情（指崔鶯鶯）。

我最欣賞的，除了前面這首詩，還有他的〈過襄陽樓呈上府主嚴司空〉一詩：「襄陽樓下樹陰成，荷葉如錢水面平。拂水柳花千萬點，隔樓鶯舌兩三聲。有時水畔看雲立，每日樓前信馬行。早晚暫教王粲上，庾公應待月華明」。王粲，字仲宣，山陽人。東漢末年，避居荊州，寫下了有名的〈登樓賦〉。庾公，即庾亮，東晉時人，字元規，其妹為明帝皇后。庾氏為西晉末年南遷士族之一，歷任元帝、明帝，成帝三朝，以外戚與王導等輔立成帝，任中書令，執掌朝政多年。此詩係元稹在江陵時所作。他很喜歡襄陽城樓。恨無機緣登樓攬勝，於是寫詩呈上府主嚴司空（即嚴綬），希望允許他一遊。末二句即表明此意。以王粲登樓一事自指，以庾亮比擬府主嚴司空，是暗用庾亮夜登南樓的故事。

詩的起句，先寫樓下一帶，樹已成蔭。第二句寫樓前水面荷花如錢，便點出春末夏初的情景。第三句從「拂水」帶出柳花；柳花一片濛濛，而水邊青青楊柳，已彷彿可見。第四句又從「隔樓」引出鶯舌，在鶯聲三兩聲之中，環境之幽靜，亦使人身歷其境。第五、六句再從「水畔」「樓前」引出人來，水畔看雲，樓前信馬，一連六句，不是寫樓，就是寫水、樓水交錯，而行文圓轉流麗，如珠走玉盤，真不愧稱為「元才子」。

元稹和白居易齊名，他們的詩稱「元和體」，本詩即屬於「元和體」之類。當時少年新進之士，爭相仿效，曾風靡一時。雖然沒有多少內容，因太有才氣，而技巧嫻熟，故能驅遣眼前景物，輕倩圓轉，並無拼湊之跡，只能謂之逞才之作，未可以常例而論。

千古傳誦憫農詩

李紳，字公垂，無錫人，原籍亳州，生於唐大曆年間，與元稹，白居易同一時代。曾出任淮南節度使，並入相。著有〈新題樂府二十首〉，未流傳。現存〈追昔遊〉詩三卷，雜詩一卷。他早年所作〈古風二首〉，最為後世傳誦。如〈憫農〉其一云：「春種一粒粟，秋收萬顆子；四海無閒田，農夫猶餓死」。其二云：「鋤禾日當午，汗滴禾下土；誰知盤中餐，粒粒皆辛苦」。此詩第二首，我在小學時就曾讀過，但不知作者為誰？鄭板橋的家書〈濰縣寄舍弟墨第三書〉中，載有五絕四首，此詩亦排在第二首，惟未註明作者。僅在書後附筆：「又有五言絕句四首，小兒順口好讀，令吾兒且讀且唱，月下坐門檻上，唱與二太太、兩母親，叔叔嬸娘聽，便好騙果子吃也」。

李紳這兩首小詩，主題思想大致相同。一面贊頌農民生產之偉大，一面又悲憫其生活之貧苦，終年勤勞奔波，而難免餓死。此該為誰之責任與罪惡？答案雖含蓄未說，詩中自可體味。詩人以極經濟手法，深刻描述專制暴力統治所造成苦樂不均，貧富懸殊之不平現象，為農民大聲表達心中之怨怒，吐其苦水，故此兩首小詩，能贏得千古廣大民眾之傳誦。

王建君子固窮

我國歷史上有三位王建。一為後魏時廣寧人，以功累封真定公，官終冀、青二州刺史。一為唐穎川人，字仲初、大曆進士，工詩，與張籍齊名。一為前蜀舞陽人，據有兩川、唐昭宗封為蜀王。我今所談者是詩人王建。

他中進士後，曾任縣丞，侍御史等官，繼任陝州司馬。有《王司馬集》行世。關於他的身世，他在〈自傷〉一詩中云：「衰門海內幾多人，滿眼公卿總不親。四授官資元七品，再經婚娶尚單身。圖書亦為頻移盡，兄弟還因數散貧。獨自在家長似客，黃昏哭向野田春」。詩意是說：他門戶衰微，國內親人無多。對朝中高官，無一位沾親帶故者。上級四次調遷他的職務，依舊官階不過七品。兩次結婚如今仍是打光棍。由於多次遷調，圖書隨之丟失殆盡。兄弟且因四處離散而貧窮。他獨自在家，有如長住做客。每當黃昏時對著田野春色，暗然流淚。

此為感懷之作。詩人檢討一生，雖有幾任閑曹卑官，但際遇卻十分蹇剝。至其暮年，更是貧苦不濟，凄然獨居，豈古語所云「君子固窮乎」？

曾鞏不會作詩乎

曾鞏，字子固，南豐人。宋仁宗時中進士後，即在中央史館任職。未久出任通判和刺史，最後官至中書舍人。他以古文著名，列於唐宋八大家之中。但他卻甚少作詩，其實詩亦甚佳，如〈西樓〉云：「海浪如雲去卻回，北風吹起數聲雷。朱樓四面鉤疏箔，臥看千山急雨來」。鉤疏箔，即是將簾子掛起之意。又如〈城南〉一詩：「雨過橫塘水滿隄，亂山高下路東西。一番桃李花開盡，惟有青青草色齊」。此一詩據有關資料記載，誤收入元好問之《遺山詩集》內，題為〈春日寓興〉。

他的詩好與否，讀者自有體認。惟其高足，秦少游說他不會作詩；他另一高足陳師道，亦未加可否轉述一般非正面批評，從此一場筆墨官司開戰，直打到清朝，判他勝訴的批評家畢竟居多數。以八大家而論，他的詩遠比蘇洵，蘇轍父子較佳，七言絕句更有王安石的風格。

以上各家的批判，可參閱劉克莊《後村大全集》，方回《瀛奎律髓》、劉壎《隱居通議》、楊慎《升庵外集》、賀裳《載酒園詩話》、王士禎《池北偶談》、何焯《義門讀書記》、潘道輿《養一齋詩話》、方東樹《昭昧詹言》、姚瑩《後湘詩話》、楊希閔《鄉詩摭譚》等書。不及一一述明卷次。

梁實秋的詩學素養

梁實秋，祖籍浙江錢塘，民前十年生於人文薈萃的北平。曾就讀清華學校中等科，二十歲時與同學組織「小說研究社」，開始新詩創作兼及詩作評論。民國十二年赴美留學，入哈佛大學研究所，鑽研莎士比亞、培根、米爾頓詩作及文學評論。三年後與未婚妻程季淑返國。

在大陸時期，分別任教東南、暨南、復旦、北平師範等大學；來台後任台灣師範大學英語系及英語研究所教授、主任、文學院長，以及國立編譯館館長。作育英才無數，名作家余光中即其高足。

他編有《遠東英漢辭典》、《英國文學史》，出版近廿本散文集，更完成四十冊《莎士比亞》全集，及《咆哮山莊》等十三部西方文學經典譯著，國際學者更肯定在當代尚未能與他相提並論者。

他對於古典詩，雖少見創作，但從他的《雅舍精品》一書中，他說在北平東安市場，「書攤上買到好幾本詩集，有一部《仇註杜詩》，隨帶至今，書頁變黃了」。可見他對杜詩的喜愛。其中「隨帶至今」一語，雖未註明年月，可能隨身帶來台灣。

他曾圈點杜詩一千三百四十九首，寫出〈讀杜記疑〉系列文章。提出五則疑問：一為「月是故鄉明」，二為「浮瓜與裂餅」、三為「杜甫諸弟」、四為「燈前細雨簷花落」、五為「槐葉冷淘」。他據歷代王嗣奭、郭知達、仇兆鰲、施鴻保、劉中和諸家的評註，加以他獨有的見解，認為杜甫有穎、觀、豐、占四位弟弟，同時代人如高適、嚴武稱杜為「杜二」，可知杜甫尚有一兄，其名不傳，可能早故。他評杜甫有極少詩句，「造句過簡，且嫌含混、讀者不必為杜公諱」。又云：「杜詩常因練字而出語驚人，有時意義轉晦」。又指杜詩中如：「路遠思恐泥」、「恐泥勞寸心」、「致遠宜恐泥」、「恐泥竄蛟龍」等句，「豈僅晦澀，真是不可解，不知杜公何以偏愛此語」？由此可知梁先生對杜詩研讀的深入。

梁先生一向對胡適極為敬佩，認為「胡適是我們這一代人在思想學術道德人品最傑出的一位」。他說《胡適文存》是最影響他的一部書。但他對胡適也有不客氣的批評：「對於文學（尤其是詩）的藝術觀念，現在看來都有問題。例如他直到晚年，還堅持說律詩是「下流」的東西，駢四驪六當然更不在他眼裏，這是他的偏頗見解」。按胡適曾指杜甫〈秋興八首〉為「難懂的詩謎」是有文字記載的，但未聽他說「律詩是『下流』的東西」，也許胡當面與梁口頭表示過吧？以胡先生的知識水準，我想不致於下這樣重的語氣！

梁先生對「中國時報」「人間」副刊主編高信疆，頗有好感。他認為高氏主編「人間」十年期間，所表現的成績令人喝采。後來高氏出國進修，梁先生贈他一首七律：「高侯磊落輪困士，掌管人間紙半開。多少鴻文經我讀，幾篇小品待君裁。十年辛苦看應老，一旦鵬飛心尚孩。海外莫貪拾瑤草，春雲靄靄早歸來」。詩寫得淺鮮明暢，有感情、有勉勵、有祝福。結構嚴整，章法井然。尤以第三聯屬雙拗及其救法，而此種句法，在前人律，絕詩中，俯拾即是，如張祜的「一聲玉笛向空盡，月滿驪山宮漏長」。杜甫的「映階碧草自春色，隔葉黃鸝空好音」。李白的「孤帆遠影碧空盡，惟見長江天際流」。而梁先生運用此一雙拗救法極為嫻熟、老到。第七句屬當句自救的單拗。在前人律，絕詩中亦不乏先例。如杜甫的「雲白山青萬餘里」。賈至的「共沐恩波鳳池上」。黃山谷的「桃李春風一杯酒」等皆是。律、絕詩中有拗折，其旨要正如張夢機博士所云：「或因拗而轉諧，或反諧以取勢，蓋一經拗折，詞格愈顯嶙峋，氣宇愈覺傲兀，神清骨峻，韻高格古」。

根據趙秋谷的聲調續譜解註：如仄仄平平平仄仄，第六字拗作平，「第五字必仄，上二字必平，若第三字仄，則落調矣，五言亦然」。但張夢機博士在《近體詩發凡》一書中，舉「孟浩然『故人具雞黍，邀我至田家』及杜甫『故人得佳句，獨贈白頭翁』。第二字雖拗，然兩故字皆仄，觀此似不必拘也」加以辨駁。梁先生在此一詩句第三字用仄，亦與張博士有一致之認同，可見梁先生之詩學素養。

一般人只知梁實秋是教育家、散文家、翻譯家、文評家，卻很少人知道他是詩家。

挺身為近體詩辯護

在民國九十年十二月二十九日的中央日報副刊上，有一署名段彩華君的一篇文章〈閱江樓記〉，文中並附了一首〈古都曲〉的詩：「閱江樓頭望江潮，紫金山上祥雲繞；九朝繁華難洗盡，京城最數南京老。」段君特加說明：「別人只知我是小說家，卻不知我還是一位詩人。寫的不是新詩，而是舊詩——唐人的近體詩，口占七言絕句」。段君是隨作家團體，到南京去出席文藝會議的，並將此首七言絕句，在大會上宣讀，甚為得意的逐句詳加解釋，深恐別人不了解他的大作。尤其對「九朝」的解釋，他說除六朝外，他另增加太平天國，明朝，以及民國，真是畫蛇添足！

聽他的解釋，好像對近體詩極內行。其實此詩既不合平仄譜，又不合韻腳，不能算近體詩，只能說是打油詩。

南京是我國的文化古都，在出席會議中，當時新文藝作家據說有數百餘人，其中懂舊詩的人，應不在少數，但段君居然去班門弄斧，且公諸報端，我真為他在得意之餘，暗地裡捏把冷汗！

我曾投書中副編者，編者卻將投書連封套（上面有我電話）轉寄段君，所以在今（九十一）年元月八日下午六時許，我接獲一通電話：「你是劉××嗎？（有否加先生，已記不清了）我是段彩華，你信中說我的詩不合平仄，自滿清入關後，平仄早廢除了，誰規定現在寫詩要合平仄？誰規定的！」語氣甚不友善。我說：「你如果不同意我的批評，敢請將你的高見寫出來，公諸社會」。我尚未將話說完，他即打斷我的話說：「我才不寫！」斬釘截鐵。隨即「砰」的一聲將電話掛斷。世上竟有如此橫蠻不講理之人。既然自稱是近體詩、絕句就得要合平仄，合韻腳，不能欺騙愚弄讀者。這不是個人爭是與非的問題，而是關係到我國文學史與近體詩的規範，不可等閒視之。我感到編者許久未見處理與回答，乃只好再投書於中副負責人林黛嫚主任。詩友中如鄧馥苑、王鳳池、劉定遠先生，也為我不平，紛紛投書中央日報社長，不久即接到中副編輯室的覆函：

「敝社邵社長轉下您的來函，對本刊多所指正，卓見切中肯綮，中副編輯群受用良多，甚為感謝！您信中提到段彩華先生文中對於近體詩的舛誤，有一些讀者有相同意見，我們向段先生反應，他也同意諸位方家的指正。本刊在讀者意見中，選刊王鳳池先生的短文，已安排近日刊出。維護傳統文化的尊嚴，有賴國人一同努力，日後也歡迎您惠賜大作，一起來耕耘中副園地。專此敬頌時祺！」

林黛嫚主任亦有回函，意思與上函大致略同。並說明中副「編輯處理此事不夠周延，深感抱歉！」隨即補充說明「中副人力日益精減、業務、編務相對增加，不週之處，尚請見諒。」等語。事情到此已算結束。但對段君那首詩，馥苑兄有修改意見，他打電話給我，他的改作如後：

閱江樓上望江潮，一脈青山瑞靄飄；
九代繁華依舊在，古都應數建康嬌。

我說：「很好！不過九代應仍回復六代為宜，因九代不加說明，誰懂！「建康」宜改為「秣陵」。儘管「建康」「秣陵」，都是南京的舊名，但我喜歡李清照的一句詞：「春歸秣陵樹，人老建康城。」，秣陵春樹，總現得嬌美；建康人老，總令人生厭，這不過是玩笑話而已」。

至於鳳池兄的短文，登在九十一年二月二日的中副上，文情並茂，真如「刀切豆腐，兩面光亮」。在做人處事方面，我還要向他學習。（特抄鳳池兄短文見後）

近體詩用韻淺論

王鳳池

編輯先生賜鑒：

日前拜讀　貴刊去（九〇）年十二月廿九日段彩華先生撰〈閱江樓記古都曲〉大文，行雲流水，一氣呵成，無愧名家之作。

文中有段彩華先生一首詩曰：「閱江樓頭望江潮，紫金山上祥雲繞；九朝繁華難洗淨，京城最數南京老」。

此詩內容清新，且有創意，是一首難得之作；不過，段彩華先生說，這是他口占的一首七言絕句，是唐人的近體詩。就有待商榷了。

茲節錄《辭海》有關近體詩絕句的一段話：「絕句其字數句數均有限制，平仄亦有定則，多用平韻，且一韻到底，概不轉韻，其起源始於唐代。」

篇幅所限，平仄暫且不論，僅就用韻一端，來檢驗一下段彩華先生的這首〈古都曲〉是否為唐人的近體詩。

〈古都曲〉首句韻腳「潮」字用蕭韻（平聲），次句韻腳「繞」字用篠韻（仄聲），末句韻腳「老」字用皓韻（仄聲）。此詩是否為唐人的近體詩，讀者諸君可一目瞭然了。

白璧微瑕，無損於段彩華先生名小說家的地位，正如本名吳延玫的司馬中原先生在其長篇小說《春遲》（八十一年版）中人物——小老婆的兒子，稱呼自己父親的原配夫人為「大母」一樣，無損於吳先生小說家的地位，無礙於吳先生領七十五年國家文藝獎。

清代大儒紀曉嵐先生嘗口占一詩云：「昨夜岳母太多情，為看女婿秉燭行；看到三更半夜後，平平仄仄仄平平。」雖屬遊戲之作，此詩用「庚」韻，且一韻到底。曾任臺大中文系主任、文學院院長的葉慶炳教授，對於近體詩要求甚嚴，不但要遵循唐人的定則，而且要用古音寫作，例如家國的「國」字，今音讀平聲，古音讀仄聲，當用平聲字的地方，不得用仄聲字。

祈借　貴刊一角，惠予披露為感！耑此。順頌編安！

楊君潛柳園詩話

楊兄君潛先生，自他的《柳園吟草》在北京問世以來，贏得兩岸詩壇人士的佳評。最近他復準備出版《柳園詩話》。前者係詩的創作，後者係詩的理論；創作須理論導引，理論須創作實踐，二者「未始不相須也」。

然而卻有謂詩話與詩作，無甚關係者。若周末無詩話，也能產生《詩經》、《離騷》那樣偉大的作品；魏晉時代無詩話，也能產生曹子健、陶淵明、庾信、謝眺那樣絕妙的好詩；唐代詩話未發達，但詩的創作卻是最輝煌的顛峰時期。偏偏宋人將詩話當作經典，而宋詩便入了魔域。宋代要算詩話極發達時期。據《四書全書提要》記錄，竟有四十四種。依《中國叢書綜錄》所載，則為六十七種。又據羅根澤的《兩宋詩話年代存佚殘輯表》更列舉了九十五種之多。其中如歐陽修的《六一詩話》、劉攽的《中山詩話》、嚴羽的《滄浪詩話》、姜夔的《白石詩說》、楊萬里的《誠齋詩話》、胡仔的《苕溪漁隱叢話》、阮閱的《詩話總龜》、葉夢得的《石林詩話》最為著名。嗣後至金、元時代，詩話亦將近二十種。如元好問的《論詩絕句》、王若虛的《滹南詩話》、楊載的《詩法家數》、辛文房的《唐才子傳》，亦皆有名。明代詩話，據《叢書綜錄》載，亦有四十八種。其中以高棅的《唐詩品彙》、李東陽的《懷麓堂詩話》、謝榛的《四溟詩話》、王世貞的《藝苑卮言》、胡應麟的《詩藪》、楊慎的《升庵詩話》、都穆的《南濠詩話》，皆甚著名。清代詩話，據《叢書綜錄》所載，亦有五十四種，而傳世者尚不止此數。如王士禎的《帶經堂詩話》、王船山的《薑齋詩話》、袁枚的《隨園詩話》、翁方綱的《石洲詩話》、沈德潛的《說詩晬語》、趙翼的《甌北詩話》、陳衍的《石遺室詩話》，均可為代表。至於汪辟疆的《光宣詩壇點將錄》、梁啟超的《飲冰室詩話》，則為清末民初殿後之作矣。可見自宋代以還，每一朝代都有詩話傳世。但詩的創作水準都未逾越唐代，若說詩話與詩作無甚關係，則無可厚非。

就詩話的寫作方式而言，多是偶感隨筆，漫話詩壇軼事，品評詩人詩作，探討詩歌作法、源流。全書無須作開頭結尾，承接轉折等精心布局。信手拈來，片言中肯，簡練親切，意味雋永，是其所長。但其短處是結構不夠嚴謹，不成系統，缺乏科學精神與方法。一般詩人與讀詩者，常有一種偏見，認為詩的精微奧妙，僅可意會，而不可言傳。若經科學分析，則有如七寶樓台，折碎不成片段。尤其一般心理偏向重於綜合，而不喜分析，長於直覺而短於邏輯思考。甚至於如荀子所云：「善為詩者不說」。李東陽有詩話傳世，而自己卻說「詩話作而詩亡」。近代詩人陳含光亦有詩批評：「字句篇章各立程，更張詩話廣詮評。何從覓得秦皇帝，一火燒將快我情。」他恨不得有個秦始皇出來，將所有的詩話，一爐火燒掉，以快心胸。在荀子、李東陽、陳含光輩看來，詩話竟成了多餘與罪惡，看法未免失之偏頗。殊不知詩話是我國文學中的一分珍貴遺產。我們不妨把數以百計的歷代詩話，比作金山寶藏，許多美景可供我們欣賞，許多寶物有待我們開發。多讀古代詩話，會使我們更加喜愛這一座座寶山，從中獲得更多美的詩情啟發，更多美的藝術薰陶。

君潛兄是善於欣賞，善於研讀我國古代詩話典籍，又善於探測開採我國文化寶藏的謙謙之士。他將歷代重要詩話，採博觀約取，擇精用宏的手法，通過分析與歸納，作有系統之剪裁，提綱標目，全書分為詩之定義、功能、體裁、相題、立意、御韻、句法、章法、屬對、拗救、聲調、用事、賞析、詩才、註詩、改詩等三十五章，都二十餘萬言。其工程之浩大，內容之豐縟，可謂鉅觀。從而增強了詩話的學術價值。比之南宋魏慶之的《詩人玉屑》、明代胡震亨的《唐音癸籤》，豈肯多讓！可知其用心之深，用功之勤。茲當其付梓前夕，特將余所思所感，綴以俚句，略表欽佩之忱，實難以盡意也。

王淇暮春遊小園

凡做一位詩人，在歷史的長河中，能夠留下一、二首好詩，流傳千古，那是太不容易了。如宋朝的王淇，華陽人。生卒年不詳，曾任江都主薄以禮部侍郎致仕，他有一首〈暮春遊小園〉的詩，寫得非常好：「一從梅粉褪殘粧，塗抹新紅上海棠。開到荼蘼花事了，絲絲天棘出莓牆」。「梅粉」即白梅或謂素梅。「天棘」即楊柳之別稱。詩從梅花寫起。白梅開過卸了妝後，海棠塗抹艷麗紅色的姿容出來（其他可能還有桃花、李花、杜鵑花、牡丹花等次第出來，已省略），園中萬紫千紅，一直到荼蘼花開完，花季才告結束。這時，那垂線的柳條，又從梅牆爬了過來。此詩雖以〈暮春遊小園〉為題，寫的卻是三春的花景。可見詩人在此春天中，不斷的造訪這座花園，直到花謝柳長，才寫下這首小詩。

這座花園好比一座演戲的舞台，各種名花好比一個個青春美貌演唱的花旦。這一幕戲剛演完，下一幕戲又登場，這一位花旦才卸粧，下一位花旦又化粧上場，真是爭奇鬥妍、花枝招展，把觀眾看得目瞪口呆。最後由著綠色長衫的楊柳兩位先生出場，來上一段相聲，或表演雙簧，倒也輕鬆有趣。

詩人將小園中景色的變換，細細的描入詩篇，可見其對物情體認之深刻。詩能寫到此一境界，應屬佳作。

唐宣宗悼白居易

唐朝是我國詩的黃金時代。其詩風之盛，詩人之多，雖曰是時代之趨勢，但主要原因，還是在上位者之喜好與倡導。

唐代帝王能詩者，自太宗以下，如高宗、中宗、睿宗、明皇、肅宗、德宗、文宗、宣宗亦多能詩。除太宗以外，以明皇的詩最多，約六十餘首。宣宗雖僅存六首，但意境清新，真情流露。他愛與僚屬學士唱和，公卿出鎮，多賦詩餞行，平時愛才若渴。如他〈悼白居易〉詩云：「綴玉聯珠六十年，誰教冥籍作詩仙？浮雲不繫名居易，造化無為字樂天。童子解吟長恨曲，胡兒能唱琵琶篇。文章已滿行人耳，一度思卿一愴然」！可見他對白居易瞭解之深，情感之真，絕非一般應酬之作可比。詩全係白描，不用一個典，讀來自然工緻。他的另一首〈題涇縣水西寺〉詩，也寫得很好：「大殿連雲接爽溪，鐘聲還與鼓聲齊。長安若問江南事，說道風光在水西」。由此詩也可見他的才情。墨人先生說：「寫詩最怕寒傖，無論新詩舊詩，莫不如此」。宣宗之詩「不但無寒傖氣，且無富貴逼人之意，而有灑脫飄逸之致」。可謂的論。

王維裴迪崔興宗

王維與裴迪，崔興宗，同是隱居終南山的好友。王維在他的輞川集二十首詩中，有詠〈竹里館〉云：「獨坐幽篁裡，彈琴復長嘯。深林人不見，明月來相照」。詩人以最平淡的文詞，描寫他隱居的生活，刻劃出清幽絕俗的意境。試想：與具有君子之風的綠竹為伴，彈一曲琴，唱一曲歌，人皆不知，他亦不欲人知，只有明月成為他的素心人和知己，這是多麼出塵、愜意、和瀟脫。竹里館是輞川景點之一，另外還有文杏館，華子崗，鹿柴，辛夷塢，漆園，臨湖亭，椒園等景點，他們常來此遊賞。

裴迪亦為淡泊名利之士。全唐詩有他詩作廿九首，其中輞川集二十首中，也有〈竹里館〉一詩：「來過竹里館，日與道相親。出入唯山鳥，幽深無世人」。他所謂的「日與道相親」，與王維的「中年惟好道」，應是志同道合的。他詩的意境，不亞王維詩的意境，他們都作過官，能入能出。裴迪另有詩句：「浮名竟何益？從此願棲禪」。可見其人之風標。

崔興宗也是一位高士雅人。他有「酬王維盧象見過林亭」一詩：「窮巷空林常閉關，悠然獨臥對前山。今朝忽枉嵇生駕，倒履開門遙解顏」。興宗平時是一位閉門高臥的人，但知道王維到來，他是老遠帶著笑臉迎接的，可見二人交情之深。在全唐詩中，興宗只有詩五首，數量上遠不如王維與裴迪。

姚埜悼亡淚難收

姚墾先生即世，瞬將二十年了。他那短小精幹的身裁，超人的智慧，濃重的湖北語音，總勾起我一分追思和懷念。

我聞姚先生的大名，大約是民國四十七、八年間。那時他在嘉義空軍某單位任指揮職，我不過是另一單位的小中尉而已。彼此未嘗謀面，爾後我奉調空軍總部任參謀，一直到任幕僚主管退休，亦未見過姚先生。不意於七十五年十一月二十八日，我出席「中、日詩人吟唱大會」時，在人群中，見到襟前掛一名牌的姚先生。我乃趨前自我介紹；並介紹同為空軍退休的張白翎、陳恕忠兩位詩人相與認識，交談甚歡。當握別後，他即返新竹，不久即收到他寄來的《載新詩稿》，同時也附來他幾首詩。他自述習詩才四年，即能出詩集，當然是他的聰明，國文基礎好（包括英文），生活經驗豐富所致。

他有一首〈暮春漫興〉七絕云：「陰晴未定月逢三，春欲離東夏轉南；好是迎來新赤帝，一簾風捲雨毿毿」。那是刊布於七十五年五月卅一日的《台灣新生報·新生詩苑》。詩非常有創意。尤其是次句，恐無人道過，結句更有意境。讀他的詩集，佳作甚多，如〈前軍中袍澤水湳聯誼會〉七律云：「物貴時新人貴舊，卅年袍澤益和融。暢談一笑懷青壯，痛飲渾忘盡老翁。員嶠同來聊復爾，崑崙回首已成空。明年此會知誰健，醉把樽罍問蒼穹」。首聯即俗語：「衣不如新，人不如故」。在軍中同事卅多年，退休後相聚，仍親切和樂。次聯謂彼此談笑中，總提起年青時的一些往事。把酒痛飲時全忘了自己都是白髮老翁。三聯謂同來台灣，大家生活不過爾爾。回首軍中的一切，轉眼成空，真感時不我與。結聯說不知來年此會誰最康強，只好舉杯互相祝福並仰托上天了。其中「一笑」對「渾忘」「員嶠」對「崑崙」、工巧。因渾忘即全忘。崑崙山名，亦部隊代名也。

我喜讀他的〈初會〉一詩云：「魚雁已年多，西湖初賞荷。低談帶羞態，淺笑現微酡。泛棹融融樂，憑欄細細歌。我心將暗許，未識彼如何」？首聯說他與她通信一年多，初次相約同來西湖會面賞荷。而她又名清荷，妙語雙關。次聯說她姿容優雅文靜，說話低聲細語，微笑時尚感到臉紅。三聯說兩人划船，心情非常愉快。她憑欄凝睇時，還輕聲的哼著歌兒。氣質高雅。結聯說他心裡暗自歡喜，滿意結這門親事，不知她的心意怎樣？當然英雄與美人，終於結成連理。民國三十八年隨軍來台，同甘共苦，恩愛非常。他紀有詩句：「婚後來台歇梓鄉，村姑比手話新房」。梓鄉即岡山梓官村，由於言語不通，村女與她（他）們比手劃腳，歡談於新房。也許天妒佳人，她未到花甲之年竟捨他而去。詩集中悼亡之詩甚多，如：「卅年恩愛舊情稠，痴念常期入夢遊；忽忽時光寂寂夜，柔腸寸斷淚難收」。又如：「小池三五泛青荷，追憶當年西子過，睹物思人成幻覺，清荷笑我太情多」。回想初會西湖之情景，依稀如昨，而今人天永隔，怎不令他腸斷！那想他亦於七十七年棄世，真是人生若夢！

刀槍難得泯恩仇

民國九十一年春，《乾坤》詩刊第二次徵詩，榮獲古典詩作第二名的，為僑居美國紐約市的李德儒君。李君自述生於中國廣東省開平縣。一歲以前便隨雙親移居香港。少時在街坊福利會讀書，四年級始正式就學，嗣入英文學校，十七歲遷居美國紐約，受完中學教育。生平喜好詩詞，中文是自修得來。而後加入紐約環球詩壇，負責詩詞網頁，並任今週刊詩詞編輯，紐約詩畫琴棋會詩部委員等職。

其得獎作品為〈紐約東河獨坐有感〉七律一首云：「歲月何曾有倒流，臨江惆悵望行舟。眼看潮湧千層浪，心念煙消雙子樓。衣塚堆成添涕淚，刀槍難得泯恩仇。無窮天地無窮恨，恰似東河永不休」。詩詠恐怖分子於二〇〇一年九月十一日，劫機摧燬紐約雙子星大樓事件。前四句作者感嘆時光不能倒流，他滿懷悲哀與極端沈痛，來到東河岸邊獨坐，眼睛望著水上來往的船隻，卻心不在焉的想著雙子星大樓被摧燬，數千百生命於一瞬之間死亡的慘劇。第五句更進一層描述悲劇現場尸體橫陳堆積，血肉模糊，令人傷心落淚。第六句是名句。暗指美國出兵阿富汗及伊拉克，以戰止戰報復的心理，難以消泯仇恨，促進和平。引起全球多數人抗議。第七、八兩句以無窮的遺恨比擬東河的水，永遠流不休止作結。如此驚天動地的世界大事，從一首小詩的橫斷面切入，夾敘夾議，悲天憫人，勝過一篇大社論。我很佩服作者手法的高明。作品的良窳，要看其立意是否嚴正，內涵是否對人群有供獻，有價值。並非純從字面著眼。正如曹雪芹在《紅樓夢》中說的：「詞句究竟還是末事，第一立意要緊。……」我不便將第一名的作品來比較，我認為此詩評為第二，稍欠妥適。贈獎當天，我被邀出席，並私下表達我的意見，有位評審委員答覆我：「見仁見智」。我未滿意，又與林恭祖詩老商議，並指出評審委員陳文華教授之評語：「扣題綿密，切入時事，題意甚新。『望行舟』三字無謂，『衣塚』一詞欠穩」。我對前面三句評語，沒有話說；對後面所指「衣塚」一詞欠穩，也願加商榷。我認為可易作「血肉」或「血骨」、或更適切的詞。但對所指「『望行舟』三字無謂」一節，不敢苟同。試問：坐在河邊不望來往的船隻又望什麼？還有什麼更好望好寫的。恭祖先生仔細研究之後，認同我的意見。臨別時猶向我一再致意。我對其餘的評審委員如羅戎庵先生的意見：「悲天撫世之心，風雅美刺之倫」。張夢機教授的意見：「既富時代意義，而不斲傷其古雅性」。詞意深切肯綮，公允，表示敬佩之忱。

蘇舜卿覽鏡自照

蘇舜卿，字子美，梓州銅山（今四川境內）人，後遷居開封。宋景祐進士。曾任大理評事，集賢校理等職，因參與范仲淹當時所稱進步之政治集團，遭迫害免職。後來隱居蘇州之滄浪亭，有《蘇學士文集》。與梅聖俞齊名，創作目標大致相同。

他有〈覽鏡〉一詩：「鐵面蒼髯目有稜，世間兒女見須驚。心曾許國終平虜，命未逢時合退耕。不稱好文親翰墨，自嗟多病足風情。一生肝膽如星斗，嗟爾頑銅豈見明」。詩中第六句「自嗟多病」，第八句又有「嗟爾頑銅」。「嗟」字犯重。第八句之「嗟爾」，似可易為「嘆爾」或「咨爾」。起聯說：滿臉鐵青，鬍鬚斑白，目光威嚴有神，世上男女見了都會害怕。頷聯說：破敵救國的心願，最後必定會實現，只是命中遇不到好時代，就應該歸田為民（詩作於被貶黜後，似懷怨憤）。頸聯說自己愛好文學，而才貌不能相稱。雖感情豐富，而悲嘆身體多病。結聯謂平生胸襟光明磊落，可惜你這頑銅做的鏡子；怎麼能照得清明呢！既「指桑」，也「罵槐」。

這雖然是詩人對鏡自照，也是他自我描繪，由形到神，從志願，遭遇，到愛好，為人等各方面，做一番分析、評斷，而結聯妙語雙關，言外見意，耐人尋味。

歐陽修滁州二詩

歐陽修於宋慶曆五年，因言事獲罪，被貶於滁州（今安徽省滁縣）太守。由於滁州四面環山，風景清幽，使他在此寫了許多好文章，如〈醉翁亭記〉、〈豐樂亭記〉等，莫不千古傳誦，膾炙人口。同時也寫了許多好詩，如〈豐樂亭遊春〉詩云：「紅樹青山日欲斜，長郊草色綠無涯。遊人不管春將老，來往亭前踏落花」。首句寫山青紅樹的一片美景。「日欲斜」點明時間，並暗示遊人的遊興正濃，雖到日斜而忘歸，呼應下文「不管」之句。次句點明「遊」字。強烈表現遊人追逐春光，留戀春景的難捨心情。「落花」接應「春將老」。

又如〈畫眉鳥〉一詩：「百囀千聲隨意移，山花紅紫樹高低。始知鎖向金籠聽，不及林間自在啼」。此詩除論鳥聲外，還流露出詩人對無拘無束生活之嚮往。前二句實寫鳥鳴的婉囀和飛翔的自由，「移」字貫穿次句，說隨意飛鳴跳躍於高低花樹之中。後二句是一種虛寫與假設。以「金籠聽」作反面陪襯，「鎖」字顯示出精神得不到自由的痛苦；「向」為「在」之意。末句用「不及」配合「始知」，結出正意，確是好詩。

鄭遨撰寫富貴曲

鄭遨，字雲叟，滑州白馬（今河南省滑縣東）人，生於唐懿宗咸通六年，卒於後晉天福四年，享壽七十五歲。他年少好學，敏於文辭。見天下大亂，隱居不作官，耕種自給，有「高士」「消遙先生」之稱。他的詩如〈富貴曲〉云：「美人梳洗時，滿頭間珠翠；豈知兩片雲，戴卻幾鄉稅」？「兩片雲」，謂美人頭上兩鬢，滿鑲珠翠，猶如兩片彩雲。此詩諷刺豪門鉅富的窮奢極侈，其所得均為吮吸民脂民膏。前二句寫美人梳妝之華貴，簪金鑲銀。但「豈知一轉，逼出諷旨，意思有若白居易〈買花詩〉結句：「一叢深紅色，十戶人中賦」。而這裡用疑詞一問，更見婉曲。

張俞撰寫憫蠶婦

張俞，宋·益州郫（今四川省郫縣）人。字少愚，屢試不第，後隱居蜀中青城山白雲溪。號白雲先生，有《白雲集》。他寫的一首〈憫蠶婦〉詩：「昨日入城市，歸來淚滿巾；滿身綺羅者，不是養蠶人」。此詩亦收入鄭板橋家書〈濰縣寄舍弟墨第三書〉中，惟未註明作者姓名，僅教兒輩吟唱。詩意是說：常年坐守農村辛勞之農民，很難理解生產之關係，一旦走入城市，親身感受到生活的懸殊，於是產生無窮之感慨！此詩即是從現實生活中體察出之代表作品，用語平淡，立意深遠，表現手法客觀生動。養蠶婦之身份，直至末句始透露出現——養蠶之人，衣不蔽體，而遍身綾羅綢緞者，全非養蠶之人。蠶婦所見此一事實後，歸來不覺「淚滿巾」矣！

此詩能傳誦千古，除因其為思想性藝術性高度結合外，且表現作者對基層人民之無限同情。

可愛的詩境

詩境，是指詩的意境。詩境並不一定在詩中，有時散文中亦有詩境，但不能說是詩，而是散文。譬如易君左先生有一篇題為〈可愛的詩境〉的文章，讀來非常有詩意。其中他說：「我曾徘徊池邊：我把清波當做鏡子，照見了她嫣然一笑的朱顏，比什麼花枝還美麗，那池中的魚，三三兩兩，交頭接耳的過去了；戲水的白鵝，清影在波中浮耀，紅掌兒翻向青天，年輕的魚兒羞躲了；綠衣仙女似的翠鳥，嚶然一聲，彷彿報道晨妝纔了；白鷺有時飛到堤邊，靜悄悄地站著，恰似一個披蓑衣的釣叟。」這一段說明站在池邊的，除易先生自己外，還有他的愛人，他們同在欣賞池中的游魚，戲水的白鵝，綠衣仙女似的翠鳥，披蓑衣似的釣叟，都形容得非常美。當然，最美的還是水中他愛人的倩影。接著他寫道：「我曾小立斷橋：天末彩霞，倒影池塘之中，一片紅光似火。我站在橋端，銷磨了幾度黯淡的黃昏，痴等新月的東升，驚醒了棲鴉之夢。垂楊倦了，桂花在隔院送香，黃橙添蓋了顏色，青籐橫撐了纖腰，天上的星光搖搖欲墜。」這一段，無論寫景狀情，都極深刻優美。垂柳能知疲倦，桂花能知送香，雖曰反常，但能合道。接著他又說：「郭外的山光，郊外的村莊，遍野的牛羊，淺水湖中，尚有殘荷點點，不是殘荷，彷彿是落花片片；莫不是荷花又開了，那裡是秋天；樹葉青青，有如春草之爭妍；雁兒陣陣，有如夏雲之飛翔。蒼煙渺渺，和著輕雲裊裊，是誰在那兒噓氣如蘭？望不斷的天邊，也許有蝶兒成雙的飛舞，也許有鶯兒歌唱，燕子裁衣。」明明是秋天，他偏偏懷疑是春天；明明是殘荷，他偏偏疑是落花片片，難道春天的景緻，真的勝過秋天嗎？鶯兒歌唱是合乎常道的，燕子裁衣就近乎天真童語，悖乎常理了，但卻能合道。

最後他指出：「在這些可愛的詩境中，平鋪一幅絕妙的圖畫。我與她，變成了畫中的詩人，詩中的畫家。變成了燦爛的流霞，團圞的明月，並蒂的山花。」畫中的詩人、詩中的畫家，再加上甜美的愛情，詩境自然更美。

易佩紳百戰書生

易君左先生的祖父易佩紳，字子笏，號笏山，世稱函樓先生。他是前清咸豐舉人，歷任四川、江蘇布政使。不僅是一位清官，而且是一員儒將，卻少有人知道他是一位詩人。他自陝西剿平捻匪後回到湖南，駐節澧州，澧州有位名士曾賦詩以贈云：「百戰書生匹馬還，曾聞一劍獨當關，而今吾澧萬千戶，齊把黃金鑄笏山。」此詩曾傳誦一時。陳衍的〈石遺室詩話〉云：「易丈詩學隨園，篇什亦相埒」。但君左先生不以為然。他認為他祖父「一生正直，寢饋於古聖先賢及老莊釋氏甚深，成為一位理學宗師，形之吟詠，自然受了性格與學問的影響，恰恰與性靈派風格相反」。君左先生述及他祖父的詩「言志說理述史者多，抒情者少」。而寫景更「參宋人的禪理，傳唐人的詩心，看似平常，實際工夫已甚深遠」。如〈早春雨後園眺〉一首：『水滿池塘兩岸遙，苔痕新漲舊痕消；殘紅漸落梅千點，嫩綠先舒柳數條；蝶隱花叢防雨濕，鴉盤樹頂任風搖；紛紛物態閒閒看，淺淺春光淡淡描』。又如〈新秋晚興〉一首：『少壯悲秋老不然，隨時領略靜中天；漸看落葉歸根好，始見群花結果全；消夏亭台三伏後，晚涼風月二更前，餘情一笑難知足，貪戀清光不忍眠』。讀此二詩，但覺一片生機盎然」。無論是寫春天或秋天，都富有積極意義，對人生之啟示甚大。

香港女詩人張紉詩

香港粵藉已故女詩人張紉詩女士，名官、行五，四十年代香港有家報紙曾介紹過她：「風華絕代，工書畫，善詩詞，馳騁文壇，詞名藉甚，書畫遂為所掩。殊不知其書法鍾王，畫兼工意，剛柔合體，婉麗多姿。性耿介絕俗，人輒以為傲。」張女士是大陸淪陷前至香港者，所以在她的作品中，常流露一種去國懷鄉之情。譬如她那首〈月當頭夕〉一詩：「逢辰病懶不支吟，世念乘閒又著心；萬古覆人天自老，半生回首月多陰；出門撫影如梅瘦，縮地歸家悵棘深；客舍一燈聊訪夢，重綿猶怯夜寒侵。」其中「縮地歸家悵棘深」一語，顯然是感傷當時之神州，在一片銅駝荊棘之中。其實張女士之詞，比詩還好。例如她有一闋〈初夏聞蟬——調寄撼庭竹〉的詞云：「蟬噪槐枝第一聲，難得解人聽，無花開處更分明，為誰斷續說前生？春已在歸程，樓倚最高層。故國山河畫不成，風月夢都醒。年年教憶去年情，世間何況有陰晴！山下一江清，潮起又潮平。」詞中充滿悵望故國的哀怨，而筆力充沛，抒情婉曲。「故國山河畫不成」一語，係脫胎於元遺山之「一片傷心畫不成」，但詞意未如元之悲觀。據易君左先生云：「在旅港文酒會中，張女士常出現。她為人瀟洒爽直，沒有一點女子氣，服飾入時，當時大概是四十以上的人，但修眉豐頰，望之如二十幾歲的人。

世風日下談人師

孟子云：「人之異於禽獸者幾希」。又《書經，大禹謨》亦云：「人心惟危，道心惟微」。可見人與禽獸，沒有多大區別。因為人亦為四肢動物，人與禽獸所不同者，即人除了具有獸性（心）外，尚具有人性（心）。換言之，即人具有「道心」——孟子所謂仁義禮智四端。人如不具此四端——惻隱之心，羞惡之心，辭讓之心，是非之心，即不能稱之為人。但，人的此一「道心」極為微小——幾希，而獸心卻隨時可能發作，所以非常危險，隨時可能做壞事，為了防止人不做壞事，故有賴良好的教育。所以古來聖人教育人民，總是著重「道心」之發揚；除了傳授知識，還要教育做人的道理。傳授知識稱為「經師」，教育做人稱為「人師」。惟有兼備「經師」與「人師」二者，方能稱為良師。而良師之地位在古時非常崇高，所謂「天地君親師」，除了父母親，即是老師。但自西風東漸以來，學校教育，偏重科學，輕視人文，只注重知識之傳授，而忽略教育做人的道理。尤其近年以來，世風澆薄，人心不古，家長告老師者有之，學生殺老師者亦有之，國中男生加入幫派作案者，女生懷孕墮胎者，大學女生宿舍放映春宮影片者，研究所女生爭風吃醋而殺害同學等…………真是不知人間有羞恥之事，人類幾與禽獸無異，此皆與教育風氣敗壞所致。更有甚者，一批所謂「專家」、「學者」，提倡學校「性」教育，實為似是而非的作法，須知性為天生之本領，自不必教，亦不能教，因愈教可能更壞。雞狗之無知，猶知交配，況人為萬物之靈，那用得去「誨淫」麼？要挽救社會的頹風，正如　孫中山先生所說的：必須恢復我國固有的道德和知能。所謂「道心」即「道德」的張本；「知能」除了知識能力，尚包涵「正意誠心修身齊家……」的大道理。再加上我國是一個詩的民族，除了道德，猶須提倡詩的教育，美化心靈，應可救物質文明所帶來的精神空虛。而滅絕獸性，發揚人性，應為今後教育的途徑。身為詩人，豈能不關心社會國家！

邵瑞彭評胡適詩

胡適博士於民國六年回國提倡白話文，他也寫過許多白話詩，出版過《嘗試集》。其中有一首〈依舊月明時〉詩云：「依舊是月明時／依舊是空山夜／我踏月獨自歸來／這淒涼如何解／翠微山的一陣風濤／驚破了空山的寂靜／山風吹亂了窗上的松痕／卻吹不散我心頭的人影。」據說有一位姓邵名瑞彭的先生，看了這首新詩，頗不以為然，並批評未有詩意，興之所至，因而將其改寫為五言古詩如後：「依舊月明時，依舊空山夜，踏月獨歸來，淒寂如何解？松濤喧翠微，驚破空山寂，山風亂窗痕，心上影難滅。」這兩首詩，孰優孰劣，我想讀者自會評斷。

曾霽虹詠動物

曾霽虹先生有〈圓山動物園雜詠〉八首，特錄數首於後：(一)駱駝：「遠戍流沙不計年，玉關生入轉堪憐；多財倘許登天國，針眼還勞細細穿。」轉結係指耶教聖經富人進天堂，有如駱駝穿針眼之意。(二)獅：「一吼猶能懾虎狼，雄風應共數金剛；籠中俯乞嗟來食，負汝堂堂百獸王。」有一身好本領，猶乞嗟來食，乃時運不齊乎？(三)猴：「索果偏能逗客歡；儼然袍笏傲旁觀；登場未免張皇甚，我欲因君笑沐冠。」形容深刻，諷世亦甚。(四)驢：「曾貽京兆車前笑，又向華陰縣裡過，莫道此君無一技，灞橋風雪助人多。」句句皆為驢之典故，卻未有一驢字。讀其詩。真有清才如許之感。

李白哭日人晁卿

日本吉川幸次郎博士在一篇〈李白小傳〉的文章中，他談到中國在盛唐時代，有一位日本到長安的留學生，名阿部仲麻呂，是李白的好友，曾一度乘船返回日本，但在中途卻遇上颶風。消息傳來，均言他葬身魚腹，李白聞之更為悲傷，乃作〈哭晁卿〉一詩：「日本晁卿辭帝都、征帆一片繞蓬壺；明月不歸沈碧海，白雲愁色滿蒼梧。」晁卿是仲麻呂在中國的名字。第三句是說他的人品如明月般皎潔，如今卻葬身於深沈的碧海中，怎不教人哀嘆！連李白都如此傾心相交，可知晁卿也是一位出類拔萃的人。其實仲麻呂的死訊是個誤傳，船雖然遇難，但他卻回到了長安，李白自然分外欣喜。

王維的山水詩

王維的山水詩，清幽淡遠，風神瀟洒。如〈鳥鳴澗〉云：「人閒桂花落，夜靜春山空；月出驚山鳥，時鳴春澗中。」花落、月出、鳥鳴，雖都是動，實際更顯出山林之幽靜，又如〈白石灘〉云：「清淺白石灘，綠蒲向堪把；家住水東西，浣紗明月下。」在清淺的石灘中，雖未點出浣紗的主角，但少女的笑聲和水聲，呼之欲出，真似夏夜之夢。又如〈山居秋暝〉云：「空山新雨後，天氣晚來秋；明月松間照，清泉石上流。」寫山中日暮雨後的秋色，非常濃麗，清新生動。又如〈欹湖〉云：「吹蕭凌極浦，日暮送夫君；湖上一回首，山青卷白雲。」這些幽美的畫面，都能予人以美學的享受。

趙秉文推崇元好問

金宣宗興定五年元好問三十二歲。在汴京進士及第，座主為趙秉文。趙對這位小他三十歲的青年才俊，極為激賞，稱讚元好問的詩為「杜甫以來無此作也」。可謂推許備至。元好問的〈野菊〉，就是趙秉文命他所作：「柴桑人去已千年，細菊斑斑也自圓；共愛鮮明照秋色，爭教狼藉臥疏煙；荒畦斷隴新霜後，瘦蝶寒螿晚景前；只恐春叢笑遲暮，題詩端為發幽妍」。「柴桑人」指陶淵明。淵明愛「東籬之菊」，人所共知。野菊花不當春而開，也不開在名園麗苑之中，卻悄然開在新霜後的荒僻無人之處，也不求別人賞玩，這種精神正是幽深之美——隱者孤高的風範，也是此詩的主題。

遍插茱萸話重九

據〈續齊諧記〉載，東漢時的術士費長房對桓景云：「九月九日，汝家中有災，宜令家人各作絳紗囊，盛茱萸繫臂，登高飲菊花酒，災可消」。桓景照辦，事後返家，雞狗牛羊皆暴斃。後人遂定重九登高賞菊為節日，並以重九為題材寫詩，如杜甫〈九日藍田崔氏莊〉詩云：「老去悲愁強自寬，興來今日盡君歡；羞將短髮還吹帽，笑倩傍人為整冠；藍水遠從千澗落，玉山高並兩峰寒；明年此會知誰健？醉把茱萸仔細看。」楊萬里《誠齋詩話》評杜甫此詩：「第一句頃刻變化，纔說悲秋，忽又自寬。頷聯將一事翻騰作一聯。又孟嘉以落帽為風雅，少陵以不落為風雅，翻盡古人公案，最為妙法。頸聯，詩人至此，筆力多衰，今方且雄傑挺拔，喚起一篇精神，自非筆力拔山，不至於此。結聯則意味深長，悠然無窮矣」。其次如王維〈九日憶山東兄弟〉一詩：「獨坐異鄉為異客，每逢佳節倍思親；遙知兄弟登高處，遍插茱萸少一人」。此為王維十七歲時所作。首兩句本寫自己在懷念故鄉諸兄弟，所謂「倍思親」，正是平日也在想念。後兩句則是逆寫兄弟們在想自己。主中有客，客中有主，詩之佳妙，即在於此。又如杜牧〈九日齊山登高〉一詩：「江涵秋影雁初飛，與客攜酒上翠微；塵世難逢開口笑，菊花當插滿頭歸；但將酩酊酬佳節，不用登臨嘆落暉。古往今來只如此，牛山何必獨霑衣。」首聯指秋色與登山時的情景，點出主題。頷聯說人世間難得有開心的時候，今日登山應盡情的歡樂，插著滿頭菊花回去。頸聯更進一層說，要喝得醺醺大醉，才對得起這重陽佳節，用不著在登高時，說些「日落黃昏」的洩氣話。結聯謂從古到今，人們不過都是如此，又何必像齊景公那樣，與群臣同遊牛山，從山下眺望臨淄都城，感嘆人生苦短而獨自下淚。結聯雖然勸別人看開一點，但從整首詩看，杜牧的心情，總帶有幾分鬱卒，不然他就不會說「人世難逢開口笑」了。慶祝佳節，為何要「酩酊」大醉？難道借酒以消心中之磊塊乎？抑別有他乎？

蘇曼殊逝年卅五

蘇曼殊有一天在火車上，聽隔座的一位女郎談及她妹妹：「懷仁仗義，年僅十三歲，乘摩托車，冒風而歿。」曼殊至為感動，隨即寫下一首詩安慰她：「人間花事太匆匆，春未殘時花已空；自是神仙淪小謫，不須惆悵憶芳容。」詩中指那位女郎的妹妹，是神仙淪謫人間，勸她不要太難過的去想她妹妹。誰想到曼殊自己卻於民國七年病逝上海廣慈醫院，年僅三十五歲，豈非亦「是神仙淪小謫」乎！在他病逝的前一月，曾致函柳亞子書云：「病臥半載……

至今仍不能起立，日瀉五、六次，醫者謂今夏可望痊可，此疾蓋受寒過重耳。……」沒想到是年三月二十二日，竟溘然長逝。人的生命，豈能自知！

絕句的藝術手段

所謂「絕句」詩，絕非一般人以為「七言四句或五言四句，平仄和諧，押韻」便是。亦非如宋人所云：「絕句是截取律詩中的四句」那麼簡單。真正的「絕句」詩是有生命的。我們可以運用胡適先生短篇小說的原理下一定義：「絕句詩是一種用最經濟的藝術手段，抒寫「情」或「景」中的一段或一面的短詩。」所以表現時，最注重暗示與彈性。如唐代李端的一首七絕：「山店門前一婦人，哀哀夜哭向秋雲；自說夫因征戰死，朝來逢著舊將軍。」詩的主題在描寫戰爭的痛苦，但並未全面描寫戰爭，僅從一位婦人哭訴夫因戰死著筆，而戰爭全面所帶來的痛苦，也就可以想見了。

易君左詩賀新婚

當大陸淪陷前夕，一位湖南知識青年沈楚人先生，從雲南邊境逃往緬甸，不久便在昔卜的育文學校任教，時光匆匆，已過去三年，他與另一位雲南籍的女教師徐寰貞小姐相愛，並得當地僑領及學校當局的協助，於民國四十二年三月在緬舉行結婚典禮，特專函遠在香港的易君左先生請求寫一詩幅，易先生當時寫的賀詩如後：「良緣萬里綰滇湘，紅燭輝煌照仰光；三月江南春悵望，何時返旆畫眉郎？」詩的首句即點出新郎新娘的籍貫，次句指出他倆結婚的地點，轉結是說悵望江南春色，問他倆何時回去？」其中「春悵望」三字，雖切實情，但就結婚「喜事」而言，究不若「春正好」為佳。

顏大豪明亮詩選

承顏大豪先生贈《明亮詩選》，近始讀畢，特略序所感。顏先生字明亮，祖籍海南樂會，曾任桃園縣詩學研究會理事長，海南文獻委員會主編，四海詩社名譽社長等職。他對新舊詩都有造詣，詩作如〈詠鄭王祠梅花〉云：「孤高品格伴孤忠，一片丹心孰與同；太息鄭王歸去後，依然不屈傲霜風。」標出梅花的孤高，與延平郡王的孤忠，真是相得益彰，應屬善詠。又如〈新秋夜坐〉云：「金風今夜到，桂樹滿園馨，微露繁叢菊，疏星幾點螢，談心頻剪燭，把臂屢傾瓶，舉盞懷良伴，持螯醉復醒。」不僅對仗工整，意境清新，且從頸聯「談心」與結聯「懷良伴」看，他是一位重友情的人。

八指詩僧釋敬安

釋敬安，號八指頭陀，湖南湘潭人。同治七年出家，曾任寧波天童寺主持。他有〈四月天童道中即事〉詩云：「山翠浮空瀑濺裳，桐花未落棗花香；籃輿緩打雲邊過，稍聽溪禽啼夕陽。」前言天童山風景之美。次言時雖四月而花事未了。三言敬安乘竹轎緩緩經過。「雲邊過」表示山道之高。結指夕陽含山，尚聽了短暫的溪邊鳥聲。頗富禪意。又〈奇題陳伯嚴詩集〉云：「吾家詩祖仰涪翁，獨開江西百代宗；更有白頭陳吏部，又添波浪化魚龍。」敬安俗名黃讀山，故首句指黃山谷為其詩祖。次指山谷開江西詩派。陳伯嚴即陳立三，號散原，江西義寧人，曾官吏部主事，故轉結二句加以頌讚云。

鄭孝胥海藏樓詩

鄭孝胥，字太夷，號蘇堪，福建閩侯（福州）人。光緒八年舉人。歷任駐日各地領事，總理衙門章京，湖南布政使等職。民國廿年九一八事變後，出任為滿州國國務總理兼文教總長。廿四年下台，死於長春，他屬同光體閩派詩人，有《海藏樓詩》集。詩如〈買花〉云：「朱顏棄我去，繁花為誰妍；春來當自惜，莫惜買花錢。」青春雖逝，但春天仍須珍惜。買花欣賞，也是自愛自惜的雅事。又如。〈三月五日攜家人往龍華觀桃花〉詩云：「老去春歸最惘然，龍華花事誤今年；春光只在殘紅裡，搔首何須更問天。」賞花花已謝，在年輕時倒無所謂，但在老年時的心情與感觸，自然不同。正如他另一詩云：「處處池塘是綠陰，春歸何處試追尋？游龍流水空惆悵，未抵詩人一往深。」繁華的春天已成過去，游龍流水空自惆悵，與詩人之一往深情，是無可相比擬的。在他的詩集中，詠「九日」的詩有十餘首，其中如〈壬戌九日〉一首；「十年幾見海揚塵，猶是登高北望人；霜菊有情全性命，夜樓何地數星辰？晚途莫問功名意，往事惟餘夢寐親；枉被人稱鄭重九，更無豪語壓悲辛，」在近代詩人中，鄭氏的「九日」詩寫得最好。所以他自謂「枉被人稱鄭重九。」壬戌是民國十一年，首句即指十年來國內軍閥爭鬥不斷，他身為清朝遺臣，自比霜菊，幸能苟全性命，但慨嘆枉有「鄭重九」的虛名、抵不上晚年的悲辛、與對往昔的深切懷念。

陳三立與陳寶琛

陳三立，字伯嚴、號散原，江西義寧（修水）人。光緒十五年進士，官吏部主事，與其父陳寶箴（時任湖南巡撫）推行新政，支持變法維新，失敗後，父子同被革職，永不錄用。他詩宗韓愈，黃庭堅，為同光體江西派首領，有《散原精舍詩文集》等。光緒八年，陳寶琛典試江西時，散原考中舉人。論輩分，陳寶琛雖是散原的「座師」，但就年齡而言，不過大他幾歲而已。至民國十九年，散原已八十高齡，他的老師也不過八十五歲。當散原八十初度那天，陳寶琛贈其詩云：「五十年前彭蠡月，可能重照兩龍鍾。」時光迅速，回憶江西典試，不覺已五十年，如今師弟皆已白首。又過了兩年，散原北上，住於北平他兒子陳寅恪家中，一天，特去拜候陳寶琛，那時他已八十二歲，陳寶琛亦八十七歲，白首師弟話舊，是快樂也是感傷。至民國二十四年，陳寶琛逝世，散原老淚縱橫，輓以詩云：「一擲耆賢與世違，偎成後死竟何依；傾談侍坐空成夢，啟聖回天俟見機；終出精靈親斗極，早彰鳳節動宮闈；平生餘事仍難及，冠古詩篇欲表微。」此詩工練沈著，彼此的身分都說得恰有分際。由此可見在科舉時代，輩分是何等講究與尊崇。正是「一日為師，終身為父」。弟子對老師，不管年齡多大，永遠是立于「侍坐」與「難及」的地位。這也是前輩的風範。

趙香宋詩才敏捷

趙熙，字堯生，號香宋，四川榮陽人。光緒十六年進士，授編修，轉江西道監察御史。詩宗唐宋，風格清峻，有《香宋詩前集》。其中如〈鄉居雜詠〉云：「一堂亭午靜生涼，萬竹搖風綠有香；清到此心無語處，數聲螻蟈出池塘。」又如〈詠薛濤井〉云：「春水依人萬里橋，枇杷門巷倚晴皋；井泉染得花箋色，便恐桃花是薛濤。」其中第二及第三句，有異文作「枇杷門巷倚橋高，井泉艷過花箋色」者，不知孰是。據傳香宋詩才敏捷，下筆即百數十韻或數十首。《石遺室詩話》評他的詩，以為「能兼其鄉人文與可，唐子西、韓子蒼所長。」梁啟超對這位老詩人也敬禮有加，交情甚篤。

周棄子見賞於趙熙

周棄子之詩，頗見賞於老輩，榮縣趙熙對他尤為稱許，謂其詩格近半山（王安石）。周生於民國元年，三十一年入蜀，猶不過卅歲剛滿，而趙在當時，已屆七十以上高齡，以趙在詩壇之領袖地位，對周如此稱譽，頗屬難得。周有一首〈將遊成都發重慶時寄呈堯老〉詩云：「天下正聲今在蜀，堂堂一老雅扶輪，以詩為贄慚多幸，似水論交喜更醇，久客例登流寓傳，頻年夢想錦城春；苦吟恐被江山笑，乞借先生筆有神。」周對趙也是極為尊崇的，由詩中的「頻年夢想錦城春」可見一斑。

易君左論去陳言

易君左先生在《華僑詩話》中談到作詩的技巧，他指出應予清除的通病有二：「一曰多避爛調，一曰少用虛詞。如：「燕語鶯啼」，「桃紅柳綠」、「又是一年春」、「彈指又一句」、「那堪」、「可惜」、「閒來」、「枉把」等。古來名詩人用之尚遭非議，何況我們？但不是說絕對不可用；用得適切亦無不可，但仍以少用為是」。這一段話是值得深切思考的。因一首七言絕句，僅二十八字，如每句嵌入一句四字成語，即佔十六字，餘下的十二字才是詩人的創作；如以五言絕句二十字論，餘下的僅四字為詩人所作，這還能稱為創作嗎？

所以作詩，應盡量避免用爛調套語虛詞。早在五四時期，胡適博士的〈文學改良芻議〉中，即主張「務去爛調套語」。他引述胡先驌的一闋詞云：「熒熒夜燈如豆，映幢幢孤影，凌亂無據。翡翠衾寒、鴛鴦瓦冷，禁得秋宵幾度？么絃漫語，早丁字簾前，繁霜飛舞……。」胡先生批評：「此詞驟觀之，覺字字句句皆詞也，其實僅一大堆陳套語耳。」其原因由於作者「懶惰不肯自己鑄詞狀物」之故。胡先生最後指出：「務去爛調套語，別無他法，惟在人人其耳目所親見親聞親身閱歷之事物，一一自己鑄詞以形容描寫之；但求其不失真，但求能達其狀物寫意之目的。」細心揣摹胡先生這一段話無論作詩綴文，皆有助益。

梁啟超曾來台灣

梁啟超，字卓如，號任公，廣東新會人，光緒十五年舉人。助康有為變法，失敗後逃往日本。民初出任司法、財政總長。晚年主講清華大學研究院，著有《飲冰室全集》。他有〈台灣竹枝詞〉十首，特錄二首如次：「相思樹底說相思，思郎恨郎郎不知；樹頂結得相思子，可是郎行思妾時」。「郎搥大鼓妾敲鑼，稽首西天媽祖婆；今生受夠相思苦，乞取他生無折磨。」詩中說明兩點：一為台灣多種相思樹，一為台人最崇拜媽祖婆。多種相思樹倒是事實，但不是為在樹底說相思；崇拜媽祖也並非全為他生求取無相思之苦，而是祈福保平安。任公特將其詩意化，其用心是可以了解的。任公是於辛亥二月由日來台。三月三日，台灣遺老百餘人，於台北故城薈芳樓，設宴歡迎他，他賦詩答謝云：「側身天地遠無歸，王粲生涯似落暉；花鳥向人成脈脈，海雲終古自飛飛；樽前相見難啼笑，華表歸來有是非；萬死一詢諸父老，豈緣漢節始沾衣」，他在台兩月餘，大部分時間住在台中霧峰林家萊園，每日與遺老詩人林痴仙、林幼春、陳槐庭等詩酒唱和。當年林獻堂尚年輕，卻已受到任公的薰陶，建立了後來社會的基礎。任公曾為萊園名勝題過詩，其中如〈木棉橋〉云：「春煙漠漠雨瀟瀟，劫後逢春愛寂寥；誰道蜀魂啼不了，淚痕紅上木棉橋。」轉結想像力豐富，妙！

詩屬於高寒文學

翻閱舊剪報時，讀到某君一篇悼念周棄子的文章，其中涉及舊體詩問題：「舊體詩已不能適應現實，其漸趨沒落，勢所必至，理有固然。」這幾句話，似太消極。殊不知大陸各省，每一縣市皆設有詩社，且近年舉辦全國性之詩賽數次，動輒十萬首詩詞參賽，豈能說「漸趨沒落」！不過某君接著又說：「詩本來是屬於少數人的『高寒文學』，無從普及，也無須普及，必求普及而使其『大眾化』，只有降低詩的品質，這是我們不願見到。但是，人類既有文化就不能沒有詩，雖不必求其擴張，總該求其延續下去。」這就說對了。筆者相信我們優美的詩篇，絕對會延續下去，直到永遠。

阮籍的詠懷詩

阮籍，字嗣宗，河南尉氏縣人。生於漢獻帝建安十五年。當他十一歲時，曹丕正式接受獻帝的「禪位」。此一讓位過程，內幕重重。首由漢帝頒發詔書，說漢室天運已盡，應由曹丕繼位，但丕堅辭，漢帝再發詔書，丕依然辭讓，如此者再三，及群臣勸進，丕始勉強同意，繼承天子，國號魏。實際此事由曹氏一手導演，漢帝在威逼之下，才出此下策。後當阮四十歲時，魏帝曹爽為宰相司馬懿所弒。阮四十五歲時，司馬師廢魏帝曹芳，另立曹髦。阮五十一歲時，司馬昭嗾使成濟弒曹髦，隨即歸罪於成濟而族誅之。繼而司馬炎以偽善之手段迫使曹奐「禪位」。這是漢魏「禪位」故事重演。魏以欺詐手段立國，最後仍為欺詐之手段亡國。阮籍一生，幾乎與魏的國祚相終始，周旋於一污濁混亂世界中。他滿腔憤慨，也只好以無奈化為消極的抵抗。過度的飲酒，與超越常規的行為，實際是他逃避詐術遠離權力的權宜之計。當司馬昭為其子司馬炎向阮求親時，阮爛醉了六十天，裝聾作啞逃過了一關。其次阮從不批評時政，不臧否人物，因此司馬昭讚他「天下之至慎，其惟阮嗣宗乎？每與之言，言及玄遠。」阮一生有許多奇異事蹟，如有一次他嫂嫂回娘家時，他與之相送告別，於是引起了非議，因當時叔嫂之間，是不通音問的，他聽了後說：「禮豈為我輩設也。」又一次他獨自駕車出遊，毫無目的亂走，最後走進一個死胡同，無法前進，於是嚎啕大哭，頹然而返。後來王勃說他「阮籍猖狂，豈效窮途之哭！」這都是有原因的。他有五言〈詠懷詩〉八十二首，其中如：「夜中不能寐，起坐彈鳴琴。薄帷鑒明月，清風吹我衿。孤鴻號外野，朔鳥鳴北林，徘徊將何見？憂思獨傷心。」唐李善在《文選》的註中云：「嗣宗身仕亂朝，常恐受謗遇禍，因茲發詠，故每有憂生之嗟，雖志在刺譏，而文多隱避。」當時的政治情勢險惡，司馬氏志欲奪魏王朝，而阮籍身為司馬氏之幕僚，在此情形之下，《詠懷詩》自然會蒙上一層晦澀的帷幕，令人費解。

李白送友人詩解

李白有一首〈送友人〉詩：「青山橫北郭，白水繞東城；此地一為別，孤蓬萬里征；浮雲遊子意，落日故人情；揮手自茲去，蕭蕭班馬鳴。」詩中首聯即用對仗，繼而頷聯對仗，氣勢一貫而下，是為流水對。頸聯「浮雲遊子意，落日故人情」景與情相交融，真是千古絕唱。張明永先生在他的《風塵詩話》中指出：「李白此詩，『此地一為別』與『揮手自茲去』，兩句意複，而『孤蓬萬里』與『蕭蕭班馬』兩句，大有歧異。同時，同地，同人，何以既說乘船，又說騎馬？」他似對「蓬」字有誤解。按「蓬」與「篷」有差異，據《辭源》解釋：「織竹夾箬以覆舟者曰篷，故舟亦曰篷」如皮日休〈寄懷南陽潤卿詩〉云：「一篷衝雪返華陽」。「蓬」，草名，莖高尺餘，葉如柳葉，有鋸齒，開小白花，秋枯草拔，風轉而飛，又曰飛蓬，或曰轉蓬。轉蓬可寫作蓬轉，如《西廂記》：「遊藝中原，腳根無線如蓬轉」。即是李白詩中「孤蓬萬里征」之意。由此可知李白此句詩應解作：此地一別，他友人就如蓬草般孤零，萬里飄泊，隨風飛轉。絕不能誤為：「在同時同地同人，何以既說乘船，又說騎馬？」當然，也有以蓬草作頂稱蓬船者，如韋莊〈宿蓬船詩〉云：「夜來江雨宿蓬船，臥聽淋鈴不忍眠」。但李白此句詩，絕不能作此解。至「意複」部份，此處不贅。

蘇東坡的洗兒詩

蘇東坡有〈洗兒詩〉云：「人皆養子望聰明，我為聰明誤一生；惟願孩兒愚且魯，無災無難到公卿。」這是一首反諷的詩。前二句說一般人都望自己兒子聰明，但蘇氏卻因自己太聰明而遭人嫉妒陷害，以致流放、顛沛。後二句表面看是希望自己的孩兒愚蠢，實際是罵陷害他的那些人如舒亶、李定、王珪、章惇等，雖然不學無術，卻能投機取巧，直上青雲。筆者最近讀到張永明先生的《風塵詩話》，他對蘇氏的詩卻云：「……第三句既願『孩兒愚且魯』，末句又妄自希冀仕至公卿。……既是愚笨之資，何能至高官？縱作高官，又何能勝任乎？」如此曲解，膠柱鼓瑟，那能體味蘇詩之真意！

陳布雷的苦雨詩

陳布雷先生，字畏壘，民前廿二年生於浙江慈谿，至民國卅七年逝世於南京。浙江高等學堂畢業。主上海天鐸報、時事新報等筆政，評論嚴正，名動一時，國民政府奠都南京後，歷任浙江省府秘書長，教育部政務次長，國防最高會議副秘書長，國民政府委員，國民大會代表等職為先總統蔣中正先生佐助筆札二十年，有蔣公文膽之稱。著有《陳布雷回憶錄》、《畏壘室文存》，當他十二歲時，曾寫〈苦雨〉一詩：「游子浮雲夢不成，挑燈獨坐夜淒清；明朝欲向橫塘路，大雨瀟瀟久未晴。」陳先生平日所寫皆為政論性及文告一類的大文章，很少寫詩，此可能為其平生第一首詩。

周棄子評謝文凱詩

謝文凱，謝介石之公子，陳公博之秘書，大陸撤退隨政府來台。他與周棄子友善，詩繼同光體。周曾致謝書云：「大作二首，妄有點竄，是否有當，伏祈鑒核！或者尚須再改，但弟所改者，當不無觸機啟發之用也。」可知謝所作詩，事前總是送給周過目；周亦不客氣的予以修改並加批評；「兄近年詩，弟皆注意，其情其思窈窕，詞旨悽惋處皆兄拿手，不待細讚。然亦有兩弱點：㈠思深而筆力未盡達。㈡章法高而句律偶粗疏。此二病之原因由於：㈠專心搜剔意境而稍忽略字句之烹練。㈡每首中全力對付某一重點而稍忽略其他之配合。即如此二詩中，以「情懷」對「苦樂」，斷乎不可；而「江山」「蕭瑟」「憑欄」等字，接連而下，亦殊滑熟稚弱也。以上云云，可能皆是胡說」。周批評謝之詩：「偶粗疏」、「殊滑熟稚弱」等，真是不留餘地，此乃彼此相知之故。繼云：「弟近年絕少與人談詩，實亦無可談者，必（畢）竟只兄是能談之人，故破例一談耳。此事廖壽泉實能用心，甚諳甘苦。弟每有作，常持示之，每能指出其中得失之所以然。雖其自作，亦未盡如理想，但經營慘淡，意匠可觀。其內行實不在兄下。弟意今後三人宜多商量耳。兄知我非有妄譽人者，此久經考驗之結論也。」當時台灣優秀之詩人如雲，而周僅謂彼三人能談時，其言無乃太過乎？

述評三首聯語

山西省淮陰墓前建祠並有聯云：「生死一知己，存亡兩婦人」。筆調簡練，立意新奇，能隱括韓信生平事跡。惟有人認為「生死」與「存亡」無異，不若改「生死」為「成敗」較佳。因韓信之成名成功，皆蕭何激揚荐拔之力，後來韓之失敗，呂后使武士斬韓於長樂宮，亦為蕭何所設計。所謂兩婦人者，指漂母與呂后也。又民國卅六年，白崇禧將軍題台南延平郡王祠聯云：「孤臣秉孤忠，浩氣磅礴留萬古；正人扶正義，莫教成敗論英雄。」詞句雄健，氣勢不凡。但亦有人認為「浩氣磅礴留萬古」與「莫教成敗論英雄」兩語，不僅虛實不對，平仄不協，且亦不切於鄭延平郡王祠。即用之於文丞相祠或史閣部祠亦可。擬將「浩氣磅礴留萬古」一句，改為「獨闢台澎存社稷。」因台澎為鄭延平開闢，如此更切合地與人，字義亦較相稱。又曾文正公輓胡宮保之母一聯：「武昌居天下上游，看郎君新整乾坤，縱橫婦蕩三千里；陶母為女中人傑，嘆仙馭永辭江漢，感泣悲歌百萬家。」為時人所傳誦，曾公亦自謂當時諸家之作，無出其右者。但有人認為「武昌」與「江漢」意稍複，擬易「江漢」為「塵世」。至「新整乾坤」一語，於胡公身分不切。因當時胡任湖北巡撫，兼理軍務，非全國統帥，故擬易「新總兵戎」較佳。以上三家名聯之評議意見，均值得參考。

顧翊徽絕艷清才

顧翊徽女史，乃顧翊群先生之長姊，字伯彤，生於前清光緒二十一年。早歲能詩，天生麗質，絕艷清才，其祖許其為不櫛進士。十六歲嫁給楊毓瓚為妻，未逾年，不幸逝世，其年尚不滿十七歲，有《熙春閣遺稿》，由其夫君於民國二十三年手抄，並撰有悱惻動人之跋文。楊君係皖泗世家，畢業於江南高等學堂，為人手神俊秀，詩書畫均甚有造詣。《石遺室詩話》稱其年少美才，詩學玉溪。但亦未及中歲，卻遭非命死於關外，夫婦雙雙早亡，寧非天妒英才！當民國三十八年，大陸烽煙遍地人事變幻之際，竟有一有心人將楊君伉儷之遺稿，由大陸帶至香港，投寄遠在華府的顧翊群。繼由顧先生托友人在台出版，此一藝林佳話，實足淒美。特抄顧女史遺作兩首，一為〈偶成〉云：「老樹溪邊立，小橋門外斜；鐘鳴天欲晚，僧寺落寒鴉。」信手拈來，景緻如繪，轉結已具禪意。一為〈秋夜懷金陵家大人〉云：「碧天如水夜雲寒，滿院砧聲漏漸殘；秋到淮南知木落，月明江上慮身單；遠遊但祝加餐健，遇順何憂行路難；惟望殷勤遣雙鯉，莫教兒女憶長安。」此為顧女史秋夜懷念她父親之作。前四句寫景，後四句敘情。因秋深而想到在外孤身的父親。祝福父親加餐健康，並盼常見平安家書，以免兒女牽掛。一位十六、七歲的女孩，能寫出如此好詩，真正難得。

參予故鄉兩次詩賽

大陸各省、市、縣，皆成立古典詩詞社。近幾年且舉辦了數次全國性（包括海外）詩詞大賽，動輒萬篇以上之詩稿參賽。獎金額度雖不高，卻評選出不少優良作品。對文化水準之提高，頗有激勵作用。筆者亦附庸風雅，曾兩次參賽。一次為「紀念魏源誕辰二百周年全國詩聯大賽」，寫的是首七律：「雪峰翠接錦雲天，毓秀昭陽降大賢；海國圖開新世紀，古微堂集雋詩篇；澧蘭沅芷千秋繼，曾左彭胡一脈聯；道濟中興宏景運，師夷長技萬家傳」。首聯指魏源誕生於風景優美之雪峰山下的邵陽縣。邵陽古稱昭陽，亦稱邵陵。頷聯指魏源寫的兩部名著：《海國圖誌》與《古微堂詩集》。頸聯謂數千年來，湖湘人才輩出。而魏源為近代啟蒙思想家，上承屈原、宋玉，與後之曾國藩、左宗棠、彭玉麟、胡林翼等人物千秋一脈相繼，開有清一代中興之局，結句指魏之「師夷制夷」主張，對中華之復興，供獻極大。詩賽結果，倖獲三等獎。一次為「紀念蔡鍔逝世八十周年全國詩聯大賽」。參賽的是兩付聯，其一云：「雲南護國興師，旌旗獵獵奇勳著；岳麓鍾靈毓秀，墓草芊芊俠骨香」。其二云：「正氣驚老猿，英雄肝膽；真情感小鳳，兒女心腸」。猿暗示袁世凱，小鳳即小鳳仙，乃蔡之紅粉知己。自認兩付聯中，後者較勝於前，但結果前者獲第三獎，後者卻名落孫山。

八股文極少內涵

在中國前清時的八股文，專事賣弄文詞，而極少內涵。特抄一段為例：「天地乃宇宙之乾坤，吾心實中懷之在抱，久矣乎千百年來已非一日矣。溯往事以追維，曷考記而誦書之典要。元后即帝王之天子，蒼生乃百姓之黎元，庶矣哉億兆人民已非一人矣……」這段文字，朗誦起來，鏗鏘有聲，但稍加省察，則不知所云，真使人有「關門閉戶」之感，可說已達文字遊戲之極致。談及「關門閉戶」一辭，不禁想起另一首詩來：「人一孤身獨自歸，關門閉戶掩柴扉；田雞蛤蟆麻姑叫，陽雀子規杜宇啼。」這首詩也與前述八股文一樣，有文詞而無內容，這也只能說是堆砌文字的遊戲，不是詩。

熊德昕編抗戰歌

熊德昕先生，祖籍江西豐城，現籍台北市北投區。民國十四年生，軍校十九期畢業。由軍職轉花蓮師專軍訓教官，國稅局專員等職。他愛好文藝音樂，窮十餘年之心力，蒐集抗戰時期的歌曲，編印《抗戰歌聲》，從民國七十六年的首集，七十八年的續集，至八十四年的三集，前後共蒐集歌曲一千二百餘首，真是洋洋大觀。至民國八十五年歲末，熊先生續從海內外及大陸蒐得三百餘首，連同前蒐之成果，共一千五百餘首，特函文建會，由文建會成立編審小組，出版《抗戰歌曲選集》三巨冊，印送各有關單位及人員選唱，以激勵愛國情操，與保存民族文化，並為抗戰六十周年之紀念。其意義之重大，非比尋常。當熊先生之《抗戰歌聲》續集付印時，筆者曾撰贈絕句二首：「愛國重編抗日歌，半憑記憶半蒐羅；於今集印將千首，細細哼來血淚多」。「抗日之歌感慨長，曲詞美健韻悠揚；兒時尚記高聲唱，總遺腸迴氣激昂」。的確，抗戰中有許多好歌，不管是雄健的，或悲慨的，以至於柔婉的，詞曲都極其優美，唱來迴腸盪氣，韻律悠揚。雄健如〈大刀進行曲〉：「大刀向鬼子們的頭上砍去！全國武裝的弟兄們，抗戰的一天來到了！……」悲慨如〈流亡三部曲〉：「我的家在東北松花江上，那裡有森林煤礦，還有那滿山遍野的大豆高粱，那裡有我的同胞·還有那衰老的爹娘。九一八，從那個悲慘的時候，脫離了我們的家鄉，拋棄了無盡的寶藏。流浪、逃亡！……流浪到那裡？逃亡到何方？我們的祖國已整個在動蕩，我們已無處流浪已無處逃亡……」又如〈難民歌〉：「日本鬼子的大砲，轟燬了我們的家，搶殺了爸爸又拉走了親愛的媽媽……」柔婉如〈西子姑娘〉：「柳線搖風曉氣清，頻頻吹送機聲，春光旖旎不勝情，我如小燕君便似飛鷹，輕渡關山千萬里，一朝際會風雲……」這都是中華兒女的血淚心聲，也是抗戰鮮血記錄的史詩。我們對侵略者雖可饒恕，但不能忘懷。我們對熊先生蒐存「抗戰文獻」之功績，致予無上敬佩之意．

劉備生兒不象賢

劉禹錫有一首詠〈蜀先主廟〉的五律：「天下英雄氣，千秋尚凜然，勢分三足鼎，業復五銖錢；得相能開國，生兒不象賢；淒涼蜀故妓，來舞魏宮前。」按五銖錢：係漢武帝發行之錢幣。王莽篡漢後，廢止此種錢幣。詩的首聯說，劉備當年那分震撼天地之英雄氣慨，千載後猶令人肅然起敬。頷聯說劉備建立蜀國，與吳、魏成三足鼎立之勢，其抱負在恢復漢室大業。頸聯指劉備得諸葛亮為丞相，在蜀開國，可惜其子劉禪不能效法他的賢德，繼承父業。結聯指從前在蜀國的歌妓，當蜀亡後來到魏國之宮殿前表演故國的歌舞，與前述之英雄氣成強烈之對比，含意深遠，令人感喟無限。

韓愈送李愿歸盤谷

韓愈送《李愿歸盤谷序》，氣勢雄健，色彩絢麗，是一篇很好的古文。李愿，唐功臣李晟之子，世居盤谷（今河南濟源縣北），曾為武寧節度使，因罪去職，乃隱居於盤谷。韓愈送其還故居，故曰「歸」。文之首段寫盤谷之幽美。次段敘官場得意者之所作為，是命所定，非倖可致。三段敘官場失意者之所作為，正是寫李愿。四段敘攀附權貴之人，降志辱身，最為可恥。末段作歌贊美李愿，並言願隨李愿歸盤谷之意。筆者喜讀第三段：「……窮居而野處，升高而望遠，坐茂樹以終日，濯清泉以自潔·採於山，美可茹；釣於水、鮮可食·起居無時，惟適之安，與其有譽於其前，孰若無毀於其後，與其有樂於身，孰若無憂於其心。車服不維，刀鋸不加，理亂不知，黜陟不聞……」久歷官場失意之人，一旦退隱歸來，其心情之輕鬆，不言可喻。尤其隱居於山青水秀之野，可以登高眺遠，坐在茂林中聽小鳥嬌啼；天熱時跳進水中游泳，有時上樹採果實；或到水邊釣游鱗。起居無定時，只求身心安適。與其人前受人贊美，那如人後不被人毀謗；與其身體享受一點快樂，那如心裡沒有憂愁。沒有車馬衣冠榮華的牽連，刀鋸刑罰也不會臨到身上。國家的治與亂，都不去管；誰升官誰免官，也不必聞問，一切與世無爭。可惜在現代，已難有如此退隱安居的幽美環境了。

略談詩韻之改革

答田邦福先生函：大札敬悉．承蒙過譽，愧不敢當。先生談及詩韻改革之說，台灣、大陸等地亦有數位詩老曾作此主張，惟茲事體大，一時恐難辦到。在詩韻未統一改變前，仍應遵行現有之規則，否則如孟子所云：「不以規矩，不能成方圓；不以六律，不能正五音」。先生又云：「例如『十灰』的灰字發音，就其『萊』、『哉』、『台』、『才』、『開』等音韻不接近……」其實，「灰」之古音不讀非，應讀「懷」之第一聲，其他如「迴」應讀「懷」，現在敝祖籍湖南尚保留此一古音。想貴鄉可能亦如此。至於談到「孤雁入群」與「獨鶴出群」，那也僅限於第一句或最後一句。（同時限於鄰韻始可相借），在其他各句中似乎不可，否則即出韻。「孤雁入群」屬絕律之首句，有謂「逗韻」，有謂「借韻」，有謂「變體」，此一體式，在律詩中常見，如杜荀鶴的〈時世行〉，李商隱的〈牡丹〉，林逋的〈梅花〉，劉克莊的〈冬景〉，李朴的〈中秋〉，程顥的〈偶成〉等各詩，皆是如此。至「獨鶴出群」在古人詩中，甚少見到，此種情形儘量避免為宜。周棄子先生詩的造詣，自不在話下。先生所引他的〈借錢〉一詩：「莫笑腰中無一文，亂跑依舊是閑雲；傾囊分我休嫌少，足付三輪一日銀」。的確令人感喟！高陽說他「白眼居官，青雲失路」，也許「傲」字害了他。

許臨河浮生瑣憶

許臨河兄將其近作《浮生瑣憶》稿予我，並囑寫幾句評語，實不便推辭。許兄是我的摯友，因同病相憐而結識，所謂「同病」，即彼此皆患冠狀動脈阻塞。猶記十餘前，我以心絞痛住進三軍總醫院，他後來亦住進台大醫院，各施行冠狀動脈繞道手術。出院後，為求適當運動，每天約定時間，從仰德大樓地下二樓，直爬到十三樓頂。在樓頂尚要哼歌曲，作甩手運動，倒也有趣。他祖籍福建安溪，民國十六年降生，畢業於集美高商，於三十七年來台，曾任省農林廳股長，勞保局會計室副主任等職。為人謙遜忠厚，對朋友極熱情。退休後，雖未常見面，但彼此關懷，精神一直聯繫著。他精於會計業務，但文筆卻樸實無華，一如他的為人般之誠篤。且看他在《浮生瑣憶》中如何寫他的雙親：「家父母均未曾讀書。艱難時期，家父常上身赤露，下著一短褲，是實足的農夫相。平日除了種田以外，還是種田。家母裹著小腳，料理家務，出身寒微，未免遭到長輩及鄰居輕視。但他們認為蒼天安排並無不妥，從未有一怨言。其傻勁、篤實、寡言、自悲，是倆老的正字標記。他們常掛在嘴邊的一句話：『要與世無爭，靠我們骨會生肉，天公會疼憨人』。七十餘年來，我仍銘記在心。後來我在社會上立身處事，性格之勤奮與老實，實乃家父母之美德遺傳，精神與感召所致」。這一段老實誠樸的敘述，不但不失體面，而且令人感動、欽佩！諺云：「國肇於家」。家庭中父母之身教言教，對兒女是極有影響的。觀夫許兄平素之行事與為人，確而益信。他承有他雙親那份憨厚忍讓的美德，而學識才能，自當過之。他在人生歷程中度過了「猛虎」、「毒蛇」、「火劫」等多種危難，終於化險為夷；後來在職務上表現優異，獲得美滿姻緣，以及兒女成材，孫枝茂盛，在在證明他的自述：「天公會疼憨人」。《浮生瑣憶》對他後輩甚具教育意義，採分章敘述，章與章自相聯成環節。從其中可看到我國古老農村的習俗，傳統文化所遺留的點滴，以及啟示人生的哲理。

劉長卿五言長城

劉長卿，唐，河間（今河北河間縣）人。字文房，開元時舉進士第，性剛忤，官終隨州刺史，有《劉隨州集》。詩調雅暢，權德輿稱為「五言長城」。如他的五絕〈逢雪宿芙蓉山主人〉云：「日暮蒼山遠，天寒白屋貧；柴門聞犬吠，風雪夜歸人。」按湖南，山東，廣東等省都有芙蓉山，詩中所詠何處？待考。詩的前兩句寫旅客山行與投宿之情景。「日暮」說明天色已晚，「蒼山遠」說明在山中趕路，前路還甚遠，加之又「逢雪」，不得不投宿。後兩句寫投宿以後的事。「犬吠」是因為有人歸來。「風雪」承「天寒」，「柴門」承「白屋」，並不嫌重。結句尤富詩情畫意，餘味無窮。

蔡松坡與小鳳仙

蔡鍔，湖南邵陽人。字松坡，日本東京大同高等學校及日本陸軍士官學校畢業。曾任江西續備左軍隨營學堂監督，湖南教練處幫辦，廣西新軍總教練官，雲南督都等職。民國四年，袁世凱稱帝，他由北京潛返雲南組護國軍討袁。黎元洪繼總統，他出任四川督軍，於民國五年病歿於日本，時僅三十五歲，歸葬於湖南岳麓山。當時國葬公祭，各界悼念之輓聯祭幛甚多，如孫中山先生之輓聯：「平生慷慨班都護；萬里間關馬伏波」。可以概括蔡鍔之生平。其他如梁啟超、康有為、張謇、唐繼堯、黎元洪。熊希齡及各省督軍名流，皆有輓聯，其中最值得注意者，是一位名小鳳仙的輓聯：「萬里南天鵬翼，直上扶搖，那堪憂患餘生，萍水姻緣成一夢；幾年北地臙脂，自悲淪落，贏得英雄知己，桃花顏色亦千秋」。當袁世凱稱帝時，蔡鍔是極力反對的，但表面仍保持鎮靜，為避免袁之猜疑，乃故意放蕩不羈，尋芳飲酒，因而與北平雲吉班的姑娘小鳳仙結識。此聯道出小鳳仙與蔡鍔之不尋常關係。不僅對仗工整，而且文情並茂。據說出自滿清遺老樊樊山（亦謂易實甫）代為捉筆，不知然否？又聯中「憂患餘生」句，有異文作「兒女情懷」者，未諳孰是？當然，小鳳仙亦是一位奇女子。觀蔡鍔生前撰贈她的聯語：「自古佳人多穎悟；從來俠女出風塵」，可以看得出來。蔡鍔不僅富於韜鈐，嫻習政治，且優於文學。詩如〈登岳麓山〉云：「蒼蒼雲樹直參天、萬水千山拜眼前；環顧中原誰是主？從容騎馬上峰巔」。充份表現出他革命軍人的豪情壯志。又如〈軍中雜詩〉二首云：「蜀道崎嶇也可行，人心奸險最難平；揮刀殺賊男兒事，指日觀兵白帝城」。「絕壁荒山二月寒，風尖如刃月如丸；軍中夜半披衣起，熱血填胸睡不安」。此為他民國五年二月所作。當時他正率領護國軍駐守四川納溪與棉花坡一帶，與袁世凱之北洋軍如曹錕、張敬堯等部隊浴血苦戰，屢創頑敵。詩句淺鮮明暢，可以看出他為軍事操勞，不眠不休，卒至鞠躬盡瘁，死而後已。

杜甫憐貧苦老婦

杜甫有一首〈又呈吳郎〉的詩：「堂前撲棗任西鄰，無食無兒一婦人；不為困窮寧有此；只緣恐懼轉相親；即防遠客雖多事，便插疏籬卻認真；已訴徵求貧到骨，正思戎馬淚沾巾」。自杜甫遷居東屯後，便將瀼西草堂讓給他親戚居住。詩的前四句說草堂西鄰有一貧苦無依的老婦，常懷著恐懼的心情，到草堂前面來打棗兒。杜甫見她窮苦可憐，特別對她親和。五、六句說自吳郎這位遠客搬來後，老婦人見園上籬笆、便心存戒心，真不敢再來打棗了。最後杜甫以這婦人平日訴說她生活的苦況，因而想到戰爭與苛徵帶給人民的苦難，心中充滿無限悲憫，以至淚下，實乃杜詩之偉大處。

李端獲郭曖厚賞

唐代宗朝、文壇上的盧倫。韓翃、錢起、李端、李益……有大曆十才子之稱。有一次，郭子儀的兒子郭曖在家中宴客，一時長安名流雲集。郭曖的夫人昇平公主，是代宗的第四女，也是最有才華與好客的人。而郭曖更是當朝駙馬，亦好文學。當酒酣耳熟之時，郭曖要士子們賦詩，且詩先成者有獎。其中李端雖是新科進士，但貌不驚人，且身材瘦小。他的〈贈郭駙馬〉一詩首先寫成：「青春都尉最風流，二十功成便拜侯；金距鬥雞過上苑，玉鞭騎馬出長楸；熏香荀令偏憐少，敷粉何郎不解愁；日暮吹簫楊柳陌，路人遙指鳳凰樓」。詩贊郭曖青春年少，便尚昇平公主，占盡天下風流。二十歲又進爵封侯。才華出眾，猶如昔日之荀彧，為國家倚重；風姿俊美，似當年之何平叔，得公主歡心。郭曖聽了，至為高興，立即令人賞以百縑。此時錢起笑著說：「這可能事先作好的，我要再試試這位小兄弟」。接著他以自己的姓氏為韻，請李端再作一首贈郭駙馬。李端應聲而前，當筵又寫成下面一詩：「方塘似鏡草芊芊，初月如鉤未上弦；新開金埒看調馬，舊賜銅山許鑄錢；楊柳入樓吹玉笛，芙蓉出水妒花鈿；今朝都尉如相顧，願脫長裾逐少年」。於是眾人又叫好，李端更獲郭曖厚賞。據說錢起此次試詩，也許是故意的，他想利用此一大場面，讓青年人一顯身手，藉以成名。

詞牌命名與對句

做律詩、其頷聯及頸聯必須講對仗。間有首聯及結聯亦有對仗者，此應屬例外。詞中逢雙亦須對仗，且字數不一，有三字對、四字對，以至七字對者。特分述如後：三字對如李後主的〈搗練子〉：「深院靜，小庭空」；四字對如張炎的〈綺羅香〉：「萬里飛霜，千山落木」；五字對如周邦彥的〈南歌子〉前後闋中：「膩頸凝酥白，青山淡粉紅」。「恨逐瑤琴寫，書勞玉指封」；六字對如蘇軾的〈西江月〉前後闋中：「點點樓前細雨，重重江外平湖」。「莫恨黃花未吐，且教紅粉相扶」；七字對如晏幾道的〈鷓鴣天〉：「舞低楊柳樓心月，歌盡桃花扇底風」。對仗皆極工整精美。又詞牌之命名，皆有由來。或取詩意，或緣題生詠。取詩意者如：〈鷓鴣天〉取鄭嵎詩：「春遊雞鹿塞，家在鷓鴣天」。〈蝶戀花〉取梁元帝詩：「翻階蛺蝶戀花情」。〈玉樓春〉取白居易詩：「玉樓宴罷醉和春」。〈巫山一段雲〉取李瓊玉詩：「鬟聳巫山一段雲」。〈滿庭芳〉取韓翃詩：「滿庭芳草易黃昏」。〈踏莎行〉取吳融詩：「踏莎行草過青溪」。緣題生詠者如：〈念奴嬌〉詠唐明皇宮人念奴。〈菩薩蠻〉詠西域婦髻。〈蘇幕遮〉詠西域婦帽。〈暗香疏影〉詠梅。〈黃鶯兒〉詠鶯。〈粉蝶兒〉詠蝶。諸如此類（皆詠本事，亦可詠他事），不盡縷述，總在初學者研究體會。

方子丹寫菊花詩

詩壇大老方子丹先生、身強筆健，年已九秩，仍吟詠不輟。近以〈詠菊〉數首見示，頗具功力。如五律云：「來采籬將放，歸看徑就荒；詩人滿衣袖，隱士佐壺觴；四品同沾露，孤芳獨傲霜；相期全晚節，高會兩重陽」。首聯乃化用陶潛「采菊東籬下」與「三徑就荒，松菊猶存」。頷聯化用杜甫「采采黃金花，何由滿衣袖」及王維之「陶潛菊盈杯」。頸聯係引《畫譜》謂梅蘭竹菊四品稱君子，及蘇軾「菊殘猶有傲霜枝」。結聯化用韓琦「且看寒花晚節香」與李白「菊花何太苦，連此兩重陽」。又如七律云：「籬下霜天尚未寒，殿秋佳色最宜看，西風簾捲人同瘦，九日杯銜客盡歡；子美曾垂他日淚，靈均且作暮年餐；不知也比春花落，愧煞廬陵老豸冠」。首聯胎化江總「故鄉籬下句」與陶潛「秋菊有佳色」。次聯胎化李清照「簾捲西風，人比黃花瘦」及孟浩然「共醉菊花杯」。頸聯化用杜甫「叢菊兩開他日淚」及屈原「餐秋菊之落英」。結聯亦為王安石與歐陽修詠菊之故事（相傳王安石題菊云：「黃昏風雨過園林，吹落黃花滿地金」。歐陽修見了不以為然，乃續下兩句：「秋英不比春花落，訴與詩人仔細吟」。王以屈原秋菊落英對，歐陽始大悟。豸冠句：以歐陽曾任御史大夫故也）。又如和龔稼雲老同題詩云：「碎金籬下綴清秋，香為重陽晚節留；露浥淡容稱絕秀，霜欺傲骨不曾柔；西風簾捲形何瘦，冷月軒開影最幽；更羨名登君子目，價高百卉品尤遒」。除第六句化用陳子昂「開軒冷月照黃花」外，餘皆不出前二詩之用典。綜上三詩，句句詠菊，句句用典，字字有來歷，但詩中並無一菊字。正如方老自謂：「詠物詩既不可犯題，更不可涉題外語，且律詩句必俊逸，對必工整，韻腳更必穩妥，和作尤難布局」。惟筆者願補贅一句：「詠物詩有寓意者尤佳」。想方老當亦為然。方老其餘〈四時菊四絕〉等多首，因限於篇幅不贅。至《紅樓夢》亦有詠菊、憶菊、種菊、對菊、供菊、問菊等十餘首，均屬題菊極品，足資參閱。

憶故鄉之東山橋

東山橋，是筆者邵東故居門前橫跨於小河上的拱形石橋，簡稱東橋。故居東山村，亦以此橋而得名。遠自孩提時代，筆者即愛此一小橋。橋下潺潺的流水，河邊幽靜的野花，四周碧綠的稻田，故居後面的青山，山上的古木參天，枝頭百鳥爭鳴，那優美的情景，至今尚清晰的留在記憶裏。春天，在橋邊看小河水漲；夏天，躍入水中游泳；秋天，在橋下捉魚蝦；冬天，在橋面堆雪人。這些，都是筆者童年生活的夢境。猶記七十八年返鄉探親時，看到故鄉的景物幾已全非，惟有這座小橋，形貌依然如昔，於是將其留駐鏡箱，帶回台灣，作為拙作《東橋說詩》的封面。東橋自然也成為筆者的筆名。

白描詩詞味雋永

凡用典精確，含意幽邃的詩詞固然很好，但白描手法深刻細緻的詩詞，尤屬難能可貴。例如白居易的〈春題湖上〉一詩：「湖上春來似畫圖，亂峰圍繞水平鋪；松排山面千重翠，月點波心一顆珠；碧毯線頭抽早稻，青羅裙帶展新蒲；未能拋得杭州去，一半勾留是此湖」。起句是全篇之綱領，以下各句，都從此發脈。次句山環水秀，意承「畫圖」。頷聯言眾山松林排列，重綠疊翠。夜來月影落於湖心，像一顆明珠。「點」字最妙。頸聯係倒裝句，意謂早稻初抽綠穗，像碧毯上的線頭，新蒲初展翠葉，像青羅的裙帶。結聯指詩人未能捨離杭州的原因，大半是這風景美好的西湖所羈留。湖山如畫，詩亦如畫。詞如溫庭筠的〈菩薩蠻〉云：「小山重疊金明滅，鬢雲欲度香腮雪。懶起畫蛾眉，弄妝梳洗遲。照花前後鏡，花面交相映，新貼繡羅襦，雙雙金鷓鴣」。這是描寫一位離婦懶於起床的情景。上闋「小山」句：指陽光已從窗口照到她的床前了，那帷屏上所繪金色的小山，時明時暗。「雲鬢」是古時婦女的髮式。現因懶於起床，輾轉反側，以致散亂，故謂「鬢雲」。「香腮雪」即雪白的香腮。「欲度」二字極妙。表示香腮並未完全被鬢髮所掩。如說「欲掩」即無意味。「懶起」二句：日上三竿，還不想起床所以說「懶」，所以說「遲」。下闋指她已起床梳妝，用前後兩面鏡子照看她頭上的花戴正沒有？甚至做個鬼臉，展現她的俏麗，然後穿上對襟的襖子，襖子上繡著一雙金色的鷓鴣鳥。寫來栩栩如生。又如辛棄疾的〈清平樂〉詞：「茅簷低小、溪上青青草。醉裡吳音相媚好，白髮誰家翁媼？大兒鋤豆溪東，中兒正織雞籠，最喜小兒無賴，溪頭臥剝蓮蓬」。詞意是：在一灣清溪傍，住著一小戶農家。一對白髮恩愛的夫妻，操著吳音在輕聲蜜語。他們三個兒子，一個鋤豆，一個編雞籠，都很勤勞。只有小兒貪玩，躺在溪邊剝蓮蓬。此一鏡頭，充分表現農村生活的特性。以上三篇詩詞，都未用典，但描繪優美深刻，讀來神清氣爽，意味雋永。

陶弘景山中宰相

陶弘景，南北朝時秣陵人。字通明，讀書破萬卷，善琴棋，工草隸，好道術，明陰陽五行，地理之術。曾任南齊左衛殿中將軍，永明十年，上表辭官，隱居句曲山，號華陽真人。

至梁武帝即位，屢加禮聘，不肯出仕。凡朝廷大事，輒就諮詢，有山中宰相之稱。年八十五，無疾而終，謚貞白先生。著有《帝代年曆》、《真誥》等書。他有一首〈詔問山中何所有賦詩以答〉云：「山中何所有？嶺上多白雲；只可自怡悅，不堪持贈君」。有謂此指齊高帝蕭道成詔陶弘景出仕，弘景作此詩回答。其實，據其前述出仕辭官履歷，此似為答梁武帝之作。詩言山中白雲之樂，而不應詔之意。

任藩因詩結良緣

唐代會昌年間，浙東詩人任藩，自會稽徒步至長安應試不第，便絕意仕途。時年三十，尚未婚娶。一天，他遊天台山巾子峰，在峰頂的寺壁題了一詩：「絕頂新秋生夜涼，鶴翻松露滴衣裳；前峰月照一江水，僧在翠微開竹房」。題詩後便離開巾子峰。但在下山途中，他想及這詩中的「一江水」欠妥，擬改為「半江水」，但離峰已遠，乃再折返。次日，他回到山寺，發現前所題壁的詩，已被人改為「半江水」，大為訝異，詢問僧人，始知為一女士所改，此女現尚未離去。任藩乃請主持僧人引見。在齋堂上，任藩見一素衣婦人。從服飾看出對方是一位新寡文君，彼此一見如故。他們在僧齋傾談，從午刻直談到黃昏，而意猶未盡，他乃向她求婚，她一時錯愕，但略加思考後表示：本想來此當尼姑，因看他頗有才華，且彼此談話投緣，終於接受他的美意。她是嚴州人。一月之後，他便來嚴州迎親。婚禮在女家舉行，宴客後，當晚即擬回會稽。嚴州的讀書人，多知任藩的大名。當他們夫婦上船時，城中士人，群來江岸送行。有持火把，有提燈籠，一時碼頭熱鬧非凡。咸稱此為嚴州歷史上的盛事。至於任藩在天台山所題那首詩，一直保存下來。後人在他的詩後，寫了兩句：「任藩題後無人繼，寂寞空山二百年」。意謂他的詩太好，別人不敢再在其傍題詩。

彭瑞金詩思偏激

最近接到詩友剪寄來某報一篇題為〈水垇地上種文藝〉的文章，作者彭瑞金先生。文章內容是評高雄市文藝獎項設置的不當。不應設書法獎，篆刻獎，尤不應設「舊體詩獎」，他認為獎勵舊體詩，是「文化戀屍狂，沒有創作意義」，「對國民生活品質有害無益」。以筆者揣想，這位彭先生可能不懂舊體詩，不然他不會如此厭惡舊體詩，說出如此偏激的「外行話」來。要知道：詩只要寫得好，是不能分新舊的。在新詩人中能寫舊詩者，除早年的胡適、朱自清、劉大白、郭沫若外，現在台灣者如鍾鼎文、鍾雷、墨人、余興漢先生等，亦皆新舊詩兼擅。尤其是新詩人王祿松先生（已過世），他曾拜本苑前主編傅紫真先生學過舊體詩，他認為要根柢好，必須學舊體詩。本省老一輩詩人如連雅堂、莊太岳、林幼春、林獻堂、施梅樵，林痴仙等在舊詩壇都有過光輝的創作紀錄。目前本省寫舊詩的詩人，尚有一二千人（大陸更不必說了），教育部且設有舊體詩獎，彭先生知之否？現在日本、韓國、新加坡等國，都有人在寫我們的舊體詩，而我們自己，反而說是「文化戀屍狂」，豈非妄自菲薄？本來此為有關高雄文藝基金會之事，應由該會來駁斥，但因涉及整個舊體詩問題，本詩苑不能無言。同時希望寫舊體詩的朋友，能提供一點卓見，文字在二百五十字之內，本苑當予披露。

周棄子說詩贅語

周棄子先生在他的《未埋庵短書》中，有一篇〈說詩贅語〉，特錄其精彩片段：「體有古今，詩有新舊」。「詩只是一份藉文字表達出來的情感。情感是本體，文字是附著，兩者聯結而構成詩的形式，則有賴於詩人的技巧」。「詩應該是一種最精練的語言，最經濟的文字。一首好詩，不惟意境上應該是美的，形式上也必須是美的。同時，詩不僅寫在紙上給眼睛看的，也必須念在口邊給耳朵聽的。基於此諸要件，『格律』乃為詩之所必需」。由此可見他對詩的高超見解。詩以內涵——意境為主，文字乃是皮毛，當然，形式——格律如聲調、句法、練句等，亦甚為重要，不能不加以講求。

李白玉階怨手法

李白有一首〈玉階怨〉的詩：「玉階生白露，夜久侵羅襪，卻下水晶簾，玲瓏望秋月。」這短短二十個字所描寫的卻是一個極生動的場景：秋夜四周靜寂，一位孤單的少女，久久悄立在白石階下，似在痴痴地想什麼？直到夜色已深，白露侵入羅襪，她才猛然醒悟過來。但當她返身回到屋裡，將水晶簾子放下時，卻還不願進到房間去，仍站在簾前，透過玲瓏的疏簾，凝望著簷前的秋月。這詩題中是寫「怨」，但全篇詩沒有一個幽怨的字眼，卻能使人於字面之外，感到無盡的幽怨之情。由此可以看出作者手法的高妙，將藝術思想蘊藏於藝術形象之中，正是所謂「含不盡之意見於言外」乎！

成王敗寇菊花詩

歷史上所謂草寇，大多為懷才不遇之輩，如筆者以前所述之宋江、洪秀全、石達開、李自成等之詩詞，皆極為優秀，不可以敗寇庸劣來論評。現在舉唐末造反之黃巢的〈菊花〉二首為例：「颯颯西風滿院栽，蕊寒香冷蝶難來；他年我若為青帝，報與桃花一起開」。「待到秋來九月八，我花開後百花殺；沖天香陣透長安，滿城盡帶黃金甲」。不僅氣魄不凡，詩亦清新可讀。後來朱元璋也有一首〈菊花〉詩：「百花發時我不發，我若發時都嚇殺；要與西風戰一場，遍身穿就黃金甲」。此與黃巢第二首詩，無論意境氣魄皆極相似，豈非成則為王的朱元璋，剽竊敗則為寇的黃巢之詩歟？

朱買臣見棄其妻

朱買臣，漢時會稽吳人。家貧，賣柴度日，其妻羞之，求去，買臣對她說：「我年五十當富貴，今已四十餘矣。待我富貴時，定給妳補償」。其妻生氣說：「跟從你終會餓死」。買臣不能強留，竟去。改嫁一田夫。後買臣做了會稽太守，衣錦榮歸，其妻要求復合，買臣說：「能收覆水，即答應妳」。其妻遂自縊而死（亦云此婦與後夫掃道迎買臣，買臣命後車載其夫婦歸舍園，給食一月。餘同）。千百年後，有一詩人過其墓，題詩評她：「青草池邊一古坵，千年埋骨不埋羞；殷勤寄語人間婦，總是糟糠到白頭」。此事在今日看來，夫婦離異，事屬尋常，但在古時，就遭人非議矣。

敬答李則芬詞丈

讀到李則芬詞丈，月前寄來〈多此一問〉的大函，甚感惶慚！從大函中得知鈞長對晚生有所誤解，本擬以沈默作答，繼而一想，還是解釋幾句較妥。大函其中一段：「近見吾兄在詩話中談及此詩（按指李白送友人），一時激動，特寄此文（按指〈孤蓬乎？孤蓬乎？〉）為兄參考，不料兄不屑一顧，而回寄一篇某報的淺薄文章給我看，意謂此一問題，久已厭聞，不想再看，暗示拙文亦與某報那篇文章同樣淺薄也」。鈞長道德文章，久為晚生欽仰，但奚為有此想法？難以釋懷。晚生寄鈞長之影印剪報，表面看似一篇文章，實際是好幾位讀者投書，併貼在一起，鈞長誤為一篇文章，可見未看內容，否則不致言其「淺薄」。晚生認為能在當年某報刊載，多少都有些分量，故將其剪貼保存，假如真是「淺薄」，就不致保存矣。其次對大著〈孤蓬乎？孤蓬乎？〉，不但仔細拜讀，而且詳加圈點，雖不完全贊同大著觀點（因文學理論非科學定律，甚難定於一尊。譬如胡適博士考證《紅樓夢》後四十回為高鶚續作，至今尚有人不以為然。又如現在市面出版經權威學者註釋之《千家詩》，其中所編李白〈送友人〉，其第四句仍然刊為「孤蓬萬里征」者。古人對友人遠遊以孤蓬比喻，非僅李白如此，其他如王之煥〈九日送別〉詩：「今朝暫同芳菊酒，明朝應作斷蓬飛」。又如劉刪詩：「寄謝千金子，安知萬里蓬」。又如杜甫詩：「萍蓬無定居」。又如杜牧詩：「屈原憔悴去如蓬」。其餘不盡枚舉，可見大著所言「蓬之喻遠遊，皆只用以自況，喻他人則不合適」，及「萬里遊更是不合」。似有待商榷。但卻認此一問題，既於二十年前辨論過，再辨論亦無結果，故在前函中曾說鈞長對「史學文學皆有高深之造詣，至為敬佩」等語，旨在一筆帶過，未料引來反面效果。大函復云：「一位寫詩話的名家，竟不屑花十分鐘讀他人的詩話，敢問是否有悖情理」？鈞長言重了，晚生豈敢如此不通情理！若能了解上情，當能諒我！特表歉忱，並祈時賜教言！

李春初詩斥彭文

自新生詩苑公開評述彭瑞金先生一篇〈水泥地上種文藝〉的文章後，先後接到不少詩友的來信及文章加以譴責。其中較具代表性如李春初先生的一首詩：「文藝奇才彭瑞金，理應謙謹眾人欽；未明何故隨開口，竟發狂言別用心；古賦詞妍功效廣，新詩派雜病根深；忘宗數典違倫理，正本清源守士箴；有價文章存史館，無稽翰墨恥儒林；水泥地可供遊戲，石腦筋難辨誨淫；多讀經書增智慧，勤研韻律振元音；如能下筆先思考，君可騷壇獨步今」。奉勸彭先生，不懂舊詩多讀詩書為妙！其餘如鍾吉家先生、楊雨河先生、唐釗仁先生等文章，因未針對問題重點著筆，不便一一披露，特此致意。

致徐炎鑫先生函

炎鑫先生：猶記民國八十五年十月十四日，接讀大函，欲打探購買張鐵民教授所編印之《中國詩學講義》一書。並對筆者在本欄之拙稿加以謬許：「立論獨特，言簡意賅，內容彌足珍貴，建議能出版專集，俾供後學研讀」等語，深為感篆。茲特遵先生建議，將拙稿彙整出版問世，題名《東橋說詩》，計三百五十餘頁，約二十萬言。前有張教授夢機、朱教授學瓊兩位之序言，後並附錄拙作新、舊詩選，詩友謬許篇、詩友和唱篇，及〈永恆的憶念〉小說一篇，冶新舊於一爐，託文史哲出版社印製極為精美，請惠予購閱並向各位詩友推介為感！

（現續集又付梓）

致劉潤常老上司

台瀛一別，匆匆已數十餘年。辱蒙存注，殊為感篆。復蒙先後惠贈《星沙集》、《環顧與前瞻》等大著，雒誦之餘，獲益匪淺。我　公博學明辨，聲華遠播，雖僑居異域，然對國內之政情與兩岸之關係，瞭若指掌。尤其對我國文化歷史之維護、闡揚，與對異端邪說之批判，不遺餘力，真是金聲玉振；而且詩詞更有造詣，令人敬佩之至。舊屬近年以來，雖亦愛舞文弄墨，惟才識庸劣，愧無佳作。茲蒙我　公在致建中先生函中道及拙作《東橋說詩》一書，不勝汗顏，既然　公已知悉，則未便藏拙矣。特從郵局寄陳一冊，尚祈不棄在遠，賜予指教，則幸甚矣，敬頌筆健！

顏崑陽文學通才

最近接到多位詩家出版的詩（話）集，如顏崑陽博士的《顏崑陽古典詩集》、吳錦順主編的《詩的虛字修詞研究》、黃衍實先生的《雲根吟》、王紓難先生的《往事回味詩文續集》、岑旭球先生的《雄詞妙論》，真是美不勝收，至為心感。其中最值得一提的是顏崑陽教授、學者兼詩人，他與張夢機教授為莫逆交。不特古典詩詞絕好，且兼擅現代小說、散文、中國古典美學、文學理論。曾獲聯合報短篇小說獎、中國時報散文獎、中興文藝古典詩獎。著有《龍欣之死》、《傳燈者》、《莊子藝術精神析論》、《李商隱詩箋釋方法論》等二十餘種。除現代詩外，可稱得上為文學通才。

鄭板橋詩呈姚太守

鄭板橋任范縣縣令時，當時曹州太守姚興滇，正是他的頂頭上司。姚太守於板橋到任後，有幾次去看他，恰巧他不在縣衙，姚雖未介意，但鄭的心理總感歉然。乃作一首七律呈姚太守：「落落漠漠何所營，蕭蕭澹澹自為情；十年不肯由科甲，老去無聊掛姓名；布襪青鞋為長史，白榆文杏種春城；幾回大府來相問，隴上閑眠看耦耕」。首聯及頷聯說他豁達不羈的個性，原不適合作官，因此十多年來，沒有著意於科甲，但到老來為生活所迫，考上進士。「無聊」二字，顯得萬分無奈。頸聯及結聯點出主題，說明姚來巡視時，他不在縣衙，是因種樹蒔花訪察民情去了。隴上句：何其瀟洒！（漠漠能否平讀？待查考）

詩人詠大陸洪澇

戊寅年秋季，大陸發生世紀罕見之洪患，長江上游荊江大堤浸泡水中逾月，幸未缺口，否則江漢平原不堪設想。湖南近年皆受洪澇災害，而去年尤甚，有二千餘人喪生，財產損失逾百億，天晴炎熱，氣溫高達攝氏三十八度，水位居高不退，良田淹沒，農舍僅露屋頂，電線桿大半截沒水中。東北大慶油田亦被洪水淹及，其餘安徽等地，受患亦極嚴重。浙江毛谷風教授暨台北方子丹教授，皆有詩詠其事。毛教授所作為兩首七絕：「巫山雲雨豈荒唐，幾度洪峰過武昌；莫遣災黎作魚鱉，神功戎禹漫思量」。「高樓壯麗昔曾登，今日洪波噬洞庭；多少田廬歸澤國，君山不見一螺青」。第一首起句，係指三峽而言。據毛教授按語：「三峽大壩耗資千億，今未見其利，已見其害」。眼見人民快要變為魚鱉，不禁思及大禹治水的神功。第二首二、四句係誇飾筆法，益見人民苦痛之深。而洞庭湖中之君山，平時乃是「水晶盤裡一青螺」，如今卻幾乎被洪澇所吞噬，水患之大，可以想見。方教授寫的是一首七律：「巫峽驚傾罕見洪，長江濁浪勢排空；三湘沃野悲沈陸，萬眾災黎嘆澤鴻；雉兔雲埋寧古塔，魚龍氣濕馬鞍峰；如斯大浸稽天劫，難動台胞拯溺衷」。首句似亦暗示洪患出在三峽，次句脫化范沖淹〈岳陽樓記〉：「陰風怒號，濁浪排空」。二、三兩聯形容湖南、東北兩地洪患之嚴重，生民之疾苦。第六句說明大慶油田在馬鞍山側，亦被淹及。第七句出自莊子〈逍遙遊〉：「大浸稽天而不溺」。結句指出台灣方面少有救助行動，值得省思。綜觀二者之作，皆為反映民間受洪澇之患，所帶來之災害，表現其仁民愛物之心，且道及巫山巫峽，為洪患之根由。惟目前三峽水壩已經建成，將來之功效，是害是利？能否調節水量，現尚言之過早。筆者認為大陸近幾年洪災之釀成，無不與森林砍伐，水土保持有密切關聯。台北汐止之水災，又何嘗不是如此。總要平時多加預防，多植林木，疏通河道，做好水土保持工作，庶能避免洪患，置生民於衽席。

李白勞勞送客亭

勞勞亭，位於現今江寧縣南，三國時東吳所建。在勞勞山上，有亭七間，又名新亭，是東晉諸名士遊宴送別之所。李白有首〈勞勞亭〉詩：「天下傷心處，勞勞送客亭；春風知別苦，不遣柳條青。」寥寥二十字，寫出無限離情別緒，這與王之渙的〈送別〉詩：「楊柳東風樹，青青夾御河；近來攀折苦，應為別離多」。有異曲同工之妙。鄭板橋亦有一闋詠勞勞亭的詞，其上闋云：「勞勞亭畔，被西風一夜，逼成衰柳，如線如絲無限恨，和風和煙僝僽。

江上征帆，尊前別淚，眼底多情友，寸言不盡，斜陽脈脈淒瘦」。字面看來平淡，但含蓄卻深沉而曲折，「脈脈淒瘦」者，又那裡是斜陽啊！

曾兆春其人其詩

曾兆春先生，字以武，民國前二年生。祖籍山東，現籍台中市。先後卒業於軍需學校二期，警官學校五期。曾任排連長，軍需主任，參謀，所長、警察局長等職。他不僅長於財經、警政，且兼擅詩文。早年參予春人詩社，詩多刊於《春人詩選》、《華夏吟友》，現雖高齡九秩，仍吟詠不輟，常有詩在新生詩苑發表。他早年的詩作如：〈原子街關廟〉云：「原子街通達四方，春風裊裊拂垂楊；為何有廟供關帝，不奉阿瞞一炷香？」前兩句寫關帝廟清幽的環境，後二句始點出關聖帝君，並以曹操奸雄相陪襯，以問號作結，問得奇妙，答案留給讀者去體味。由此可見他對正邪與善惡的分明。又如〈寒流〉詩云：「風雨連宵夜驟寒，高山積雪白漫漫；可憐瑟縮茅檐下，多少貧民處境難」！由天氣突然轉寒而聯想到貧民生活處境的艱難，可見他富於憐憫同情之心。他服務軍界警界數十年，但並不汲汲於名利，正如他的〈村居〉詩云：「嘯傲江村裡，田園好奇情；詩書歸我讀，名利讓人爭；檻外搖花影，濱邊聞杵聲；一壺常獨酌，酩酊臥聽鶯。」頷聯應屬名句，也可代表他的人生觀，更能顯示他的書生本色。他在〈八十書懷〉一詩中云：「歲歲逢辰例有題，八旬壽欲與山齊；半生糊口軍中過，卅載行蹤海上棲；憂患飽嘗空有感，滄桑歷盡忍重提；清晨運動無間斷，漫步郊原杖不攜」。意謂每逢生日，總要作詩自詠。目的也是為紀念母難，同時也希望自己身心健康。

頷聯與頸聯，應是東渡之軍人所同感。半生戎馬生涯，四十年海上棲遲，憂患頻經，滄桑歷盡，那堪回首！他八秩之年，本應杖朝，而漫步郊原，卻不須攜杖，主要還是有賴每天清晨不斷的運動所致。其餘的佳句如：「論詩每尚情與理，交友惟憑信與仁」。「樓外百花如織錦，簷前雙燕自啣泥」。「白髮還鄉嗟此日，青春報國憶當年」。「無分功名聊自慰，有情詩酒喜相親」。「含情獨坐看雲起，紅樹花開一鳥鳴」。今逢他九秩屆臨，祈望他有更好的詩作在新生詩苑刊布，並祝長春。

江湖俠子于右任

于右任先生，前清舉人，青年時他在陝西故鄉，常以詩文評擊滿清的腐敗無能，自號「半哭半笑樓主」，以明末遺臣八大山人志節自況。他拍過一幀披髮握刀的相片，在下方題了兩首七絕：「逆風而走復盤旋，捲起長髯飛過肩；一怒能安天下否？風雲際會待何年！」「骨相驚人事有無？江湖俠子萬人呼，鏡中忽現虬髯面，惹得兒曹笑老夫」。兩旁題一聯：「換太平以頸血，愛自由如髮妻」。他的革命言行，受到滿清的追捕，逃亡上海，經南京時曾拜訪明孝陵，並口佔一絕：「虎口餘生亦自矜，天留鐵漢卜將興；短衣散髮三千里，亡命南來哭孝陵。」由詩中可想見其節操與氣慨。

黃金川三台才女

陳黃金川女士，民前五年生於台南鹽水鎮，卒於民國七十九年，享壽八十四歲。為黃朝琴先生之妹，高雄聞人陳啟清先生之夫人，陳田錨、陳田稻兄弟之令堂。少時隨兄負笈東瀛，就讀精華高等女校。十八歲返台，師事鹿港宿儒施梅樵，研習漢學、詩文，著有《金川詩草》傳世。其詩內蘊深厚，風格多元，有「三台才女」之稱。如詠〈紅梅〉云：「疑杏疑桃兩未真，臉霞映雪艷無塵；東皇別具司花眼，第一濃妝第一春」。詞意清新，首句兩「疑」字，有驚喜之感。次句「霞」字緊扣題目「紅」字，並點出紅梅之美艷與高潔。結句兩個「第一」，不僅不嫌重出，且有節奏美感。又如「詩癖」云：「吟哦氣勢愛堂皇，不看尋常豔體章；莫笑深閨偏執拗，措詞蘊藉見才長」。一二句說他雖為女性，卻不喜歡豔麗粗俗的作品，而愛讀氣勢雄健堂皇的篇章。三四句說不要笑她是閨中的女子如此偏愛固執，因為只有內蘊深厚的作品，才能顯現橫溢的才情。由此可見其創作觀。又如〈壽施梅樵老夫子六秩今旦〉四首其一云：「春風絳帳記傳經，立雪門前仰典型；酒泛蟠筵千斗綠，篋存前代一衿青，縱橫才藻收河嶽，灑脫詩篇寫性靈，今夕閨中瞻北極，壽星朗朗耀文星」。施梅樵為前清秀才，生於清同治九年，卒於民國三十八年，為人磊落嶔崎，具有民族氣節。著有《捲濤閣詩草》、《鹿港集》。金川女士此一祝壽詩，首聯用馬融講學與程門立雪兩個典故，表示對其業師施梅樵先生之敬重。頷聯極言壽筵之美，及施先生的書生本色。頸聯頌揚施先生之才華豐贍，足以涵攝崇山大川；詩篇灑脫，足以直抒胸臆，表達性情。兩聯對仗工整，詩筆雄健。結聯進一步表達她對業師瞻望仰企之深，點出「壽星」與「文星」，二者互為輝映，朗照乾坤，年壽與文彩兼備，可謂善頌善禱，實已超越一般閨閣手筆。其餘如：「休嘆異鄉知己少，故園仍有素心人」。「詩思潮隨秋思冷，筆花艷逐桂花開」。真是佳句如潮，因限於篇幅，不及一一備述。

大陸人民日報徵聯

近據大陸友人函告〈人民日報〉有一則徵聯：「東迎華嶽，西接崑崙，南望祁連，北通大漠，越絲綢古道，溯漢武雄風，襟歐亞，射天狼，到此何妨同斟御酒」。上聯是以甘肅省酒泉市為題材。射天狼句：影指發射長程飛彈、火箭、衛星，氣勢一貫，筆調豪邁，實不易對。筆者友人以下聯相對：「漢使張騫，唐令李靖，宋膺仲淹，清遣左襄，開鐵運新途，創神州偉業，繞太空、擒玉兔，凌高姑且共攬銀河」。漢唐宋清的張李范左，都與西北事業有關。而李靖伐吐谷渾，范仲淹築白豹城以防西夏，都在甘肅境內，當能切題，惟四、五句接榫不穩，是其缺憾。盼各詩友另提供佳作。

老上司詩讚拙作

榮生、惠蘭賢伉儷惠鑒：新春接讀來書及附詩箋百餘首，經仔細閱讀因忙于瑣務，未曾即時作復，原擬將以往所撰「星沙集」四本寄來，（東橋按：早已由建中先生轉來收讀。）又恐吾弟調養期中增加心理負擔，故此擱置，待弟身體完全康復後再行寄來望弟遵醫囑安心調治，以現代科技進步醫學昌明吉人天相，天道浩生泉源無盡人壽過百，自必順利康復。吾弟在詩壇已大展長才《東橋說詩》一書問世已名響海內外，各方贊頌詩聯甚多令人羨慕。茲綴五言古韻一首，尚祈指正：

我讀東橋卷，珠璣字字奇，品評有獨到，碩學均心儀。

邵陽生花筆、風華滿臺西，卓見貫今古，傳薪起式微。
弘道興南國。詩心展白圭，寓教于褒貶，啓導人思齊。
文風驚兩岸，眾譽口皆碑，睿哲人增壽，作息兩相宜。

讀大著《東橋說詩》，獲益非淺，《天涯芳草》中吾弟詩十首前已細讀，甚為贊賞，我在此書中亦提供詩七首，係紐約僑領潘力生先生代寄者，潘公夫婦年九十囑寫壽序一篇近在芝加哥時報刊出，此一并寄上，連同近撰《太平天國給後代的啟示》一文及《太平天國的餘音》等，望在不費精神情形下一閱，且壽序中，因倉促寄出有些遺漏，此祝近安、望靜心休養，生活愉快，身體日漸康復。

闔府平安喜樂。

老鄉親　劉漢屏潤常偕眷敬復
芸彤錦心同此問好
二〇〇四年四月十日于芝加哥

晚唐兩首念夫詩

唐代是中國文學史上詩歌的黃金時代。詩人之多、作品之富，與風格之多采多姿，超乎任何時代。

據《全唐詩》記載，在全唐二千多位詩人中，女性詩人如薛濤、魚玄機、關盼盼、晁采、花蕊夫人等，即佔數十位之多。迄晚唐時，有一位名葛鴉兒的女詩人（其生平事跡，無從查考），她有一首〈懷良人〉的詩：「**蓬鬢荊釵世所稀，布裙猶是嫁時衣；胡麻好種無人種，正是歸時不見歸。**」這是懷念她丈夫並盼早歸的詩。首句指她蓬亂未及整梳的鬢髮，且用荊條做髮釵、實為世間所少見。這兩句顯示一位可憐的貧窮農家婦，也可能是一位「夫因兵亂守蓬茅，麻苧裙衫鬢髮焦」的苦命女人。三、四句指正值農忙好播種的時節，家裡卻無人耕種；該歸來的時候，不見丈夫回來，心中所表現的有多麼無奈，也可見晚唐時期，因軍閥的割據，一般民眾生活的疾苦。

晚唐另一位女詩人陳玉蘭，據記載她是王駕之妻。也有〈寄夫〉一詩：「**夫戍邊關妾在吳，西風吹妾妾憂夫；一行書信千行淚，寒到君邊衣到無？**」這也是懷念她丈夫的詩。詩一開始就說明她丈夫戍守邊關，她在江蘇一帶的老家。當秋風陣陣吹來，她即感到寒意，同時想起她遠戍邊關的丈夫，含著滿眶眼淚，寫信給她丈夫說，天氣已經寒冷了，問前次寄給她丈夫的寒衣收到否？字裡行間，流露著無比的關懷與深情。由此使我加以查稽，王駕是唐昭宗時河中（今山西永濟）人。字大用，大順年間進士，仕至禮部員外郎。與司空圖，鄭谷為詩友，自號守素先生。有否從軍守邊？是一疑問。此詩究對其夫所作，抑替他人代筆？不得而知。惟見其情真意切，詩意感人，特為敘錄。

王安石評孟嘗君

王安石有一極短篇之古文〈讀孟嘗君傳〉云：「世皆稱孟嘗君能得士，士以故歸之，而卒賴其力，以脫於虎豹之強秦。嗟乎！孟嘗君特雞鳴狗盜之雄耳，豈足以言得士？不然，擅齊之強，得一士焉，宜可以南面而制秦，尚何取雞鳴狗盜之力哉！夫雞鳴狗盜之出其門，此士之所不至也」。孟嘗君，齊國公子，養賢士食客三千人。入秦，被秦昭王囚禁欲殺他。他食客中能為狗盜者，夜為狗入秦宮，盜取所獻昭王的白狐裘，改獻昭王幸姬，姬為言於昭王，他才被釋放，即馳去，夜半至函谷關。關法規定：雞鳴才能開關。他恐被追至，客有能雞鳴者，一鳴而群雞皆鳴，乃得出關而歸。王安石此文可分四段：首言世人皆稱孟嘗君能得士，終憑其力從秦國脫險歸來，其次他嘆道：孟嘗君不過是雞鳴狗盜的頭目，不能算真得賢士。第三段他說假如不是這樣，憑著齊國的富強，只要能得一賢士，就可以制服秦國。最後指出雞鳴狗盜之進出孟嘗君門下，而真正的賢士便不願來了。寫短文看似比長文容易，實際不然。因短文必須針針見血，刀刀直逼要害，無多餘之迴旋空間。劉大櫆評此文：「寥寥數語，而文勢如懸崖斷塹，於此見介甫之筆力」。吳楚材亦云：「文不滿百字，而抑揚吞吐，曲盡其妙」。筆者認為此文之結語有千鈞之力，令人折服，是短篇專欄文示範之作。

五絕分古絕律絕

最近有位詩友與筆者聊天，他批評李白的〈靜夜思〉不合聲律，其實，據陝西師範大學霍松林教授在《歷代五絕精華》序言中指出：「五絕有古體、律體之分。古體不受近體平仄黏對束縛，一、二、四句或二、四句押韻，可平可仄。漢魏六朝已多佳什，後賢嗣響，沾溉無窮。唐代近體詩成熟，或以為自茲以降，古絕告退，律絕方滋，實則不然。初唐五絕名篇如虞世南〈蟬〉，駱賓王〈易水寒〉等，皆古體。盛唐五絕……如李白之〈王昭君〉、〈玉階怨〉、〈靜夜思〉；柳宗元之〈江雪〉、孟浩然之〈春曉〉……亦皆古體也」。由此可知，五絕不合聲律者，乃屬古體，而非律體也。當然，說來並非如此簡單，吾人不能隨便寫一首不合聲律的五絕，就能稱得上為古體五絕，這還得要看其內容是否「真情流露」，音韻是否「自然高妙」。正如霍先生另一指出：「竊以為初學五絕，宜先研練揣摩、熟諳聲律。當其能以景生情，緣情得句，或為律體，或為古體，自能因題制宜，各臻其妙。倘未辨平仄，淺嘗輒止，雜湊四句，而以古體自解，必無深造自得之時矣」。又浙江毛谷風教授亦指出：「五絕篇幅最短，容量最少，難以騰挪變化，施展學問才力，故其創作難度，大於七絕。此體務求言簡意賅，含蓄無盡」。所以凡能了解此中秘訣者，才能將五絕寫得最好最妙。

方子丹九十書懷

詩老方子丹教授，今屆九秩高齡，猶吟詠不輟。近作〈九十自況〉七絕四首，〈九十書懷〉七律二十首，真是大手筆，無論就意境與詞藻言，均達極詣。他詩中自述：「老驥猶堪負載馳，頑軀頗詫是天遺」。「詩家似少九旬人，李杜蘇黃總望塵；獨有放翁年最長，算來仍欠五芳春」。的確，在我國歷史上之高齡大詩人，如唐之白居易，不過七十五歲；宋之陸游，不過八十五歲；明之沈周，不過八十三歲；清之沈德潛雖臻九十七歲，但晚年幾已不能作詩。其餘如李、杜等人，論年壽更不在話下。像方老九十高齡而身強筆健者，應屬異稟；

而離開政壇、黌宮後，仍在家設帳授徒者，（受教者均為現任大學中具有學位之年輕教授），更屬僅有。在他九十年的生涯中，當然有許多值得稱許的事，如：「當年稷下論儒雅，不佞無端薄有聲」。「細數生平雜鵷鷺，謬推老朽是龍夔」。「平生所著吾能審，不待悠悠定論時」。這當然是指他在行政院任參議時，參與多任院長密勿，退休後應聘為輔仁大學、文化大學華岡教授，與所著詩文受人欽敬及獲中山文藝獎而言。其次亦有不少感慨，如：「鴻儒道毀黃鐘棄，市儈名高瓦缶賢」；「細參獨立與偏安，兩者幾乎不異端；容我淺斟桑落酒，看他相奪竹皮冠」。這指苟且偷安，世風日下，市儈得志，冷眼旁觀而言。其次亦有不少難掩的哀傷，如：「篇中永誌傷懷語，夢裡家山淚不收」；「闌珊此意將誰語，袖手憑欄送夕陽」。此自是指思念家園，晚境落寞而言。再其次是對人生苦短，榮華過眼，感到虛無，如「幻世非真要非妄，浮名多累亦多餘」；「妙解彭殤同一視」，「夢華欲錄渾無跡」。如此佳句不及盡述。據聞他的《棄井盦九十以後詩續集》不久將要付梓，以及淡江大學陳慶煌教授，有意將他的詩集，「提供為上庠諸生學詩的津梁」，「若有機緣，當指導學生撰寫『棄井盦詩之研究』等之學位論文」。此皆為他最欣慰之事。他希望古典詩學，能有好的傳承，能更發揚光大！

王維千山響杜鵑

清·沈德潛所著《說詩晬語》云：「王右丞『萬壑樹參天，千山響杜鵑；山中一夜雨，樹杪百重泉』。……為龍跳虎臥之筆，此皆天然入妙，未易追摹」。這的確是好詩。尤其

「響」字下得絕妙！其次在四句詩中，每句都嵌入數字，如「萬壑」、「千山」、「一夜」皆佳，惟第四句「百重泉」有待商榷，何則？因樹的數量應比山多，既然是「千山」矣，則樹杪枝葉之流泉何止「百重」！筆者認為不妨將首句「萬壑樹參天」，易為「群壑樹參天」；第四句「樹杪百重泉」，易為「樹杪萬重泉」較為合理。或者有人說：「百重泉」指一顆樹而言，並非指所有的樹，若此則更不通矣。

周春堤憶江南詞

周春堤先生，江西人，係周邦道先生之四公子，據說生於民國二二年？台灣大學歷史系畢業，美國威斯康辛大學地理博士。曾任台灣省政府經濟動員會主委，文化大學客座教授等職。他雖研究史地，但對詩詞亦有甚高的造詣。如丙午年立秋日所填的十六闋〈江南憶〉詞云：「江南憶，最憶是金陵，煙雨六朝雞埭下，莫愁玄湖滿荷菱，鐘阜月初升」。「江南憶，最憶是西湖，千樹垂楊殘照裡，一般吳語夜呼盧，燈火望姑蘇」。「江南憶，最憶是湘潭，底事桃花臨水笑，多情湘女髮輕鬖，摘菜動盈籃」。「江南憶，最憶漢陽秋，黃鶴樓頭尋古句，武昌魚好便淹留，顎堵泛輕舟」。「江南憶，最憶小姑山。林淺庵黃江水綠，山孤僧老燕子閑，一葉水雲間」。「江南憶，最憶是蕪湖。有女當鑪雞膾好，新收烽火酒盈壺，難忘泊船初」。「江南憶，最憶是洪都。南浦千帆江漲急，西山細雨綠疏梧，絃管酒家胡」。「江南憶，最憶是虔州。八境台前堪遠眺，水西門外酒如油，醉上小魚舟」。「江南憶，最憶是羊城。海角紅樓爭啖荔，黃花岡上少人行，意氣未能平」。「江南憶，最憶是盧陽。端午龍舟筠粽緊，上元燈火鬧城隍，寒食菜花黃」。「江南憶，最憶石峰青。大小兩江春網急，囊螢館裡夏飛螢，魚市一江腥」。「江南憶，最憶老東門。獅鳳山坡風雨急，千山遙翻夕陽深，景物逼黃昏」。「江南憶，最憶是綿紅。老虎崖前多祖塚，八公堙上老村莊，李綠又梨黃」。「江南憶，落拓少年行，歲月蹉跎顏易改，歸去鬢髮可猶青，懷抱向誰傾」？「江南憶，何不上河梁，卍字閑排迎朗月，笑偎幽樹晚風涼，蜜語向東牆」。「江南憶，何不對吟哦。但望老來腰腳健，扶卿漫步上嵯峨，風雨共披簑」。從以上十六闋詞中，可見周先生筆觸之清新，意境之幽遠；大陸河山之壯麗，各地風俗人情之特殊，真令人嚮往。但韶光易老，當他重遊舊地時，縱然腰腳健朗，夫婦同訪崇阿勝景，遇上風雨，相扶披簑，那也是白髮晚景，少年時代已不再矣。

裘萬頃捷才題詩

裘萬頃，南宋時新建人，字元量，有孝行、節操學問，純粹一本於正。淳熙進士，有《竹齋詩集》。他幼時即有捷才，名聞鄉里。一天，有三位仕女慕名來求詩。其中一位手執團扇請以扇為題，他不加思考，便寫道：「常在佳人掌握中，靜時明月動時風；有時半掩佯羞面，微露胭脂一點紅」。另一位執葫雁箋，請以葫雁為題，他又寫道：「六七頁葫秋水裡，兩三個雁夕陽邊；青天萬里渾無礙，衝破寒潭一抹煙」。第三位執針繡請以為題，他亦寫道：「一寸鋼針鐵作成，綺羅叢裡度平生；若教童子敲作鉤，鉤得鮮魚便作羹」。其中以第一首寫得最佳，第三首較弱，如此捷才，真屬不易。

宰相翰林兩神童

李東陽，明朝茶陵人，字賓之，號西涯，天順進士。孝宗時官至文淵閣大學士，參預機務，多所匡正。受顧命大臣，輔翼武宗，立朝五十年，清節不渝。當劉瑾弄權時，東陽潛移默禦，保全善類，卒謚文正。為文典雅流麗，工篆隸書。自明興以來，宰臣以文章領袖群倫者，楊士奇之後，東陽一人而已。有《懷麓堂集》、《麓堂詩話》、《燕對錄》等。又同時代之程敏正，字克勤，詔讀書翰林院，成化進士，直講東宮，學問賅博，為一時冠，孝宗時擢少詹，直經筵，官終禮部右侍郎。有《新安文獻志》、《宋紀受終考》、《篁墩集》、《詠史集》、《唐氏三先生集》等多種。傳說李東陽與程敏政，幼時俱為神童，同時為景帝召見，因宮殿門檻太高，他跨不過去。景帝說：「神童足短」。東陽立答：「天子門高」。帝甚喜，將東陽抱置膝上，時李父侍立一傍，帝又說：「子坐父立，禮乎？」東陽立答：「嫂溺叔援，權也。」時恰進貢螃蟹者，景帝即出一題：「螃蟹渾身甲胄。」程敏政立答：「鳳凰遍體文章。」東陽答以：「蜘蛛滿腹經綸。」帝又出題：「鵬翅高飛，壓風雲於萬里。」程答：「鰲頭獨佔，依日月在九霄。」東陽則答：「龍頭端拱，立天地之兩間。」帝見二人才思敏捷，語氣豪邁，笑說：「他日一為宰相，一為翰林。」後來果如帝言。

當空聽月最分明

張鐵民教授《詩學講義》談及昔有一青年塾師，設館於三家村。有東家建一樓成，請該塾師為樓命名。該塾師年輕好勝，暗想：若以「望月樓」，「賞月樓」或「玩月樓」等命名，雖合適，但太熟且平淡無奇，難顯己之才華，遂以「聽月樓」命名並題匾懸之。其地方人士及來往行人，見其樓曰「聽月樓」，一時譁然，咸認其名不通。而該塾師亦強辯之曰：「我為張玉書弟子，從其學淵源深矣。今以『聽月』為樓命名，非飽學之士不能解也」。眾人不服，仍續評其非。此事遠播開來，竟連張玉書亦受到連累。皆曰：「張玉書怎麼教出這種不通的弟子？真太失面子了」。按張玉書此時正任清朝文華殿大學士，一日便服返里過其境，聞此謠言，遂探訪該塾師，問曰：「樓名『聽月』出何典」？塾師答曰『惟吾師張玉書其能知之』。張又問：「張玉書爾識否」？塾師答：「伊為吾師，豈有不識之理」！張曰：「我即張玉書」。至此該塾師「噗通」一聲跪下，曰：「請師饒恕」！張憫其用心良苦，乃以「聽月樓」為題，代作七律一首以解圍：「百尺高樓接太清，當空聽月最分明；金蟾繞桂千年舞，銀兔搗丹九轉成；樂奏瓊宮音細細，斤擎玉宇響琤琤；吳剛弄斧東風起，吹落姮娥笑語聲」。詩甚切題，惟第四句孤平，似不妨改「搗丹」為「椎丹」或「熬丹」較宜。

瀛社九十周年慶

瀛社乃台灣社齡最老之詩社。為慶祝創立九十周年社慶，特訂於民國八十八年三月廿八日假台北市濟南路一段六號開南商工職校大禮堂召開全國詩人大會，報名參加人數，已逾四百餘人，屆時將有一番盛況。大會首唱課題為：〈詩幟飄揚九十秋〉，七律平韻三十韻任擇一韻。次唱於大會當日現場公擬。按瀛社創始於前清宣統元年，當時台灣尚為日人盤踞，而《日日新報》漢文部同仁為保存國粹，遂有籌設詩社之議。旋於民國前三年花朝，集北台詩人開成立大會，公推洪以南先生為社長，其主要成員有謝汝銓、魏清德、林佛國等一百五十餘人。與當時台中霧峰之櫟社，台南之南社，成鼎足之勢。嗣後南社因故老凋謝而告中輟，櫟社於光復後亦因傅鶴亭、林灌園兩社長相繼辭世而寢聲。惟獨瀛社屹立至今，活動未曾稍戢，實屬非易。一般僉謂吟讀唐詩宋詞，若用國語，有時會覺拗口而無法協韻，然如改用地方語，聲調即變成鏗鏘悅耳，而韻亦不覺其扞格。此乃因地方語仍保有唐宋時期之語音及聲調之故。目前各級學校之教學，如能聘請具有聲韻素養之傳統詩人擔任，以唐宋詩詞及四書等教材，用朗誦或吟唱之方式教學，將可收潛移默化之功。當此社會倫理道德式微，物質文明日新月益，而精神反覺空虛之際，學詩讀詩，未嘗不是導人心趨向溫柔敦厚與美化之不二法門。

明建文帝傳出家

明洪武三十一年，朱元璋駕崩，太孫朱允炆繼位，時年二十二歲，是為惠帝。但繼位未久，其四皇叔朱棣，在北京起兵謀反，於建文四年六月攻陷京師（今南京），谷王朱橞及李景隆開城門迎降，宮中火起，惠帝不知所終。但據野史及《高僧傳》、《釋民稽占略》載，惠帝當時剃髮換上袈裟，化名楊應能從小門出去。隨同出去者，尚有兩位剃髮化名應文、應賢的監察御史。他們從湖南、四川而雲南，再入廣西到橫州南門壽佛寺。在該寺住十五年之久。每次陞座說法，歸者甚眾，法緣頗盛。後復至南寧住於一蕭寺中，追隨聞法者僅知他是道高望重的應能法師，而不知他是建文皇帝。建文雖出家，但最初時他猶難忘懷過去一切。

他有一詩記其事云：「閱罷楞嚴磬懶敲，笑看黃屋寄團瓢；南來瘴嶺千層迴，北望天門萬里遙；款段久忘飛鳳輦，袈裟新換袞龍袍；百官此日知何處，惟有群鳥早晚朝。」起聯說唸完楞嚴經後，連缽盂也懶得去敲，而天子的車卻寄寓在茅舍中，總覺好笑。頷聯說他南來重山疊嶺，回看京師極為遙遠，其中「迴」與「遙」合掌，筆者認為「迴」改「疊」為宜。頸聯之「款段」，詳《漢書》：「御款段馬」，意謂馬行遲緩。袈裟句：係倒裝。結聯說群鳥早晚飛來，總想起他做皇帝時百官朝見的情景，但如今百官何在呢！此詩似為後人偽託。

龍冠軍詞勝於詩

詩老龍冠軍先生，湖南長沙人。民前三年生，現已九十二高齡。軍校六期，陸大將官班三期畢業。曾任中華文藝協會理事長，世界詩人大會代表團長兼朗誦主席，中國文藝聯誼會長、前民族晚報南雅詩壇主編。現任軍校六期同學會長，中華學術院詩學研究所委員。他早年得志，卅歲即獲晉為少將副師長。為人剛直耿介、正義，因開罪權貴，致中年後宦途略顯坎坷，但常以詩詞以見志。他的詩詞雙絕，其詞尤勝於詩，曾榮獲國際桂冠詞人。如《浣溪紗》詞云：「夜渡黃河敵未驚，當年探險日軍營，將軍匹馬雪行輕。棧道難通山石落，衰情無計髮翻青，太陽偷又炫天晴。」詞意豪邁沈雄，可比美稼軒。結句佳妙，「偷」「炫」二字，尤見功力。詞中這位勇毅匹馬的將軍，應為其自道。又如〈水龍吟〉云：「平生嫉惡如仇，偏偏觸目千般惡。毒蛛張網，青蠅污壁，冷丸彈雀。末世凋年，逆兒暴母，父遭子斫，盡倫常乖變，綱維摧毀，親背棄，友糟粕。不恨天生強弱，恨今人，鑄心涼薄。凌孤恣暴，逞私戕義，演成狂虐。莫挽淪胥，空懷幽憤，沈沙千鎮。對殘山賸水，那堪衰眼，看梅花落。」此為譴責台南逆子王文亮暴母及多起逆子弒父所作。亦為痛心此一社會「鑄心涼薄，逞私戕義」，以致「演成狂虐。」結句「看梅花落」係比興手法，形容世風日下。「那堪衰眼」四字，何等沉痛！又如〈于飛樂〉云：「骨嶙峋，容秀婉，質雅神清，人中鳳，乍見還驚，記當年，曾嚙臂，金玉為盟。真情相許，耿難忘，初嫁雲英。好姻緣，早訂三生。紗窗憶，歷盡艱辛；苦糟糠，賢伉儷，白髮情人。綢繆深義，定天貽，百壽同春。」此為贈其夫人胡彩英女史所作。上闋寫其夫人之賢淑婉慧，及相愛結婚之情景。「嚙臂」二字，絕妙有趣。下闋回憶其半生苦甜與共之情景。如今雖然白髮飄蕭，但仍恩愛如恆，如此良緣，世間有幾？但願他們百歲同春，樂享桑榆晚景！龍老之詞，佳構甚多，可能積稿有三百餘闋，筆者盼其早日付梓，以嘉惠後學。

參觀日本詩書展

日本清真會詩歌自詠書法展，於民國八十八年七月廿七日至卅日在國軍文藝活動中心舉行。承曾銘輝賢棣之邀，前往觀賞；並承傳統詩學會張名譽理事長國裕介紹，認識日本清真會理事長金子正先生。在全場近七十幅書展中，真是琳瑯滿目，各種正楷、行書，草隸，男女書法家兼詩人皆有。最值得一提的是一名首藤遠昭的小朋友，才十一歲，就讀日本國小五年級，他的詩作是〈秋日偶成〉五絕：「秋光山色美，野菊帶斜陽；樹上殘蟬噪，微風入室涼」。不僅詩好，書法亦甚老練。由此可見日本對漢詩文學書法的追求與嚮往。反觀國內人士，卻不太重視自己固有的藝術文化，誠不勝感喟！

李賀魂歸白玉樓

李賀，字長吉，中唐時傑出詩人，七歲能詩。韓愈，皇甫湜詣其家，使面賦詩，援筆立就，如宿構，自題曰：〈高軒過〉，二人大驚，從此聲名大震。他每日早出，騎一弱驢，後跟一小奚奴，背古錦囊，得句即投其中。暮歸，母探囊所書甚多，怒曰：「是兒要嘔出心乃已耳」。他乃富創意之詩人，其名句如「天若有情天亦老」，「雄雞一聲天下白」。千餘年來，一直膾炙人口。但由於其詩想像奇特，造成險拗，使後人感到難以暢讀。以父名晉肅，為避諱，不肯舉進士。憲宗朝為協律郎，晝見一紅衣人持一板，書「上帝成白玉樓，召君作記」。遂卒，年僅二十七。有《昌谷集》。前所舉李賀《高軒過》詩云：「華裾織翠青如蔥，金環壓轡搖玲瓏；馬蹄隱耳聲隆隆，入門下馬氣如虹。云是東京才子，文章鉅公。二十八宿羅心胸，元精耿耿貫其中，殿前作賦聲摩空，筆補造化天無功。龐眉書客感秋蓬，誰知死草生華風；我今垂翅附冥鴻，他日不羞蛇作龍」。一至四句說：韓愈與皇甫湜這兩位大文豪，穿著華美的青衫，騎著高駿的馬，在金環叮噹與馬蹄得得聲中，氣概如虹霓般來到他的家門下馬。第五、六句「東京（洛陽）才子」指皇甫湜，「文章鉅公」指韓愈。第七至十句說：韓、皇兩人經綸滿腹，精氣內斂，在皇帝面前奉命寫作，筆力有參補造化之功。朗誦之聲上達雲霄。第十一至十四句，說他自己像秋天將萎的草，遇著生意盎然的和風；也像疲倦垂翅的鳥，跟隨著高飛入雲的鴻雁，將來可不會慚愧是蛇卻冒充為龍呢！據《摭言》記載，李賀作此詩時，年僅七歲，但亦有人（如王琦）懷疑其年齡有誤，認為他寫此詩時應為弱冠之年，既使弱冠年有此天成之作，亦屬「戛戛乎難矣」。他的另一詩〈梁公子〉：「風采出蕭家，本是菖蒲花；南塘蓮子熟，洗馬走江沙。御箋銀沫冷，長簟鳳窠斜；種柳營中暗，題書賜館娃」。此乃描寫一個青族子弟在軍中的優閑放縱生活，不僅形象豐富，格調優雅，而且含蓄諷刺，有高超的藝術境界。

楊明宇先生來函

東橋先生：今年一月廿二日，曾購得先生大著《東橋說詩》後，即陸續展讀，歷經三月之久，始將大著一一閱畢，並擇要誦讀，雖曾咀嚼再三，亦欲一口盡吞，終因學力淺薄，資質魯鈍，所知仍是一知半解，囫圇吞棗而已。但對先生博厚專精之學，謙謙士範之風，日運月行之勤，言簡意賅之文，在在令人欽仰，教人讚佩。茲將讀後所感，草成隨興打油詩一首奉上，自不量力之作，荒腔走板，望勿見笑，並請賜正。」楊先生以前並未向新苑投過稿，亦未向筆者購買拙作，他所閱之《東橋說詩》，可能向當地書局購得。他對筆者溢美之詞，至為心感。他的大作，刊本日新生詩苑。（選入本集附錄五詩友溢美篇）

趣談須引人發笑

說笑話可吸引對方的注意，提高聽者的興趣，諷喻一些人和事，且能輕鬆地表達嚴肅的哲理。善說笑話的人，他能使別人哄堂大笑，甚至笑彎了腰，但他自己卻作古正襟，頂多面露微笑，此應屬說笑話的高手。反之，不會說笑話者，別人聽後不覺好笑，而他自己卻先笑了。我國有本專說笑話的書，名《笑林廣記》，雖具趣味性，可惜格調不高。猶記數年前中央副刊徵求〈趣談〉，其中有幾篇富趣味性且格調甚高，值得一談。譬如湯策先生寫的〈愛情三草〉云：「教大一國文的呂教授，最喜歡傳授我們一些交女友妙訣，有一次他又向我們這群剛從成功嶺下來的土小子授業解惑：『愛情嘛，有三草：兔子不吃窩邊草，好馬不吃回頭草，天涯何處無芳草。』有位同學起立反問：『老師，我記得您曾說過，師母是您中文系的學妹……』「這個……」呂教授猶豫片刻，笑道：『師母怎麼會是草，師母是花呀！』可見這位呂教授的急智與幽默感。又如東靖先生的〈比基尼式〉云：「葛敦華將軍多年前參加海軍南部某單位的部慶，在茶會中應邀講話，他說：『林語先生主張演講要像小姐們的裙子，愈短愈好。而我卻主張採比基尼式的，祇有三點：第一點……第二點……完了，謝謝！』有人問第三點為何沒有講？他回答：『既然是比基尼的，其中必有兩點相同，就不必重複了』。這則趣談也非常好，尤其是結尾，有意外引人驚喜，令人捧腹。又如吳錫銘先生的〈祇懂英語〉云：「日前，與好友李君同往飯店參加朋友婚禮，走到櫃台，請教服務小姐某廳如何走，服務小姐愛理不理地擺出一付不耐煩的面孔。適有洋人也走過來詢問，服務小姐立即滿面笑容的回答。恰在此時，懸在櫃台旁的鸚鵡正在學語亂叫，李君不禁怒斥：「SHUT UP!」我問李君，為何用英語罵牠？李君大聲應道：『跟這種畜生講話，只有用英語，牠才聽得懂！』這是一則諷刺深刻的寓言，說來痛快淋漓，但不能列為趣談。筆者亦有一則趣談，題為〈嘮叨〉，特錄殿後：「隔壁的趙先生，修養好，不管趙太太怎麼嘮叨，從來不生氣，頂多回一句：『老伴，有得完沒有？該休息了吧！』可是趙太太的聲音卻越來越大。最近，好久未聽到趙太太的嘮叨了，原來是趙太太偷看了趙先生寫的一首詩：『相伴嘮叨自有緣，嘮叨半世意纏綿；勸君休厭嘮叨苦，寧願嘮叨到百年。』」此在強調夫妻相處，要互相忍讓、諒解。所謂一凹一凸的螺絲釘，才能相固在一起，硬碰硬的象牙撞球，那能在盤子裡相吸呢！拙文能邀得中副編者的清睞，也許還有點啟示性，發布不久，又接到香港《讀者文摘》的來函，徵求轉載，而轉載的稿費較原載多出一倍，實屬平生快事。

詩詞革新的走向

最近讀到《乾坤》詩刊中廖平波先生的〈試論當前詩詞革新的走向〉一文，其中有二段極精闢的論點：「現在一些專家學者的某些詩詞，不僅一般讀者讀不懂，就連某些大專文化程度的人也難窺其堂奧。即使是陽春白雪吧，那恐怕也只能藏之名山，傳諸其人矣……」接著他又提出改革意見：「首先是從語言上狠下工夫，力求口語化，大眾化，要讓群眾聽得懂弦上音，看懂句中義，然後才能談得上追求弦外音，味外味。否則長期脫離群眾，孤芳自賞，不是在普及的基礎上提高，便會在提高的主觀願望下斷送詩詞前途。」這些話，真是金聲玉振，一針見血，與筆者一貫的主張不謀而合。廖先生除了主張詩詞口語化外，還主張用韻現代化，篇幅短小化，趨向民歌化。其中除用韻及篇幅因涉及問題較廣不引述外，在趨向民歌方面，他說：「詩詞要靠攏群眾爭取讀者就必須向民歌學習。學習它生動潑剌的語言，天籟般和諧的韻律，明快的節奏……」最後他舉大陸詩詞大賽中，有些作品很有民歌的風味，獲得一般的好評。如：『新月含羞柳上藏，農民技校夜輝煌；阿嬌賣菜歸來晚，一嘴饅頭進課堂。』又如：『手挽長藤扎木排，巧逢情妹洗衣來；笑容掉進湘河裡，一朵芙蓉水底開。』極富浪漫色彩與詩情畫意。筆者認為其表現手法，雖通俗卻不傷雅，值得參考。

王熙元博士口試

王熙元先生，字孟遠，湖南湘鄉人。民國二十四年生於南京。畢業於台灣師範大學國文系及國文研究所，五十九年獲國家文學博士學位。曾任台灣師範大學教授，系主任，研究所長，文學院長等職。他的博士論文題為《穀梁范注發微》，約五十萬言。他自述博士學位口試經過時說：「口試委員除所長，指導教授（高仲華），另有戴靜山、熊翰叔、程旨雲、鄭百因及華仲麐先生。由戴先生擔任主席，他們都是學界前輩，個個都學富五車，真怕他們問的問題答不出來。果然鄭先生問古代有兩位徐邈知不知道？我老實說不知道。又問鄭康成的老師是「第五元」還是「第五元先」？我也無法確定。熬過三個小時，終以九十三分獲得通過」。根據史書記載，我國古代確有兩位徐邈。一為三國魏時薊人，一為晉朝時姑幕人。前者字景山，曾為尚書郎，魏文帝時歷典州郡，齊王曹芳立，拜司空，固辭，卒謚穆。後者家京口，勤行勵學。晉孝武帝招延儒學，謝安舉以應選。由中書舍人累官驍騎將軍，至於從政。晚年丁父憂，而他卻先遭疾患，因毀遂卒。所注穀梁傳見重於時。至於鄭康成的老師，應為：第五元先，後漢時人。精通京氏易，公羊春秋，三統曆、九章算術。由此可知鄭百因先生所問之兩個問題，皆與其論文題《穀梁范注發微》有關，並非問出題外。

王鳳池素雲樓集

王鳳池先生來函：「大著《東橋說詩》，內容豐富，評論公允，文字深入淺出，長幼咸宜。拜讀一過，獲益良多，無任感佩！愚不善說詞，更不善屬文。有三點不能已於言者，茲條述如後：一、先生的獨自創見：大文「張繼〈楓橋夜泊〉試解」（正文十頁），旁徵博引，自有見地，（所譯白話詩，亦甚完美。）愚深服「倒敘」之說也。二、先生的正當堅持：大作〈孤帆遠影碧空盡——談敦煌本與國中課本一句詩〉（正文三十一頁），觀諸過去各種版本唐詩皆作「碧空盡」，而台灣某些學者卻閉門造車，想當然地改為「碧山盡」，不值識者一笑，愚生長在武漢，多次站在黃鶴樓址，俯瞰江漢，極目千里，從未見長江遠處有孤帆遠影「碧山盡」者。三，先生的溫柔敦厚：大作〈秋瑟瑟一詞正解〉（正文二四五頁），末二句謂：「楊氏解樂天之『秋瑟瑟』為『秋色碧』固佳，然解為風聲亦未嘗非是。」先生實在太溫厚了。按「秋瑟瑟」一詞，在〈暮江〉中解為「碧色」固佳，但在〈琵琶行〉中則非是，因該詩首句即點明「潯陽江頭夜送客」。白天是顏色的世界，夜晚是聲音的世界，是知在〈琵琶行〉一詩中，解為風聲為正確也。（餘略）」按王先生係陸軍官校二十四期畢業，高考普通行政人員及格。曾任公務員、編輯、中學教師等職。著有《素雲樓圖文集》，他對筆者之謬許，至為感篆。

鄧璧詩白描深微

鄧璧詞兄偶因頸部腫脹，住台大醫院診療，並有詩記其事：「病從頸項暗來侵，為究根源仔細尋；驗實先教針引血，取圖還藉電連心；瞄能橫掃層層斷，滴自高懸點點滲；良護良醫頻探診，痌瘝懷抱感人深。」首聯說明發病與住院的原因。頷聯及頸聯說明檢查病情的程序，包括：驗血、作心電圖、掃瞄、打點滴，最後點出醫護人員的愛心照顧，也就是詩的主題——仁心仁術。住醫院幾乎是一般人都有過的經驗，但能用律詩來表達而表達得如此深微完美者，卻屬僅有。詩未用一個典，全係白描，充分表現高度的遣詞用字技巧。也是琦君女士所謂「人人心中所有，人人筆下所無」的手法。

姚植哭母莫亡妻

承姚植先生贈其《蕉溪吟草》集已一年多了，最近始抽暇閱畢，並略抒所感。姚君祖籍湖北來鳳，現籍台灣花蓮市。少習師範，旋乃從軍來台，於民國四十四年解甲後，即步入杏壇，服務花蓮教界卅餘年。現任蓮社常務理事、總幹事、中華楚騷研究會理事長，中華詩學研究會理事等職。他勤學不輟，常年弘揚詩教。其詩如〈春酌〉云：「椒觴迎歲總悽然，羈滯花蓮四十年；顎堵兒孫傷阻隔，臺灣骨肉慶團圓；惟期兩岸開誠議，莫遣全民感慨牽；倘若今朝能一統，焚香百拜謝蒼天。」元日椒酒迎春，本屬喜事，但酒杯中總帶一份感傷，原因是滯留他鄉四十餘年，不能歸去。頷聯說他兩岸都有兒孫，但一為分離，一為團聚，憂喜參半。頸聯及結聯期望兩岸開誠協商，俾早日和平統一，此不僅為其個人願望，亦為全民願望。又如〈哭雲卿〉云：「傷心舉爵祭雲卿，拭眼難禁淚雨傾；丁亥離家分破鏡，壬辰返梓悼荒塋；蘭閨空寂芳姿杳，野塚依稀蓮步聲，聞汝臨終猶盼我，唏噓痛此失鴛盟。」此為其返鄉悼亡所作。「離家」原為「離妻」，「空寂」原為「卻已」，經代價易後，對仗較工穩。按姚君於民國卅六年與其夫人分袂，至八十三年探親歸來，其夫人已是荒塚一坏，此種悲情，乃屬時代劫難，豈獨姚君而已。臨終句：應是親鄰轉告姚君者，自有椎心之痛！又如〈哭母〉詩：「經聲鉢響繞壇場，面對蒼天哭老娘；昔日操勞幫媳想，終身苦累為錢忙；傷心痛入幽冥地，飲恨難忘海峽鄉；恭向靈臺三奠酒，含哀敬獻返魂香。」首聯述其為母誦經超度哀傷之情景。頷、頸二聯，述其母一生為衣食操勞，至臨終時，所最難忘懷與飲恨者，乃海峽對岸之愛子未歸。結聯上香致哀，充分表現其孝思不匱之深情。其餘如〈哭父〉〈哭埋兒〉〈哭兄嫂〉之作，亦皆悲愴無限，令人同情洒淚。據說姚君自杏壇屆退後，本著終身學習之精神，以勤練詩作為生涯，苔岑交歡，廣結詩緣。間或赴歐亞各地旅遊，每到一地，皆有詩作，晚景極為愜意云。

韋仲公懷鄉夢多

據張教授夢機告知：韋仲公已過世！韋先生字蒹堂，民國十六年生。江蘇鹽城人，東吳大學哲學系教授，著有《北來堂詩》《芝山詞》《佛學概論》《道家哲學》等書。他的詩如〈心境〉云：「一椎博浪事尋常，倚劍燈前說舊瘡；久亂人情多冷漠，殊鄉風物有悲涼；論交半是耳當目，入世寧能狷更狂；悔聽橋邊呼孺子，欲從黃石已茫茫。」他有按語云：「……境皆幻也。境中之事，有而無有，無有而有，知我者當能知之。」這段話解得極玄，也許只有了解他的人才能懂吧！其他佳句如：「愧我猶揮故國淚，看人多作美洲行」、「功勳有命歸年少，鄉國逢秋入夢多」。由此可以想見其心境。

蘇雪林享期頤壽

文壇耆宿蘇雪林教授，已於民國八十八年四月二十日逝世，享壽一百零四歲。蘇教授祖籍安徽太平，生於民前十五年，北平高等女師肄業，法國里昂國立藝術學院畢業。曾任滬江大學、安徽大學、武漢大學教授。來台後，任台灣師範大學、成功等大學教授。著有《唐詩概論》、《遼金之文學》、《玉溪詩謎》、《屈原與九歌》、《天問正簡》、《楚騷新詁》、《崑崙之謎》、《屈賦論叢》、《中國文學史》、《南明忠烈傳》、《燈前詩草》、《棘心》、《綠天》等書四十餘種。曾獲教育部文學獎、中山文藝獎、國家文藝獎等多項。蘇教授在我國文壇影響深遠，屬國寶級的人物。當蘇教授寫作滿五十周年時，故考試委員成惕軒曾賦詩四首為賀。茲錄二首如後：「不因鼙鼓廢絃歌，偏愛縑緗薄綺羅；五十年來勤著述，眉山今有女東坡」。「一篇錦瑟費沈吟，誰識青天夜夜心；解向詩中探隱秘，攀南異代有知音」。第一首謂蘇教授才華橫溢，可說是今日女中蘇軾。五十年來，不愛華麗妝飾，而偏愛讀書、教書、寫作，且不因戰亂而間斷。第二首是說李義山的詩如〈錦瑟〉、〈嫦娥〉等篇，隱晦難懂。但蘇教授所著《玉溪詩謎》一書中，一一加以探秘破解，堪稱為李義山的知音。李義山著有《樊南文集》，結句故云。又蘇教授百齡時，方子丹詩老亦有詩讚云：「掃眉才子真堪數，享壽期頤世所稀；織錦人依黌舍老，橫經士向杏壇歸；一門桃李承衣缽，萬卷縹緗吐玉璣；綵筆猶能干氣象，芸窗遙接婺星輝」。首二句謂古今以來，女子之能文學者甚多，但能享百齡之壽者卻屬少有。三句語意雙關，織錦人本指古代才女蘇蕙，曾有迴文織錦詩，但此卻指蘇教授而言。四句謂其門生眾多，執經問難之情景。五句「一門桃李」，與上句「橫經士」相照應。六句謂蘇教授著作等身，且字字珠璣。七句沿襲杜詩「綵筆昔曾干氣象」。結句謂蘇教授之書齋與天上之婺女星遙相輝映，暗示長壽之象徵。兩位大詩人之頌讚，均甚中肯，可概蘇教授之生平。

郭良蕙談忌妒心

郭良蕙女士在一本小說中說過：「任何人都會忌妒比自己優越的人，特別會忌妒自己的朋友。因為越和自己接近的人，越容易比較和競爭，比較和競爭之下，佔劣勢的不快，產生了忌妒。」最近又看到某女士的文章中亦云：「多半時候，我們的不快樂，是源自於和別人比的心態，而忘了自己所有的。我們的目光老是盯在別人所擁有的東西上，不自覺的將自己陷落在一種比較與計較的難堪情景中。」但我們的古人對此一問題的處理，卻極高明：「人騎馬，我騎驢，騎馬騎驢自不如；回頭又看推車漢，比上不足下有餘。」我們不要老是將目光向上看，要多向下看，就會心平氣和知足常樂。

劉蓉千山一臥龍

劉蓉，字孟蓉，號霞仙，清．湖南湘鄉人。少即瑰琦自負，不肯隨俗浮沈。與同邑曾國藩，羅羅山究心程朱之學，通古今之變。但時運偃蹇，當曾國藩一帆風順由秀才、舉人、進士並點翰林時，而劉蓉卻未青一衿。縣令朱孫詒聞其賢，陰使其父督就試，補弟子員第一。

此一情形，曾國藩在〈答李生〉一首古詩中略加述及：「我年廿四登鄉貢，始與劉蓉相追陪。延津雙劍忽會合，深夜掛壁鳴風雷。勳名自謂凌管樂，文采何曾怯鄒枚。豈知羲和鞭日月，頭上光陰火急催。老劉偃蹇不稱意，酸寒一衿初受裁。我雖置身霄漢上，器小僅儕瓶與罍。」前六句之少年意氣，壯志豪情，躍然紙上。曾國藩官京師時，常在家書中讚譽劉蓉，如「霞仙今日之身分，則比等閒之秀才舉人高矣。」又有〈懷劉蓉〉一詩云：「我思竟何屬，四海一劉蓉；具眼規皇古，低頭拜老農；乾坤皆在壁，霜雪必蟠胸；他日余能訪，千山捉臥龍。」可見曾國藩對劉蓉之欽崇。果然，太平天國事起，曾國藩奉旨在鄉辦團練平亂，經千方百計，敦促劉蓉這條臥龍出山，輔佐戎幕。劉蓉在曾國藩幕中，筆翰如流，曾依為左右手。後從駱秉章入蜀，運籌決策，擒石達開於土司地，檻送成都斬首，奉旨嘉獎。後官至陝西巡撫，平定回亂，惜剿捻挫於華陰，罷職歸，逝年五十有八，有《養晦堂詩文集》。

趙仁有三光明譽

趙仁先生，湖南醴陵人，民國五年生，中央警官學校第一期畢業。曾任陸軍總部調查室組長，湘桂黔鐵路局警務總段長。來台後，任花蓮縣代主秘及省府秘書處視察等職。公餘之暇，常寄情於琴棋詩畫，曾獲全省公教人員書法比賽獎及復興文化美展國畫第一名。為人宅心仁厚，有作人、處事、存心三光明磊落之譽。其詩如「百劫餘生已亂神，書生面貌老風塵；千秋得失尋常事，屈指英雄有幾人？」可見其人生觀。其德配劉漢梅女士極賢慧，子女均有成就，獲留美博士學位。而先生不幸於民國八十八年三月去世，盼望其生前好友，惠贈悼念詩聯，以便出版專集及由本詩苑發表，藉資紀念。

吳小鐵編詩家手跡

吳小鐵先生，現任南京年鑑編輯，經多年蒐集當代詩詞家墨跡，編成《當代詩詞手跡選》。全書共八百卅餘頁，詩詞家七百五十餘位，且自籌資金印製，分贈原作者，這在當前的情勢下，實屬難得。承贈筆者一冊，除衷心感激外，並致崇高欽佩之忱。自古以來，吾人讀李白、杜甫、王維、蘇軾、黃山谷、陸遊等之詩詞，但卻不能見其手跡，引為遺憾，現吳先生此舉，實屬千秋之盛事，值得特書。據吳先生編後記云，現又蒐集資料，兩三年內將出續編。我台灣詩友，詩詞與書法兼美者甚多，請將您的作品，寄去吳先生採編如何？（吳先生地址：南京市北京東路四十一號二十八號樓市地方志辦公室）

唐德剛論新舊詩

最近讀到唐德剛先生在《傳記文學》中發布的〈論五四後文學轉型中新詩的嘗試，流變、僵化和再出發〉長文，洋洋灑灑，約兩萬四千餘言。他首先引述其師胡適博士生前的話：「四十年新詩的發展，還抵不上徐志摩一人的成就」。原因何在？唐先生認為，問題出在「第一、它（新詩）自始至終就未能真正替代過舊詩詞，舊詩詞直至今日，仍擁有廣大的老中青三代的群眾愛好和習作者，這一點，新詩反而沒有。第二、新詩在它八十年的成長過程中，也未能穩定地發展，終於自己也走入舊文學的老路，建立起自己的象牙之塔」。新詩本來就是大眾文學，為何多數人都看不懂呢？直到下一世紀，可能還有好一段時間的「回光返照！」這話是十分正確的。但「回光返照」四字，有待商榷。最後唐先生呼籲：「朋友，這兒（指我國文化）有發掘不盡的金礦，發展不完的自由市場，更有觀賞不盡的名山勝水，古佛幽燈，靈感無窮年輕的新詩人們啊，盍興乎來，回頭是岸……。」這一段話是極為中肯的。他認為我們要走自己的路，不必一味去學外國什麼「絕端自由主義」，以及所謂「象徵派」，「桑籟體」與「朦朧詩」等。唐先生有許多卓見，限於篇幅，不能一一引述。筆者對新舊詩，只要寫得好，都甚喜愛，尤愛音義雙絕的詩，這在拙著《東橋說詩》上集中可見。

張白山淮上漫談

張岳先生，字白山，皖北人。生於阜陽，長於臨泉（今界首），魯蘇豫皖邊區學院政治系畢業。民國卅六年來台，卅七年高級中學國文公民兩科教師試驗檢定合格，卅八年被分至省立虎尾中學任教。著有《體育遊藝——踢毽子》、《淮上健兒六十年中三偉人》，近著《淮上漫譚》一書，約卅萬言，內容多係近代之遺聞軼事。承其贈送筆者一冊，至為感篆。張先生能文能詩，常有詩作在本詩苑發表。惟據其自述，在所謂白色恐怖時代，曾兩度遭受政治迫害。在當時台灣風雨飄搖時期，最高當局之求內部安定政策，原無可厚非，但在執行人員之發生偏差，致冤枉部份好人，亦屬不幸與憾事。

騎字平仄讀質疑

劉定遠先生來函：拙作〈己卯迎春曲〉中「壯繆單騎過五關」之「騎」字，道一先生按語：「騎字平讀待研」。晚在寫作時，曾對此詳加推敲，深悉一般用法：平讀用於動詞，如騎馬騎牛等；仄讀則用於名詞，如車騎、鐵騎等，一般辭書之解釋，大都類此，是以道一先生之懷疑沒錯。但據《康熙字典》註釋：「騎：《唐韻》《集韻》《韻會》：渠羈切，《正韻》渠宜切，音奇。《說文》：跨馬也，《釋文》騎：支也，兩腳支別也。又《廣韻》《韻會》《正韻》從奇寄切，音芰，義同」。（意謂前者平讀，後者仄讀，兩者意義相通）。又據第一才子書《三國演義》第二十七回目錄：「美髯公千里走單騎，漢壽侯五關斬六將」。此為對仗句，其走單騎的「騎」字要平讀，才可以對斬六將仄讀的「將」字。拙詩頷聯「孟嘗一娩營三窟，壯繆單騎過五關」。係本《康熙字典》及《三國演義》目錄而來，並非杜撰臆說也。當然，《康熙字典》乃彙集古典韻語而釋「騎」字，平仄兩字義同，亦何據而言也，尊意以為如何？尚祈教正！」劉先生為人謙遜，所據與所言，亦甚平實中肯。因我中華五千年文化，累積博大深厚，有無盡之寶藏，而每一時代之演變不同。對平仄兩用之字，各種辭書解釋復不一致。似應依據詩韻適應時代及大眾習慣為宜，並祈詩界先進賜供卓見！

王莽謙恭下士時

唐朝大詩人白居易有〈放言五首〉七律，茲錄其一云：「贈君一法決狐疑，不用鑽龜與祝蓍；試玉要燒三日滿，辨材須用七年期；周公恐懼流言日，王莽謙恭下士時，向使當初身便死，一生真偽復誰知」。首聯說決斷猶疑之事，不必用龜殼和蓍草去占卜。頷聯首句說要試驗玉的真假須用火去燒烤；次句作者自註：「豫章木、生七年而後知」，按「豫章」即枕木與樟木。頸聯以周公輔成王，因聽到流言說他要篡位以致心生恐懼；而王莽在篡漢殺平帝前，卻偽裝謙恭下士。以上兩個例子，說明二人若當時死了，其真誠與虛偽誰還知道呢？證諸當今政治人物，可知要考核其真偽實在太難。

漫話歷史與小說

筆者喜讀歷史，也愛看小說，究竟歷史與小說有何不同？茲以個人體驗所得，向青年朋友加以說明：歷史是平面的圖景，小說是立體的塑像；說實話的是歷史家（當然亦有少數因素而失實者）；說假話的是小說家（當然小說亦有部分真實性）；歷史家用敘述記錄的方法，小說家用描繪渲染的方法；歷史家取的是科學的態度，在求真，要忠於客觀；小說家取的是藝術的態度，在求美，要忠於主觀。我國有許多名著如《三國演義》、《隋唐演義》、《七俠五義》、《包公案》、《彭公案》、《薛仁貴征東》等等，都不能作真正的歷史看，一般稱為稗官野史，筆者卻認為應歸入小說一類。

答黃志翔先生

答北港黃志翔先生：大函敬悉。本苑第五二五三期談及張玉書〈聽月樓〉那首詩，可能是出於他人杜撰。因有些文人閒來無聊，故意製造一些有趣的故事，以博讀者一粲。本詩苑予以刊載，無非在提高詩友之寫詩與讀詩興趣，以精進詩藝。至於第四句「銀兔搗丹九轉成」之「孤平」問題，筆者擬改以「搗」為「椎」，因搗者擊也，搥也，與椎、槌義同。吾兄建議改為「搏」，則意義有別。又本苑不採用「孤平」之詩，並非曾文新先生編本苑時所規定。因下棋有棋規，打球有球規，「不以規矩，不能成方圓」，吾人寫律絕詩，還是依循清朝王文簡「律詩定體」較妥，不知尊意以為然乎？

再答黃志翔先生

再答黃志翔先生：本苑第五二六四期答吾兄函中，因「搏」誤刊為「搏」，至感歉然，特此更正。吾兄再函云：「月宮吳剛伐桂，玉兔搗藥，若搗丹則碎丹。椎、搥，同樣使丹『變壞』，故不若『搗藥搏丹』也……」吾兄似有誤解其意。不管搗、椎、搥，均為指煉丹之過程，並非將「成丹變壞」。因張玉書之詩句為：「玉兔搗丹九轉成」，表示「丹」仍在提煉中，如已「成丹」，何能言「煉丹」？因詩的下半句「九轉成」，表示還有後續動作，包括搏、晒、烤……又本句主要是「孤平」，筆者就詩論詩，不變其意，而改其「孤平」。當然搗也可易為椎、舂、搏等字，但均非主要之目的。

王安石敬重前輩

歐陽修，字永叔，是蘇軾的座師，也是王安石的前輩，當歐陽修任翰林學士時，對王安石的詩文才幹，都極為欣賞，曾向朝庭大力推荐。並贈王安石詩云：「翰林風月三千首，吏部文章二百年。老去自憐心仍壯，後來誰與子爭先！朱門歌舞爭新態，綠綺塵埃試拂絃。常恨聞名不相識，相逢樽酒盍留連。」翰林指李白，吏部指韓愈。歐陽修詩好李白，文宗韓愈，首聯故云。前三句一氣而下，是其自道，第四句「後來誰與子爭先」，方及於安石。有人評此詩結聯稍弱。筆者卻認為頸聯對仗欠工，版本字句可能有誤。王安石亦有奉酬歐陽修一詩：「欲傳道義心雖壯，強學文章力已窮。他日若能窺孟子，終身何敢望韓公。摳衣最出諸生後，倒屣常傾廣坐中，祇恐虛名因此得，嘉篇為貺豈宜蒙」。首聯說雖想盡力學好文章，傳揚道義，但深感心有餘而力不足。頷聯說常以孟子、韓愈為學習之榜樣，但恐終生難以達到其成就於萬一。此亦以孟軻、韓愈推崇歐陽修之意。頸聯意謂：論文學、在歐陽修的弟子中，他只能算敬陪末座；但歐陽修對他，有如後漢時的大學者蔡邕見王粲的驚奇。在賓客盈座中，高興得倒屣迎接年幼的王粲，愛護有加。結聯說只怕自己因此浪得浮名，而對歐陽修的嘉美贈詩實不敢當。可見王安石對前輩的敬重，也可見歐陽修對後輩的提攜，愛護。

與伍偉強談詩

讀了六月廿七日的新生副刊伍偉強先生的大作〈倡詩朔源遠〉（朔應為溯之誤），其中有許多高見，如首言自五四「提倡新文化運動以來，舊文學便被蔑為死文學，其實大多數文學作品，都是著者嘔心瀝血的精心傑作，而經過時代陶汰，能留下來的都是精品……不但要保存下來，更要發揚光大……怎麼可以捨己之長，而學人之短呢？」這段話當是針對新詩人說的，自然值得深思與反省。其次伍先生談到賴強先生批評某某博士的〈懷台北諸君子〉那首七律：「盤谷初冬亦覺寒，鄉關何處一憑欄；興亡責重倩誰負？名利殊途不我干；結社敢忘唐韻律，流離猶念漢衣冠；風霜催歲羈人夢，劍膽琴心豈易彈。」賴先生評其「懷人詩作成感懷詩」脫題。又評第三句「責重」對「殊途」欠當。「誰字」犯孤平。第五句「結社」與六句「流離」亦不能屬對。第七句「風霜催歲」與「羈人夢」兩者無關聯。第八句「琴心」可彈，但「劍膽」不能彈，欠妥。最後賴先生將此詩改作如下：「盤谷初冬亦覺寒，鄉關何處一憑欄；興亡有責知誰負？名利無心不我干；結社敢忘唐韻律，居夷猶念漢衣冠；風霜催老羈人夢，極目文山望羽翰。」改作確比原作高明，尤其是「流離」改「居夷」，「歲」改「老」極佳。（若「歲」不改，「夢」改「老」亦通），結句改後將題意救轉過來亦佳。但經仔細推敲，亦不無瑕疵。如第三句既云「責重」是贅語，而改後仍用「責」，則只能說「重」字是贅語，不應說「責」字是贅語。此僅改「重」為「有」改「倩」為「知」以救「孤平」。第四句「名利無心不我干」，稍有「關門閉戶」之感，尤其「無」與「不」義同。如「不」改「豈」尚可。結句「文山」示「台北」似欠妥。因文山是區名，亦為文天祥之號，如不加註，易滋誤解。按台北之別名甚多，如鵑城、江城、稻江等，都可採用，如說稻江為「孤平」，則「望」字平讀可救。不知伍、賴兩位先生之意如何？區區之見，或可謂愚者千慮亦有一得乎！

讀于海洲麻雀詩

吳小鐵先生所編著的《當代詩詞手跡選》一書，其中佳作甚多，如于海洲先生寫的〈詠麻雀〉詩云：「不會卑躬屈節謳，管他孔雀鳳凰侯；啁啾自唱隨心曲，瀟灑多交振羽儔；恥食皇家倉廩粟，安居綠海月輪秋，有時飛上雲天裡，敢與蒼鷹繞幾周」。于先生是遼寧昌圖人，一九四六年生，字適源，號菁莪居主人。中學一級教師，遼寧楹聯學會秘書長。有《菁莪居詩聯集》、《當代散曲》、《趣味語文探秘》等。他此詩的主題在暗示小人物有大志氣之意，可能是其自道。用語雖平淡，立意卻精深，有趣，尤其結聯讀來餘味無窮。詩有大題小作與小題大作，于先生此詩，應屬於後者。

幼安豪放兼婉約

辛棄疾，是南宋的愛國詞人。字幼安，號稼軒居士。他的詞具有豪放與婉約等多樣色彩。豪放如〈永遇樂〉（京口北固亭懷古）云：「千古江山，英雄無覓，孫仲謀處，舞榭歌台，風流總被，雨打風吹去。斜陽草樹，尋常巷陌，人道寄奴曾住。想當年，金戈鐵馬，氣吞萬里如虎。元嘉草草，封狼居胥，贏得倉皇北顧。四十三年，望中猶記，烽火揚州路。可堪回首，佛狸祠下，一片神鴉社鼓，憑欄問，廉頗老矣，尚能飯否？」此為他六十五歲出任鎮江知府時作。人道寄奴四句：按劉裕小字寄奴，在此平定桓玄之亂，收復北方大片失地，終於接收了東晉政權，做了南朝宋的開國皇帝。元嘉草草三句：是說劉裕的兒子劉義隆，草率興兵，揚言要直搗狼居胥，結果卻落得失敗的命運。劉義隆登烽火樓北望，有懺悔之意。四十三年九句：是說他自己投奔南宋，已整整四十三年。此刻登亭北望，當年在揚州一帶起義與敵作戰的情景，記憶猶新。可是歲月不堪回首，江北的佛狸祠，在敵人的統治下，已景物全非，而他也垂垂老了。遙望中自有無限感喟。婉約如〈臨江仙〉云：「金谷無煙宮樹綠，嫩寒生怕春風。博山微透暖薰籠。小樓春色裡，幽夢雨聲中。別浦鯉魚何日到？錦書封恨重重。海棠花下去年逢，也應隨分瘦，忍淚覓殘紅。」詞的上闋說那天正是寒食節，金谷園中無煙火，樹梢已綻出新綠，在輕寒的春風中抖動。薰籠內的博山香爐，微透著暖氣。在美好的春色和柔和的雨聲中，他倆有著緋色夢。下闋說在分別的渡口，那一天才能有她的彩箋，深裹著她的幽怨。記得他們是在去年一株海棠花下認識的，她也許瘦了，正含著淚在尋找那片片殘紅罷。多麼細緻婉麗深情！其次，他描述田園風光，也特別出色，如〈西江月〉云：「明月別枝驚鵲，清風半夜鳴蟬，稻花香裡說豐年，聽取蛙聲一片。七八箇星天外，兩三點雨山前，舊時茆店社林邊，路轉溪橋忽見。」在這闋詞裡，他未用一個典，而夏天靜謐的田園夜色，是那麼真切迷人，筆者不能不佩服他捕捉意境的高超技巧。

桂林山水甲天下

一般人常說：「桂林山水甲天下」，這的確不是一句虛語。早在清朝的袁枚的一首〈興安〉七絕中，即有描述：「江到興安水最清，青山簇簇水中生；分明看見青山頂，船在青山頂上行」。按「興安」在明、清時隸屬桂林府。詩的首句「江到……」，自然指灕江而言。意謂灕江到了興安縣境這段水路最為清澈。次句指一簇簇的青山，倒影在水中，分外澄瑩。三、四句是反常合道的筆法，船怎麼會在山頂行走呢？因前面述及青山的影子倒映在水中，船經過倒映中的山頂，好像就在山頂上行走一般。詩人善於觀察自然，捕捉形象，在靜謐的山水氣氛中，寫出了富於詩情畫意的情趣來。

述新舊文學見解

潤公暨夫人鈞鑒：兩次來書，均已奉悉。以俗務紛纏，遲覆為歉！承蒙對拙稿《東橋說詩》之謬許，愧不敢當。惟自感數十年來，對我國文學之酷愛，雖亦曾下過學習工夫，但由於天資平庸，故始終停滯於「困」與「囚」的階段，不能有所精進。雖然，不能不與我公言之：一、我對新、舊文學，毫無成見，只要寫得好，均甚喜愛。二、對詩詞主張平易清新，要有意境。深深服膺袁子才所謂「立意要精深，下語要平淡」與王國維「境界」及「不隔」之說。三、深感文學家（詩人）必須具有哲學家之智慧，科學家之精神，與宗教家之情懷（如基督之博愛，釋迦之同體大悲）。與儒家之仁愛（與上二者細細相通），然後其所作，始能達到真善美與宏深博大之境界。（如歐陽修名句「利雖不得博於物，要其心之厚於仁」；雨果的《悲慘世界》（孤星淚），白居易的〈村居苦寒〉、〈新製布裘〉；杜甫的〈哀王孫〉、〈悲陳陶〉、〈悲青坂〉，三吏、三別，〈茅屋為秋風所破歌〉等，都有此境界）。四，詩詞應求獨創，力戒摹仿。以上各點，是我選評詩詞與創作追求之標的，區區之見，不知我公以為然乎？竊思我國文化博大精深，有無盡寶藏，尤其是孔子的仁道——忠恕，放之四海而皆準，百世以俟聖人而不惑。其包容性如「道並行而不相悖，萬物並育而不相害」。更非西方文化之排他性所能企及。記得我公大著《星沙集》中，談到西方的傳教士，「一生只傳揚西洋基督教文化，對中國文化從不說一句好話」，「甚至公然宣告以破除中國文化為宗旨」。而我們卻稱西方的經書為「聖經」。由此可見西方人偏狹的心胸，同時也顯示我們的偉大處。近年來，我們受了歐風美雨的影響，物質雖日益昌明，但精神反形空虛，原因是道德淪亡，倫常摧毀，以致一切打、殺、姦、搶等情形，層出不窮，實令人痛心！我公雖處異域，然對我國傳統文化之宣揚，不遺餘力，尤其是最近寄來之〈五、四的省思〉大作，值得一讀再讀，廣為流傳也。

饒漢濱先生來函

東橋先生：我退休多年，喜讀新生詩苑成癖，間或於登山臨水，獨酌曼吟之餘，塗鴉一二，惟不敢奉上期附驥尾於萬一。蓋彈丸新苑應栽奇花異卉，雅不願以凡俗徒增主編先生剪裁安置之困擾也。多年積鬱，不吐不快。仍草七絕二首，拜請斧正裁奪！」東橋按：饒先生對新苑之愛護有加，特致感篆之意。饒先生之詩，選錄一首，刊八月十九日新生詩苑，為恐讀者遺忘，特再引述：「聞道東橋善說詩，主編新苑盡幽芝；副刊之下甘潛蟄，飲水情懷只自知」。其中「甘潛蟄」三字，似為編者抱屈之意，其實，詩或詩刊，只要是好，置於何處皆是一樣，不知先生以為然乎？盼常惠稿、賜教！

辛棄疾的鷓鴣天

據宋史及有關資料載：辛棄疾二十二至二十三歲時，在山東起兵二千、隸於耿京帳下，並掌書記。紹興三十二年，耿京令棄疾奉表歸宋。適張安國殺耿京降金，棄疾還至海州，與眾人謀曰：「我奉主帥令來歸朝，不料事變，何以復命？」乃約統制王世隆及忠義人馬全福等，直衝金營，時安國正與金將酣飲，即從眾人中縛之以歸。金將追之不及，獻俘行在，斬安國於市。棄疾晚年，回憶此一段往事，曾書〈鷓鴣天〉詞云：「壯歲旌旗擁萬夫，錦襜突騎渡江初。燕兵夜娖銀胡𩎟，漢將朝飛金僕姑。追往事，嘆今吾，春風不染白髭鬚。欲將萬字平戎策，換得東家種樹書」。詞的上闋說：他青年時代，就已英勇的統帥一支旌旗林立的萬人大軍，以精銳的錦衣騎兵突襲行動，發生於渡江南歸之初。那天夜裡，金兵夢中驚起，慌亂中去取箭囊，而他的軍隊在黎明時射出一陣箭雨，就將金兵擊敗了。下闋說：追念此一叱吒風雲的往事，想到今天窮愁潦倒的自己，真是不勝噓唏。何況今已衰老，春風也不能將他的鬍鬚染黑（此句甚佳）。而他當年寫的許多抗金策略如〈進美芹十論劄子〉等著作，如今都成了廢紙，只好拿去東鄰農家換幾本種樹的書來消遣了。他寫少年時代是何等豪雄，而寫老年時總難免氣衰，尤其是結末二句，更有英雄失路，無可奈何，與自憐自笑之感。

劉禹錫西塞懷古

劉禹錫最有名的〈西塞山懷古〉詩：「王濬樓船下益州，金陵王氣黯然收；千尋鐵鎖沈江底，一片降旛出石頭；人世幾回傷往事，山形依舊枕寒流；今逢四海為家日，故壘蕭蕭蘆荻秋」。起聯說西晉益州（今四川）刺史王濬的戰船於太康元年正月自成都出發伐吳、這時東吳的國運即無形完了。金陵是吳國的都城，古人迷信帝王所在之地有「王氣」，國亡則氣歇。在戰國楚威王時，見其地有王氣，因埋金以鎮之，故稱金陵。秦併天下，改為秣陵。詩中「王濬」原為「西晉」，「黯然」原為「漠然」，紀曉嵐在《瀛奎律髓》中批改：「西晉不如王濬字，漠不如黯字」。實為高超之見。頷聯首句說王濬戰船抵達湖北大冶之東的西塞山時，吳軍已用鐵鎖橫絕江面，阻攔晉軍；晉軍用火燒熔鐵鎖，沉入江底。次句說晉軍從此直逼向金陵，吳主孫皓率百官舉白旗投降。頸聯指人生屢經興亡盛衰，而此山依然如舊。「枕」字用得極妙，亦切懷古之意。正如紀曉嵐批：「第五句括過六朝，是為簡練；第六句一筆折到西塞山，是為圓熟」。結聯謂如今四海歸於統一，江邊的營壘已荒廢無用，只有蘆荻蕭蕭，在秋風中搖曳。其中卻含有另一層深意：即是三國六朝分裂之局，雖早已過去，但當時唐朝藩鎮割據之患，卻又埋下了隱憂，「故壘蕭蕭」擺在眼前，該引起如何之警惕？

老上司惠書獎飾

榮生鄉賢弟大鑒：五月廿一日來信附詩訊二頁（卅二章）暨嘯月軒詩鈔序、均收到細讀，內容極佳，我已將前寄詩訊六頁（九十六章）暨賀東橋說詩篇章三頁一并裝訂成冊，以作平時參閱之用。《東橋說詩》第一冊內容已夠豐富，第二冊三冊繼續問世，將是劃時代著述，必有詩評歷史地位，非一般學者所能及。回首四十八年前在營共事時，我即認弟非池中之物，一路走來在防空領域中脫穎而出，已非尋常才俊可比，退休後主編詩苑研究詩學，對臺灣社會貢獻已多，現任《長青學苑》教職，受教者獲益更多。詩教是文化教育的根本，倘獲英才而教之、春風桃李，享譽臺灣，具深遠意義，望在妥善養身養心原則上，從容施教，漸行著述，自有超乎常人的非凡成就。《東橋說詩》哲理深厚，在在可見，僅〈十壽歌〉一章，即造福人群非淺。我的養身法，早晚散步二十分鐘又急行十分鐘，見汗而止。養心方面略有一得，即清晨在床俯伏，跪坐片刻，定心養神（俗語所謂使心血歸倉）于身心有益，亦可作一日之計，盡量排除俗慮。今年已七十六歲，幸無宿疾，回想自六歲啟蒙六年私塾，四書五經章句，囫圇吞棗，十三歲進崇館，幸獲湘陰名舉人王炳熏老師授教，年長學詩文，僅晤皮毛，十五歲入孔道中學國學部，雖涉經史，茫然無緒，甫十七未冠，因戰火逼近，考入防校，二十歲參加滇西反攻的炮兵四十九團（炮四團前身）、民國卅三年五月渡瀘過高力貢山，圍攻騰衝之役，卅六年駐防武昌，石灰窯，黃石港任長江防務。卅七年駐防漢口，卅八年部隊任空軍五軍區撤退航空器材押運工作；自漢口沿長江洞庭湖，湘江返家與學友徐慶譽結婚後，由長沙至衡陽轉赴廣州，停留三個月，而到海口。卅九年元月撤退來臺，五月再護航空軍海球輪支持海南島，至最後撤退。四十二年任高炮部幹訓班工作，四十二年回第四團駐淇哩岸，以及告病年餘，賴眷茹苦含辛在家靜息。四十四年以部派附員任石門防炮指揮所連絡官，四十五年任高炮旅部情報參謀，四十六年因病甄退。四十七年參加高等考試取得行政人員資格，在警備部境管處工作一年。四十八年三月入總統府三局掌管工程，幸有兩次獲老總統蔣公召見，解說工程計劃。五十七年七月，入外交部；五十九年三月派往日本參加一九七〇年大阪世界博覽會工作，半年後返臺，一九七二年三月外放北非駐利比亞大使館，于中東政情研究頗費心思。一九七八年來美，為培植三兒一女教育，曾經營長江餐館四年。退休帶孫子書寫雜錄，廿年如一日，所寫《星沙集》四本《環顧前瞻》一本，粗糙雜陳，付印中又未經校對誤處甚多。其中有蝶戀詞二闋，竟有誤錯十五處（環顧前瞻一一七頁），較之吾弟大著《東橋說詩》，殊覺慚愧。于詩學，我用功不多，雖然曾有些詩友如曾霽虹，劉宗烈，甚至成惕軒，周棄子（在總統府時過從亦多）彭鴻（在高炮部同一室工作）伏家謨，吳伯卿，馬鶴凌以及在美國的潘力生，成應求等，我在逼不已時唱和一二，難有佳構，深覺應該下功夫磨練磨練。有幾位詩友寄來詩稿品格頗高，待吾弟輕鬆時，再寄上請為品評。茲補寄《歷史殷鑒——談宗教自由》一文，暨錯字最多的〈蝶戀花〉連同近照一張，以為記念。敬祝近安，并祝惠蘭嫂及芸彤、錦心二侄均好。

另有我們的小孫子劉立人的新聞報導一紙附上，這孩子也像他祖父一樣，以前沒拿過什麼畢業證書，這是首次從美國長春藤大學——柏克萊加大領得第一張證書，現年十六歲。

愚兄劉潤常漢屏偕徐慶譽敬上

二〇〇一年六月十日于芝加哥

東橋按：據《世界日報》二〇〇一年五月廿一日報導：潤公之寶孫劉立人，十六歲即從柏克來加大畢業。是全校六千名畢業生中年齡最小者之一，有神童之譽。他並已爲洛杉磯加大錄取，將前往攻讀電腦博士。立人在捷克上小學，五年級轉到中國大陸遊學，所以沒有小學畢業證書。他初中也未畢業。當時已在迪安社區學院修課，他只上過兩星期的高中，亦無畢業證書，柏克來加大應是他第一張證書。得來何其珍貴！

張夢機鯤天吟稿

張夢機教授的《鯤天吟稿》又出版了。此可能為其全部著作的第十五部，亦為其患風疾以來的第四部大作。其毅力與才情，誠堪欽佩！張教授之詩文，理論與創作俱佳，尤其是詩，成就益高。他有一首論詩的詩：「作詩無今古，貴在多覃思；非敢愛烹練，實為藥浮辭；世今喜滑易，艱深心已疲；試看隴頭黍，不釀難成醨；此理昭日月，三覆固所宜」。這已將其新、舊詩觀，創作詩的經驗見解，說得極為清楚。由於「多覃思」、「愛烹練」、「藥浮辭」，故其所作，能臻爐火純青之境。如〈過行健亭〉一詩：「誰更鳩資築此亭？雙城道外伴芬馨，偶來詩納浮雲白，獨坐胸蟠列嶂青；遠客行過爭歇腳，閒禽飛下自梳翎；花時除卻潺湲水，尚有春聲最耐聽」。起句便問建亭之人是誰？原因是亭的位置適當，四周風景優美，才有此一問。頷聯及頸聯不僅對仗工整，且鑄詞新穎清麗，如美女簪花。結聯為更進一層筆法，意謂除了流水聲外，還有更多的春聲好聽。前六句在滿足視覺，後兩句在滿足聽覺。又如《戊寅閏五月》詩：「蒲觴再引又端陽，一閏翻嫌濕暑長；庭午寂時聞犬吠，山風多處笑雲忙；西臺不信終無竹，南海惟愁漸有桑。吹扇飲冰難卻熱，從知淵默始生涼」。頷聯雅緻有趣。頸聯沈鬱，含意深遠。上句典出謝翱「登西臺慟哭記」以竹擊石俱碎的故事。亦可解為蘇軾「無竹令人俗」之典故，影射當今政壇人物，呼之欲出，「不信」二字，益見落筆溫厚。下句憂心國家之未來，見微知著，值得警惕。又如〈記漓江〉一詩：「憶昔漓江溽暑經，坐聽水鳥喚山靈；一船劃破千波碧，眾岫堆成萬古青；高興已緣蟬叫起，宿酲漸被茗澆醒；消閒半日登陽朔，連隴猶聞晚稻馨」。情景交融，詩人如在畫圖之中，更見其「覃思」與「烹練」之功。據張教授稱，於《鯤天吟稿》出版後，將暫與詩告一段落，爾後將在詞的方面致力。他少年時曾問詞於江絜生先生，有〈懷江絜生丈〉詩句云：「公攜卓識歸泉下，我抱沈疴臥嶺傍；昔日追陪尚年少，蕭疏今已鬢如霜」。韶光易老，人事滄桑，難免有所感喟。

與鐵錚談詩練字

讀到王鐵錚兄在《楚騷吟刊》的〈凝眸詩話〉中，他談及筆者在本詩苑第五二五二期轉載張玉書的〈聽月樓〉詩第五句「銀兔搗丹九轉成」為「孤平」。筆者認為「似不妨改『搗』為「椎」較宜。但鐵錚兄批評：「椎字義隔」。並云：「按『椎』擊物具也。莫若『舂』；『舂』：搗也」。其實，鐵錚兄僅謂「椎」作名詞解，然而猶可作動詞用。如李白的〈圯橋懷張子房〉詩：「滄海得壯士，椎秦博浪沙」即可為證又筆者兩次在本詩苑答黃志翔兄云：「本句詩主要是犯「孤平」問題。當然「搗」也可易為搥、椎、舂、搏等字，但均非主要之目的」。不知鐵錚兄及各位詩家以為然乎？

王安石詩情多樣

王安石有一首〈次韻平甫金山會宿寄親友〉的七律：「天末海門橫北固，煙中沙岸似西興；已無船舫猶聞笛，遠有樓台祗見燈；山月入松金破碎，江風吹水雪崩騰；飄然欲作乘桴計，一到扶桑恨未能」。此詩描寫金山夜景，自然工巧，章法井然。平甫即王安國，為王安石之弟。詩乃步其弟〈金山〉詩韻腳而作。首聯有兩個地名，一為北固山，在江蘇鎮江東北，三面環水，形勢險要。一為西興鎮，在浙江錢塘邊，為王安石舊遊之地。上句為倒裝句，意謂北固山像大海的門戶，橫亙在天邊。下句意謂晚煙籠罩的沙岸，和西興鎮相似。頷聯上句看似無理，船都沒有了，怎麼還有汽笛聲？其實，並非無船，而是黑夜看不見，只聽到遠處傳來的汽笛聲。下句也是一樣，因樓台隱隱，只見燈火。頸聯上句說月亮透過山上的松林，篩下點點金光（實為銀光），下句說夜風掠過江面，波浪洶湧奔騰。拙詩「風拂疏林篩月影，伊誰搗碎漫山銀」與上句近似；蘇軾詞「捲起千堆雪」與下句近似。結聯是詩人忽發奇想，要乘船出海，到扶桑一遊，但又知為不可能的事。據《十州記》云：「扶桑在碧海中，樹長數千丈，千餘圍……，日所出處」。此自為神話。但亦有稱日本為扶桑者。有謂王安石的詩，形式多樣，風格清新，以七言近體最為突出，寫景與詠史詩，尤具獨創性。王安石的大妹王文淑，是工部侍郎張奎之妻，封長安縣君。宋．嘉祐四年，王安石奉命出使遼國前，曾有〈示長安君〉一詩：「少年離別意非輕；老至相逢亦愴情；草草杯盤供笑語，昏昏燈火話平生；自憐湖海三年隔，又作塵沙萬里行；欲問後期何日事，寄書應見雁南征」。首聯意非輕句：指情意深重。愴情句：即傷感之意。頷聯語淺而情深，令人低徊不已。頸聯指兄妹遠隔江湖，闊別多年，好不容易會面，而現在他將出使遼國，又要作萬里之行。結聯說不知後會之期是那天？當他寄信回來時，恐怕要到北雁南飛的秋天了。此詩言淺而意深，足見其煉字之工夫，確有獨到之處。嘉祐四年冬，王安石奉命送契丹（遼）使者北還。次年春，到達河北一帶。途中所作〈春風〉一詩云：「一馬春風北首燕，卻疑身得舊山川；陽浮樹外滄江水，塵漲原頭野火煙；日借嫩黃初著柳，雨催新綠稍歸田，回頭不見辛夷發，始覺看花是去年」。詩中描寫被契丹割據的河北一帶之春光，抒發他對祖國河山的熱愛與盼望收復的心情。頷聯及頸聯，寫景歷歷如繪。陽浮：指春天和煦之氣，塵漲：指野火煙塵瀰漫。日借、雨催句：是擬人的筆法，用字形象生動。結聯別開生面，極有情緻。意謂：北地所不同者，是不見辛夷花開，這才意識到辛夷花是上年在江西自己家鄉的事。

歐陽修瀧岡阡表

歐陽修的（瀧岡阡表），是一篇千古傳誦的文章。其中談及他母親轉告與他父親生前的一段話：「汝父為官，嘗夜燭治官書，屢廢而嘆。吾問之，則曰：『此死獄也，我求其生不得爾』。吾曰：『生可求乎』？曰：『求其生而不得，則死者與我皆無恨也；矧求而有得邪！以其有得，則知不求而死者有恨也。夫常求其生，猶失之死，而世常求其死也』！譯成語體的意思是說：「你父親生前做官，曾經於夜間燃燭處理公文，常停下筆來感嘆。我問他為何嘆息？他便說：『這是件死罪的案子，我想替他找一條生路卻不可能』。」我說『生路可找到嗎』？他說：『替他找生路而找不到』，那麼死囚和我都無遺憾；何況有時是能找到生路，如果不替他去找便判他的死刑，一定會有遺恨。試想常替他找生路，還不免要判他死刑；而世間有的法官，惟恐不判人家以死刑呢」！這已將我國固有的仁德，發揮到極致。筆者認為這段話，宜列為今日法官的箴言。然而試觀今日各級法院的法官，也許是為求案情審慎，也許是鄉愿，一件真正殺人的案子，常拖上數年或十數年之久，誰也不願判處真兇的死刑，甚至將其假釋出獄，造成社會更大的傷害，此真如歐陽公言「其心厚於仁者邪」？其實已曲解「仁者」之深意。至於惟恐不判處別人死刑的，以情理而言，或許還不至於如此吧。

幼聽祖母的山歌

筆者幼年喜歡聽老祖母的山歌。而山歌民謠，與詩詞都相關聯，其中有很好的意境，優美的聲調，充分反映民間的生活。如下面的一首〈湘西民歌〉：「（一）」『閨怨』：柑子樹／枝葉多／爸嫌我們姊妹多／爸呀爸／莫嫌我／再過三年出嫁了／看您家裡剩幾多。柑子樹

／枝葉多／媽嫌我們姊妹多／媽呀媽／莫嫌我／再過三年出嫁了／看您家裡剩幾多。柑子樹／枝葉多／哥嫌我們姊妹多／哥呀哥／莫嫌我／再過三年出嫁了，看你家裡剩幾多。(二)『于歸』：爸送我／牯牛嶺／爸問我幾時回／牯牛生犢我也回。媽送我／公雞山／媽問我幾時回／公雞生蛋我也回。哥送我／扁擔山／哥問我幾時回／扁擔開花我也回。妹送我／茶樹坡／妹問我幾時回／燒罐細茶等我回。」在我國舊式的家庭裡，女孩子是夠可憐的。她們不但得不到男孩子同樣的待遇，而且被看做家中的「賠錢貨」，「女生外相」。若姊妹們多了，還要受父母兄嫂的咀咒，希望她們早日出嫁。我們從上面這首歌謠裡，可聽到一位女孩子哀怨的呼聲。當她出嫁時，除了同命相憐的妹妹問她，她願意回來以外，其餘送她的父母哥哥問她幾時回來？她也只好等到牯牛生犢，公雞生蛋，扁擔開花的時候了。不知做父母哥哥的，有何感想？筆者後來喜愛詩詞，可能是於幼年時，受到老祖母民謠山歌的影響。

詩寫四時之景

歐陽修在〈醉翁亭記〉中云：「野花發而幽香，佳木秀而繁陰，風霜高潔，水落而石出者，山間之四時也。朝而往，暮而歸，四時之景不同，而樂亦無窮也」。這僅指滁州瑯琊山一帶四時變化的景象而言。其實我們中華民族，地大物博，山河錦繡，無論是千里冰封，駝羊漫野的塞北；或是杏花煙雨，草長鶯飛的江南，都是風景如畫，春、夏、秋、冬四季分明。千古以來，為詩人韻客所歌頌。如宋朝的邵堯夫，在他的〈安樂窩〉歌詞中云：「春花開的早，夏蟬枝頭鬧，黃葉飄飄秋來了，白雪紛紛冬又到……」信手拈來，何等瀟灑、優美、自然。晉朝的顧愷之，也有一首五言詩：「春水滿四澤，夏雲多奇峰，秋月揚明輝，冬嶺秀寒松」。描寫四時之景，簡明清麗，意境高超。又如無名氏（可能有姓有名，因一時忘記其姓名）的五言絕句：「春遊芳草地，夏賞綠荷池，秋飲黃花酒，冬吟白雪詩」。這與顧愷之的詩，有異曲同工之妙。加以詩人的立場，抒發其遊、賞、飲、吟之樂，悠閒自適，實堪欣羨。惟近年以來，大陸上除了名勝古蹟，國家公園以外，其餘一般農村鄉野、樹木都被砍伐，秋山土禿，四時之景，大異昔時，致有洪水泛濫之患。凡是回鄉探親的朋友們，都有此同感。

南社成立九十年

江蘇省南社研究會為紀念「南社」成立九十週年，決定召開紀念暨學術研討會。會議期間將組團參觀瞻仰南社有關人物的故居和遺跡，邀請海內外南學研究者和南社成員子弟參加。有關事項說明如後：(一)時間：三天，一九九九年第四季內。(二)地點：南京。(三)撰寫論文：以回顧探討南社的成就和影響為主。對於南社某一重要活動，或某一成員及其作品（尤其是今年為其生卒年逢十紀念者）的探討和論述亦可，題目由作者自訂。(四)有意出席者，請於九月十日前寄送論文提要（五百字內）。該會將據以寄發正式邀請書。通訊處：南京虎踞路十五號南藝圖書館轉。郵編：二一〇〇一三。

好漢只怕病來磨

古語云：「好漢只怕病來磨」。筆者於民國八十八年九月十七日忽因口齒不清，走路東倒西歪，內人即刻命兩位女兒送進台大醫院，至十月二日始出院。檢診結果發現：腦部輕微中風，冠狀動脈三支均阻塞，須再進行第二次手術。天啊！上天給予人者，何其殘酷！幸而詩苑有道一兄協助，詩稿編至十二月初旬，不致中輟。在住院期間，承醫護人員細心檢診，朱教授學瓊，傅將軍俊傑，許兄臨河，宗兄治慶，鄧璧理事長，趙英民學長，陳兄恕忠，王會長質彬，王先生台忠夫婦等來院探視，各詩友電話慰問，始能轉危為安，特此一併致謝！將來動第二次心臟手術，猶要偏勞道一兄鼎助，特先致意，並願各親友平日多保重為禱！

胡健中消遣胡適

民國二十六年七月十六日，亦為蘆溝橋事變後的第九天，蔣委員長中正在廬山舉行談話會，共商國是。當時出席會議的有胡適博士等文化界人士一百五十餘人。胡適說了許多話，真是「慷慨陳詞」。胡健中先生亦在場，遞了他本家一個紙條，上面寫著：「溽暑匡廬勝會開，八方名士溯江來；吾家博士真堪道，慷慨陳辭又一回」。胡適是提倡白話文的，他用新詩回答：「那有貓兒不叫春？那有蟬兒不鳴夏？那有蝦蟆不夜鳴？那有先生不說話？」胡健中雖是寫的一首七絕，但言淺意深，且富幽默感；胡適寫的雖是新詩，卻有韻腳，觀讀他們二人的詩作，各有千秋，意味深長。

唐太和甘露之變

唐朝太和九年十一月二十一日，文宗皇帝與宰相李訓，節度使鄭注等大臣，謀劃剷除以仇士良為首握有軍政大權的宦官集團。詐稱有甘露降在一株石榴樹上，待仇士良等前往察驗，並由李訓等預先埋伏甲兵，準備仇等到達時加以逮捕。不幸事機不密，已被仇等察覺。反而使李訓、鄭注等被殺。此乃歷史上有名的「甘露之變」。文宗皇帝事後亦遭軟禁，並有詩寄慨云：「輦道生秋草，上林花滿枝；憑高何限意，無復侍臣知。」前兩句是說他久已無心出遊，御道早被秋草遮掩。御園中的花也自開自落，無人欣賞。後兩句是說左右都是宦官派來監視他的人，心意如何能讓他們知道。故其數年之後，鬱鬱而終。

柳永高陽詠杭州

柳永的好友孫沔（有謂孫何），以樞密直學士給事中出鎮杭州。柳永前往探視，但門房勢利看人，不予通報。於是柳永去找名歌伎楚楚。楚楚久仰柳永大名，乃熱誠接待。柳填了一闋新詞——〈望海潮〉，請楚楚在孫沔中秋宴會中獻唱，原詞如下：「東南形勝，三吳都會，錢塘自古繁華。煙柳畫橋，風簾翠幙，參差十萬人家。雲樹繞堤沙。怒濤捲霜雪，天塹無涯。市列珠璣，戶盈羅綺競豪奢。重湖疊巘清嘉。有三秋桂子，十里荷花。羌管弄晴，菱歌汎夜，嬉嬉釣叟蓮娃。千騎擁高牙。乘醉聽簫鼓，吟賞煙霞。異日圖將好景，歸去鳳池誇。」孫沔聽了這詞之後，詢知作者是柳永到來，便立即派人去邀請他來參加中秋盛會。

這詞的上闋從點到染，描出杭州的形勝美景和富庶，氣象萬千。下闋寫西湖的韶秀與對孫沔的稱頌。全詞音韻鏗鏘，辭藻典麗高華，境界清奇開闊，有高度的表現力與藝術技巧。尤以「三秋桂子，十里荷花」屬千古名句。

台灣歷史小說名家高陽（許晏駢），杭州人，對古典詩詞亦頗有研究，他在他的同鄉阮毅成重刊〈三句不離本杭〉一書中，以次柳韻填〈望海潮〉一詞云：「三台僑寄，雙峰縈念，相思瘦損年華。湖上暖風，橋邊殘雪，青驄且駐兒家。碧水漾澄沙。便選魚呼酒，同夢天涯。往事雲煙，暮年空憶五陵奢。湖光巒色清嘉。更長堤楊柳，曲院荷花。塔影鐘聲，樵歌梵唱，嬉春處處嬉娃。早放晚來車。多攜杖上資，來看朱霞。韻事唯公能數，悵恨向誰誇？」平心而論，高陽所作與柳永所作相較，高作並未多讓於柳。高作亦仿柳之筆法，在結語中對阮毅成加以稱頌。無怪乎阮「公」對高之作品讚不絕口，連呼：「太好，太好，深獲我心！」「深獲我心！」

曾文新師事施梅樵

曾任《台灣新生報．新生詩苑》第一任主編的曾文新先生，青年時期，即詩才出眾。當日治時代的昭和七年（民國二十一年），台灣環島詩人大會在竹塹（新竹）舉行，時鹿港秀才施梅樵，由竹塹前輩鄭香圃相陪同訪曾氏，暢飲於東門凌雲閣大酒家。席間，施秀才欲試試曾氏詩力，當場命曾氏成律詩一首助興。曾思索片刻，在酒酣耳熱之際詩成：「喜見春風客刺投，塹城高會續盟鷗。英名已振三仙島，大手還推五鳳樓。花侍吟筵曾識面，山迎才子也低頭。程門倘遂游楊願，敢把新詩當束修」。施秀才看到頷聯，即曰：「豈敢」！看到頸聯時即用筆大圈而特圈。至於轉結二句，向曾氏笑曰：「可造之才也」。當即收為門下詩弟子。曾氏拜謝者再。從此遂以師生之禮行之。

蔣夢麟的西潮

蔣夢麟先生在他的《西潮》一書中，敘述他舅父是前清時的秀才，經常手攜一根長旱煙桿，不時用煙管的銅斗敲著地面。晚年時額角不顯皺紋，足見其平生心境寧靜，身體健康，且樂天知命。斯文有禮，很少發脾氣。在書桌近傍牆上，貼有一張紅紙條，上面書寫明朝某詩人的詩句：「每日清晨一炷香，謝天謝地謝三光。但祈處處田禾熟，又願人人壽命長。國有賢臣安社稷，家無逆子惱爺娘。萬方平靜干戈息，我縱貧窮也不妨」。此詩雖俚俗，但卻充份代表舊時代善良的士大夫心理。其宅心仁厚，確使人感動。尤其結句太佳。表示只要國家太平，賢人在位，家家富有無逆子，人人健康多長壽，自己貧窮一點，也沒有關係。這是何等氣概，何等胸懷！

雍陶厭惡官場

雍陶，唐，西蜀成都人，字國鈞，太和進士。能詩，歷任侍御史，國子毛詩博士。大中八年，出為簡州（四川簡陽縣）刺史。他的詩，語言精鍊，長於寫景，注重形象。據說他常自比謝眺、柳渾。殷堯藩讚他的詩風「清婉逼陰（鏗）何（遜）」。他的七絕如〈西歸出斜谷〉云：「行過險棧出褒斜，出盡平川似到家。萬里客愁今日散，馬前初見米囊花」。斜谷，即褒斜，乃陝西終南山之山谷。為陝川交通之要道。因雍陶係蜀人，「西歸」乃還鄉之謂。險棧：指褒斜谷危險之棧道。出盡句：謂出谷後走入平川之地，已無險阻，真似回到了家。米囊花：即罌粟花。馬前句：馬前忽見故鄉景物，欣喜之情，溢於言表。

七律如〈到蜀後記途中經歷〉云：「劍峰重疊雪雲漫，憶昨來時處處難。大散嶺頭春足雨，褒斜谷裡夏猶寒。蜀門去國三千里，巴路登山八十盤。自到成都燒酒熱，不思身更入長安」。這詩是記述入蜀所經過高山深谷的艱險歷程。首聯描寫山峰高聳似劍。從長安到成都，一路雲霧積雪險阻艱危的情景。次聯指大散嶺多雨，斜谷夏日猶陰寒，更增加旅途之艱難。三聯指巴蜀離國都長安遙遠，山路盤旋曲折。結聯表示宦情已淡。雍陶早年熱衷功名，經過長期的宦途生活，使他對險惡的官場感到厭倦。回到家鄉後，人情溫暖，不想再回長安。他在「蹇步不唯傷旅思，上中兼見宦途情」詩句中，也可窺見此種心情。

孟浩然過故人莊

孟浩然有一首〈過故人莊〉的詩：「故人具雞黍，邀我至田家；綠樹村邊合，青山郭外斜；開軒面場圃，把酒話桑麻；待到重陽日，還來就菊花。」此詩用語平淡，首句即拗。將故人的情意，田園的景色，寫得真切動人。其中「開軒」句：即是打開窗子；「場圃」句：即是指晒穀場和菜圃而言。據說有人得到一部《孟浩然集》，關於此詩結聯「待到重陽日，還來就菊花」兩句，刻本脫一「就」字。有人擬補，或作「醉」，或作「賞」，或作「泛」作「對」，都覺欠妥。後來得到善本，原來是「就」字，可知其鍊字的工夫。又結聯預約下一次敘會的時間和雅興，表示他們的交情親密和深厚。

歷代詩人詠三良

春秋時秦穆公與群臣飲樂，穆公云：「生共此樂，死共此哀」。秦大夫子車氏之三子奄息、仲行、鍼虎當即許諾。後來穆公死，一百七十餘人被逼殉葬，子車氏三兄弟亦在其中。三人均為秦國的武士，世稱「三良」。《詩經．秦風．黃鳥》云：「交交黃鳥，止于棘，誰從穆公？子車奄息。維此奄息，百夫之特。臨其穴，惴惴其慄。彼蒼者天，殲我良人，如可贖兮，人百其身（餘詠仲行，鍼虎詩略）。三國時曹植亦有詩詠其事：「功名不可為，忠義我所安。秦穆先下世，三臣皆自殘。生時等榮樂，既沒同憂患。誰言捐軀易，殺身誠獨難。攬涕登君墓，臨穴仰天嘆。長夜何冥冥，一往不復返。黃鳥為悲鳴，哀哉傷肺肝」。到了晉朝元熙二年六月，劉裕廢晉恭帝為零陵王，次年，劉裕以毒酒一瓶授張褘，要張褘毒死零陵王。張褘不忍向零陵王進毒酒，而自飲先死，陶淵明亦有〈詠三良〉一詩，並借其事以悼願與君王同死之張褘。詩云：「……一朝長逝後，願言同此歸。厚恩固難忘，君命安可違？臨穴罔遲疑，投義志攸希。荊棘籠高墳，黃鳥聲正悲。良人不可贖，泫然霑我衣」。按專制時代，君命如山，臨終還須人陪葬，真是慘無人道。《詩經》、曹植等之詩皆言之甚詳。而陶淵明之詩且借其事以悼張褘，可謂不露痕跡。

葉濟安為人豪爽

葉濟安先生，湖南長沙銅官人，民國十六年生。曾任國軍中級幹部，退休後，移民阿根廷。為人有霸才，有豪氣，與當地外交界僑界常有詩酒聯歡。旋返大陸定居，在上海病逝。著有《劫餘詩草》行世。葉君在台時，曾閱報載：台南有一女士，與男友相戀八年，其父母謂男方是貪女方財產，不允婚事。女力白乃是純潔愛情，堅志不移。結婚之日，女方只允帶兩口小箱，男方嫌其寒傖，在禮堂毀約。女開箱內有住房及為男方安開診所之產權、汽車等貴重陪嫁物，男要求行禮，女攜箱而去。葉君賦以詩云：「自由戀愛八經年，女為郎才男為錢，只道學成登甲第，好將恩愛慶團圓；兩箱陪嫁機關巧，一怒難收覆水緣；休怪杜娘沈百寶，擇夫惟望丈夫賢」。不僅故事感人，詩亦感人。惟首句有「戀愛」，四句又有「恩愛」，如將「恩愛」易為「婚配」可能更佳。

又如〈詠女飛行員〉云：「紅妝脫去換戎裝，飛上長天習技忙；每憶宗邦遭敵侮，如同背上刺針芒；衛空喜見凌雲志，報國猶須賴自強；漫寫詩篇期勖勉，我思歸去戍邊防」。除「凌雲志」對「賴自強」稍弱外，詞淺意真，清新雅致，愛國愛鄉觀念濃郁。其他佳句如：「艱難歲月愁中過，辛苦生涯分外忙」。「照石通明知水潔，襲人濃郁是花香」。「壯志已隨流水去，詩心不為客情捐」。皆情真意切，似從肺腑中流出，如此佳句，不勝枚舉。

李廣超苦讀成功

李廣超先生，字子瑜，筆名殘草，自號玉雪軒主人，一九四三年生，山東省魚台縣人。世代務農，家貧力學，雖僅高中畢業，但他刻苦自修，到處拜訪名師，求教請益。他對文學、史學、哲學方面的書籍，無所不窺，尤偏好詩詞。餘暇則參加北京函授大學，鑽研古今中外文學名著，充實作詩填詞的知識。他自言「早年習古體雜詩，後漸習律詩和詞。凡述懷、狀物、寄情、達意、多借助于詞這一體式」。他先後出版有《殘草集》《落英集》《長春集》《漢俳五章》及《玉雪軒詞存例譜解釋》五卷，最後合編總其名曰《玉雪軒詩詞》，共計古體詩七十餘首，律詩八十餘首，詞六百餘闋。

特舉七律一首為例：「風雨十年空亂忙，星移斗轉甚荒唐。親朋僅說違心話，摯友矯情編大荒。花樣文學慢天地，奇談怪論滿城鄉。夢中祈盼春來早，閒賦小詩獨自嘗。」描寫十年來文革中「說違心話」「奇談怪論」等種種事象，畢露無遺。我們更可從下列詩句中窺見其為人：「十年動亂書中過，百首詩成夢裡求」。「生平不作彈鋏客，惟願布衣終此身」。「為留身潔遺人老，敢效青蓮傲骨存」。「志壯心雄連北斗」「喜為盛世奮蹄奔」。布衣終身，心存傲骨，實足表現其書生本色，而志壯心雄，奮蹄前奔，更可見其努力不懈之精神，實令人可佩。但他最大的成就，是主編《二十世紀中華詞苑大觀》一書。他從徵稿審稿到印刷出版，前後歷時五年有餘。輯得近百年來中國詞壇作手三千二百餘家，作品約二萬餘闋。是繼《全唐五代詞》《全宋詞》《全金元詞》《明詞匯刊》《全清詞鈔》之後又一大型詞學典籍。用十六開精裝，分上下兩鉅冊，計二千餘頁。真是大手筆，大魄力，大工程，稱得上中華文化偉大結晶。非有堅忍之毅力，崇高之理想，與詞學修養，曷克臻此。際此二十世紀之新時代，物質文明已登峰造極，而精神文明反益空虛，個中原委，莫不與缺少文學藝術性靈修養有關。而詞苑大觀之出版，實多利賴。

承南京白堅教授年前託陳洒寒詞兄帶贈李先生所主編之詞苑大觀，及李先生奇來所著之玉雪軒詩詞集，深為感念。因心疾在身，直至最近始拜讀一過，覺其中寶藏甚多，謹抒讀後一點感想，實有掛一漏萬之譏也。

致老上司述心疾

潤公暨夫人鈞鑒：上年十二月十二日由章公轉來華翰、玉照、詩文及厚貺，均已敬悉與拜領。說實在的，深不敢接受　鈞長此一賜予。但繼而又想，「長者賜，不敢辭。」惟有「衷心藏之，何日忘之」。我　公對詩文及長短句甚有造詣，匆促間惠我珠玉之作，且對我溢美鼓勵有加，至深感佩！我現正養病在家，已接受醫生心臟血管繞道手術。手術對我而言，也許是有前緣。猶記十一年前的八月十日，我接受魏錚博士第一次手術時，依稀如昨。他事前告訴我：冠狀動脈，是心臟的營養血管。發生阻塞時，心肌便會缺氧，嚴重者會使心肌梗塞，甚至休克、暴斃。凡是三條冠狀動脈阻塞者，施行手術治療，可延長生命。至於手術的方法是：經由前胸垂直切口，鋸開胸骨，打開心包膜。另外一組人員則在腿部切取所需使用之大隱靜脈。心包膜打開後，在主動脈及右心房插管，接上人工心肺機，以體外循環的方式，降低病人的體溫。同時使用心臟痲痺劑，於心臟停止時保護心肌。並將阻塞之冠狀動脈遠側端用刀片切開，同時將腿部取下之大隱靜脈，接在冠狀動脈與主動脈之間，便可使血液暢通。十一年的時間轉瞬即已過去，如今又接受第二次心臟手術，醫術較前更為進步，我心存無比的感念。餘容後敘，敬頌鈞祺。

武麗芳敏慧好學

武麗芳女史，民國四十九年生於新竹，祖籍安徽宿縣，警校、靜宜大學中文系畢業。交通大學管理科學研究所研究，美國加洲大學長堤分校進修。曾任作業員、警察、組員、股長，並任新竹市北區公所秘書、現任區長。她家學淵源，天生敏慧。自幼喜愛夢想，醉心文學，且愛下棋、聊天，及觀小朋友嬉戲，有物外之趣。民國八十七年參加台省鄉土語文競賽詩詞吟唱，榮獲社會組第一名，八十八年榮獲第三名。現為中華古典詩研究社理事，亦為該社才華特出之女詩人，著有《風城柳絮》集。作品清新脫俗，如〈塹城初夏〉詩云：「柳線低垂籠翠煙，南風送暖塹城邊；蛙鳴四野如湯沸，乍雨猶寒正好眠」。新竹又名竹塹，亦稱塹城。她生長於新竹，故對新竹別有一番特殊體味。又如詠〈虹〉云：「來時無影去無蹤，只見彤光彩萬重；西塞夕陽東塞雨，移時頓即失芳容」。第三句係民間俗語蛻化。俗語能入詩，值得提倡。詞如〈浣溪沙〉云：「蕊綻幽香遠溢清，污泥不染見晶瑩。敢誇高潔自堅貞。玉露承歡珠滿葉，瓊枝擁翠碧含英，月明輕帶好風迎」。描寫「荷」之神理，真是深刻入微。香遠與污泥句：係脫胎周濂溪之〈愛蓮說〉。筆者閱讀麗芳女史之詩詞，如夏日飲冰，有神清氣爽之感。而且她正當盛年，以其敏慧與好學深思，努力進取，前途實未可限量！

尋人啟事情意摯

民國六十七年八月四日，筆者在《中國時報》上看到一則「尋人啟事」、內容是：「翠華：我錯了，但更愛妳。妳以淚洗面，妳爸爸憔悴了許多，孩子更是想念妳，而我，從那天放下聽筒後，三天三夜來，車子已跑近二千公里，睡了五小時，吃了兩碗稀飯，肚餓也吃不下去。何苦呢！苦了妳，也苦了我，更苦了孩子美月和秋香，妳爸爸和二哥。四日下午六時起，在高雄火車站候車室裡等妳，不見不散，直到永遠。再告訴妳：想妳念妳」。這是很好的「尋人啟事」，真是感人肺腑，較之一般「警告逃妻」的故事，要高明多了。在這則故事裡，我們可以知道，他們夫妻是因為某一事件意見不同而發生辯論，女主角堅持其意見，而男主角也有其意見不肯退讓，終於發生爭吵，甚至打鬧的場面。女主角在一氣之下，離家出走，待男主角理智清醒，感到自己不對，以致三天三夜吃不好，睡不著，開車到處找她，亦未找著，才登了這則啟事，表示歉意。首先說自己錯了，更加愛她。由此我們也可以知道，他們夫妻平時感情很好。男主角心地善良，女主角的個性稍稍倔強而已。她如果看了這啟事後，定會感動地很快回來。這雖是一則小故事，也是一篇感人的散文。古人云：「無意為文，而文無不工」，原因在於作者的「感情真摯」。

方子丹新書發表會

方子丹教授及其門人李瑞泰先生、於民國八十八年十一月十二日假台灣師範大學教育學院國際會議廳舉辦其《九十以後古近體詩三百首》暨《紅樓夢的真相與真趣》發表聯誼會。筆者亦承邀出席，大會首由廖從雲社長致揭幕詞，繼由王靜芝教授簡介方老生平著作、龔嘉英教授主講方老詩作賞析。繼由方老贈送國家圖書館、師大等五單位新著，受贈人由淡大陳慶煌教授代領並致謝詞。再由方老與其門人吳愛蓮女士朗誦詩詞，及方老主講〈二十一世紀傳統詩的發展與傳承〉。大會除另一主講人錢濟鄂教授因故未能出席，及未能安排來賓自由致詞稍嫌寂寞外，可稱得上一次極為成功的發表會。其中最值得一提的是方教授講詞，特予摘要如次：「追溯數千年來詩的創作，皆不斷在形體上演變，如雜言變為齊言，古體變為近體，再變為倚聲令調，更變為元曲。而每一時代的作者，莫不借形體來力求突奧，發舒意境，表現出如煙波之浩渺，逸趣橫生，攬之而無窮，浥之而不盡，摹歡則令人神蕩，寫怨則令人斷腸，傳神不僅快意，且足神馳。所謂動我心魄，不知其所以然者，誠能如此，方足稱為神品。然此種神品，莫不借形體來表現。所可惜者，新詩作家從民國八年五四運動以來，大家摸索創作新詩，摸了八十年，還沒有摸出適合中華民族胃口的形體，用以接掌詩運。記得拙著《歷代詩學通論》中有四句結論，那就是：『體以成形，形以載意，體有今古，詩無新舊』。可見變造形體，是創作人必先具備的條件。然形體創作亦發生形聲上的障礙。因國語音標缺少入聲、新詩創作人之一的聞一多早有此感，乃有『勒馬回韁作舊詩』之詠。現今大陸各大學語文學者，已經發現簡體字與國語音標的缺失，正力圖匡救，且大陸各省市縣傳統詩詞吟友遍及全國，各大學中文系所對傳統詩整編研究不遺餘力，預料傳統詩的傳承，必可光前啟後」。方老是五四運動的過來人，對五四以後的文學最清楚。這一段話，鞭辟入裡，值得我們新舊詩人反省和檢討。

孟浩然被明主棄

據《新唐書，本傳》及有關資料記載：孟浩然有一次去翰苑訪其好友王維，恰逢唐玄宗駕到，他急忙藏匿起來，王維不敢隱瞞，將情況奏明玄宗。玄宗云：「我早聽過他的名字了」。於是即時召見，並希望瞭解其近作。孟便將〈歲暮歸南山〉一詩唸道：「北闕休上書，南山歸敝廬；不才明主棄，多病故人疏；白髮催年老，青陽逼歲除；永懷愁不寐、松月夜窗虛」。當玄宗聽到第三句便說：「我並未拋棄你呀，你怎麼這樣說呢」？孟浩然本是採取以退為進的策略，沒想到皇帝老官來一個順水推舟，將計就計，將他放歸襄陽吃老米飯，可見以退為進之策，不是對任何人都可使用得上的。

南社為革命組織

接南京市白堅詞兄函告，南社九十周年紀念大會，訂於本（八八）年十一月下旬在南京召開云。按南社是一個以詩文鼓吹民族大義，以氣節激揚時代思潮的組織，成立於清朝光緒三十三年，西曆一九〇七年，其著名人物如柳亞子、陳去病、甯調元、宋教仁、張默君、蘇曼殊、黃節、馬君武、謝无量、邵元沖、李叔同、徐自華、俞劍華、葉楚傖等，皆為一時俊彥豪傑。社址設於上海。建社之宗旨，表面上不過詩文唱酬而已。其初隸社籍者，亦不過數十人，然至辛亥首義之際，已不下三百人。二年之後，漸達千人，是為南社極盛時期。據柳亞子所撰《南社叢選序》：該社分為三個時期。第一時期，自創始至辛亥，稱為醞釀時期。此時滿清政府雖然日見頹衰，但氣燄猶盛。有志之士，都憂憤鬱結，發為詩文，激昂慷慨，然為避免清吏的羅織，必須隱其志，晦其詞，委婉以求抒其胸臆，但頗足激勵人心，鼓吹革命。迨首義軍興，則社中俊流，或建牙開府，或運籌帷幄者，比比皆是。第二時期，自壬子至丙辰，稱為摧殘時期。當民國肇建，群情望治甚殷，而袁世凱竊國，誅鋤黨人如宋教仁、陳英士、甯調元等，皆先後斷頭瀝血，同作犧牲。第三時期，自丁巳至癸亥，稱為墮落時期。此時期有附逆洪憲的小醜，有委身安福的敗類，有列名賄選的「豬仔議員」等。無怪柳亞子深為痛心，說是「吾社大辱，雖傾西江之水，不足以洗滌之」。然南社有志之士，其文章詩詞，足以振奮人心，激盪風潮，影響一代，固不因少數不肖之徒而稍減時代價值耳。南社既屹立於滬濱，集會於愚園，當時並有社刊出版，或謂出至二十餘集。至民國十三年四月，胡韞玉樸安乃編《南社叢選》，計文選十卷，三百九十八篇，作者一百零七人。詩選十二卷，三千零三十七首，作者一百六十七人。詞選二卷，三百九十七闋，作者六十人。雖取以人存詩之旨，然而既係選集，其所選當非全部可知。

韋應物感愧俸錢

韋應物，長安（今陝西西安）人。人以三衛郎事唐玄宗，晚更折節讀書，成為一個能一寄穠艷於簡淡中之詩人。建中初拜比部員外郎，遷左司郎中。先後出任滁洲、江州刺史，貞元中出為蘇州刺史，後人稱他為「韋蘇州」。其詩閒淡簡遠，人比陶淵明，有《韋蘇州集》。多惠政，性高潔，所在焚香掃地而坐。他善寫如〈听鶯曲〉、〈白沙亭逢吳叟歌〉及〈睢陽感懷〉等篇幅較長的詩歌，亦能寫精警妍麗的小詩。如〈滁州西澗〉云：「獨憐幽草澗邊生，上有黃鸝深樹鳴；春潮帶雨晚來急，野度無人舟自橫」。是何等雅麗動人，是歷來被人所傳誦者。感情充沛，豪語感人，是韋詩一大特色。他的詩如（寄暢當）云：「丈夫當為國，破敵如摧山；何必事州府、坐使鬢毛斑」。筆者最喜讀其（寄李儋元錫）一詩：「去年花裡逢君別，今日花開又一年；世事茫茫難自料，春愁黯黯獨成眠；身多疾病思田里、邑有流亡愧俸錢；聞道欲來相問訊，西樓望月幾回圓」。首二句寫對景懷人，三四句寫他的愁懷難展，以及無可奈何的思想感慨。五六句是名句，也是他任蘇州刺史時，自覺地檢討自己，未盡地方首長之責。方虛谷謂：「朱文公（熹）盛稱五六句好……」結句始點出今日寄詩之意，詩法值得借鏡。

一聲鑼鼓何處家

有人說：「安得黃金千萬斛，結交天下美人名士」，這確是一句豪語。不僅有氣概，而且非常洒脫、洒落。但與筆者的願望卻不相同：「祈老天賦我以健康，對中華文化能再寫讀二十年」！這也許是年齡、思想、環境的各異使然。儘管一個人擁有多大名位和財富，假如沒有健康，一切皆將化為烏有。如蔣中正先生，毛潤之先生，以及歷代的帝王將相，英雄豪傑，他們在生前爭天下，爭名位，「一將功成萬骨枯」，等到眼睛一閉，一切也就完了。凡是想擁有一切的人、筆者勸他多去醫院、殯儀館。喪葬場看看，也許有所頓悟。正如明朝憨山大師所云：「頃刻一聲鑼鼓歇，不知何處是家鄉」？

拙作被人引用

閱讀民國八十八年十二月十八日新生報「空大專版」第二三七三期，企鵝先生所寫的「李欣華校友新書發表會義賣賑災」一文，其副標題引述筆者之詩〈讀書有感〉云：「翻越層巒復度峰，極峰猶在白雲重；身雖疲頓心仍熾，奮勇前趨興味濃」。拙作能獲他人引述，是一份光榮。惟其中有幾處錯字，如「復」誤為「後」；「重」誤為「中」；「趨」誤為「超」。究竟是抄錯抑為打錯？不得而知。按引述他人著作、並非不可，但必須註明原作者「姓名」或「書名」，否則侵占了原作者智慧財產權。企鵝先生不知是誰？企鵝可能是其筆名。區區之意，尚請企鵝先生不以為忤才好。

後庭花成亡國音

杜牧有一首〈泊秦淮〉的詩：「煙籠寒水月籠沙，夜泊秦淮近酒家；商女不知亡國恨，隔江猶唱後庭花」。此詩淺明易解，惟「後庭花」的典故，可能少有人知道。據史載：南朝陳後主叔寶，在金陵生活奢侈豪華，建臨春、結綺、望仙三閣，終日與貴妃張麗華、孔貴嬪等在後庭遊歡作樂。陳叔寶且自作〈玉樹後庭花〉歌詞令宮女歌唱：「麗宇芳林對高閣，新妝艷質本傾城，映戶凝嬌乍不進，出帷含態笑相迎，妖姬臉似花含露，玉樹流光照後庭」。詞的大意是：在玉宇芳林環境的高閣中，一位傾國傾城的艷妝美女，她立在珠簾後面，姍姍含羞徘徊，終於走出來了，她那含笑的臉蛋，像鮮花帶露，無限妖媚；她那潔白的身體，好像玉樹映日，使滿庭生輝。以現代的眼光來看，這首歌不算太淫蕩，惟陳叔寶荒淫腐化，酣歌醉飲，不理朝政，至陳禎明二年，隋軍大舉南進。次年春正月元宵節，隋將韓擒虎，賀若弼分南北二路進逼金陵，京城守將投降，百官逃散，此時陳叔寶始知大勢已去，攜著張麗華、孔貴嬪躲入景陽宮井中（現名臙脂井），當時被隋軍拉出，成為階下囚。陳朝從此也就亡了。除了杜牧的詩詠此事外，還有劉禹錫的〈台城〉詩：「台城六代競豪華；結綺臨春事最奢；萬戶千門成野草，只緣一曲後庭花」。此即為「後庭花」為何成亡國之音的由來。

李白的醉月中聖

李白詩才橫溢，一生狂傲，甚少有詩贊美別人，除了求官時〈上韓荊州書〉贊韓朝宗：「生不用封萬戶，但願一識韓荊州」外，其次就是他年輕時在安陸（今湖北省內）有詩贊孟浩然：「吾愛孟夫子，風流天下聞；紅顏棄軒冕，白首臥松雲；醉月頻中聖，迷花不事君；高山安可仰，徒此挹清芬。」起聯便對孟浩然的品性加以推崇。頷聯說孟年輕時便拋棄官祿，年老時隱居山林。頸聯說孟把酒對月屢次喝醉；迷戀花草，不事奉君王。結聯說孟的品行同高山一般，徒然可以仰望，沾受他的一些清美芬芳的氣質。此詩的難解處在「中聖」一辭，典出《魏志．徐邈傳》：「邈為尚書郎時，科禁酒，校事者問以曹事，邈曰「中聖人」。曹操醉客謂酒清者為聖人，濁者為賢人，邈性修慎，偶醉言耳。」後文帝幸許昌，問邈曰：「頗復中聖人否？」李德裕〈流杯亭〉詩：「欲知中聖處，皓月臨松蓋」。皮日休〈以橘子贈魯望〉詩：「知君多病仍中聖，盡送寒苞向枕邊」。《書言故事．酒類》：「中酒曰聖」。綜上意是說：古時酒徒把清酒比喻聖人，濁酒比喻賢人。中聖就是中酒（喝醉）的隱語。按李白一生喜歡喝酒，他崇拜孟浩然的原因，也是志趣相投。其次就是孟浩然比李年長（十二歲），而且是唐代第一位創作山水詩的詩人，是王維等山水詩人的先驅。

四時景四首歌詞

常使人喜愛吟誦的，是下面的四首詞曲，不知出於何人之手？他詠四時之景，詞清意美，猶如一幕幕的美術鏡頭，映入眼簾，令人心怡神暢。首先言〈春〉：「寒梅嶺上香，舒青眼，展垂楊，祗一番風信，春意滿山崗，啼黃鳥，喚醒了紅紫芬芳；使夭桃濃李花齊放，又新蒲細柳葉漸長。蜂作陣，蝶成雙，也來點綴好韶光」。其次言〈夏〉：「櫻桃樹上空，青梅熟，綠蔭叢，又南風吹去，夏景滿寰中。張烈日，薰染了南北西東，使田沃野草參差碧，又榴火荷花獨自紅。飛白鷺，疊雲峰，暑天也覺趣無窮」。其次再言〈秋〉：「園林暑漸收。涼風至，是清秋。問秋何在？秋在樹梢頭。蟲唧唧，叫徹了長夜悠悠，看碧天雲盡雁唧月，聞丹桂花開香滿樓。菊花盡，百花休，林園冷落使人愁」。再其次言〈冬〉：「江山都寂寥，河水淺，草木凋，剛晚秋時候，忽忽又冬潮，北風緊，刮起了大地塵屑；這零零水土冰成冽，那漠漠雲低雪自飄。春回否？寒怎消？倩君忍耐看梅梢」。大陸這種四季分明的美景，在台灣是不易看到的。尤其是冬天那種「江山一籠統，井上黑窟窿，黑狗身上白，白狗身上腫」以及那種「零零水土冰成冽，漠漠雲低雪自飄」的景象，更不能見到了。我們怎能輕易放棄這片廣大土地！

李白處世若大夢

李白平生嗜酒如命。杜甫有詩評他：「李白一斗詩百篇，長安市上酒家眠；天子呼來不上船，自稱臣是酒中仙」。而李白自己亦在〈春日醉起言志〉中坦言：「處世若人夢，胡為勞其生；所以終日醉，頹然臥前楹；覺來盼庭樹，一鳥花間鳴；借問此何日？春風語流鶯；感之欲嘆息，對酒還自傾；浩歌待明月，曲盡已忘情」。因他將人生看做一場大夢，所以整天酗酒。醉倒那裡？便臥倒那裡？等到醒來，借問旁人，旁人答過，方知正是春天，鳥是流鶯。在春風駘蕩中，幾為一夢錯過，所以發出感嘆，又獨自傾杯，並對酒高歌，以待明月，及至唱完又忘記一切，若說是瀟灑，未免頹唐！

徐自華姊妹才女

徐自華女士，字寄塵，號懺慧，浙江崇德人。她葬女俠秋瑾於杭州西泠，並作誄詞。他的〈九日閒興〉詩云：「蕭瑟西風落葉飛，一籬黃菊傲霜威；人憐瘦影同清照，雁帶寒聲叫夕暉；習靜任謀生計拙，耽吟覺與世情違；懶攜樽酒登高去，課讀兒曹晝掩扉」。重陽佳節，懶去攜酒登高，而閉門課讀兒輩，別有一番心境。她的妹妹徐蘊華，曾主崇德女校，亦能詩。如〈小窗遣興〉云：「筆床茶灶又詩筒，安頓生涯且此中；酒為消愁容易醉，畫原寫意不求工；雲開渾似疑團破，月上期如悟境通；世上子期如有望，等閑未必棄絲桐」。頷頸兩聯屬句新穎工致。在古今才女中，姊妹均擅詩者罕見。

荊軻千載有餘情

燕國太子名丹，曾被質於趙，而秦王政亦生於趙國。二人幼時至為要好，後政立為秦王，燕丹復被質於秦，政對丹遂不若前。丹懷恨在心，暗地逃回燕國。但秦國勢力日強，兵力幾達易水，燕丹思覓一勇士以報秦王之仇。其師傅鞠武舉荐田光，光云：「吾老矣，精力不濟」。於是又荐其友荊軻。軻原為齊人，徙家於衛，衛人叫他慶卿。至燕國後，燕人稱他荊卿。燕太子尊他為上賓，佳餚美酒招待，以得其歡心。秦為嬴姓，故言強嬴。荊軻受丹殊遇，願一死以報知己，乃執燕丹給他之焠藥匕首，到秦國去刺秦王政，朋友知道此事，皆穿白衣戴白帽，騎白馬，到易水來餞行。其中高漸離擊筑，宋意唱歌，荊軻本人亦和唱一首變徵之聲，歌詞為：「風蕭蕭兮易水寒，壯士一去不復返」。聲調至為悽慘，送行者都下淚。後又唱羽聲，激昂慷慨，怒髮衝冠，唱畢，荊軻即上車而去，頭也不回。荊軻赴秦時，攜帶兩物件：一為秦國逃將樊於期之頭，一為燕國地圖。地圖裡捲著匕首，秦王打開看時，圖窮匕現，荊軻左執秦王之袖，右持匕首刺之，惜未中，秦王驚起，袖絕，軻逐秦王，王環柱而走。秦王身上本佩有劍，然未拔出，左右呼曰：「從背後拔」，一語提醒秦王，劍乃出，斬斷荊軻之左股，軻不能行，即用匕首擿秦王，中銅柱，終被秦王及其左右殺死。陶淵明有首詠此事的詩云：「燕丹善養士，志在報強嬴。招集百夫良，歲暮得荊卿。君子死知己，提劍出燕京。素驥鳴廣陌，慷慨送其行。雄髮指危冠，猛氣衝長纓。飲餞易水上，四座列群英。漸離擊悲筑，宋意唱高聲。蕭蕭哀風逝，淡淡寒波生。商音更流涕，羽奏壯士驚。公知去不歸，且有後世名。登車何回顧，飛蓋入秦庭。凌厲越萬里，逶迤過千城。圖窮事自至，豪主正怔營。惜哉劍術疏，奇功遂不成。其人雖已沒，千載有餘情」。「豪主」，指秦王，「怔營」，驚慌失措之意。結謂此人雖然已死，但這一事情，千百年後，還是使人感動。此乃陶淵明寫此詩之主要目的。

一個美艷的鏡頭

有一位女作家在她的一篇小說中寫道：「她記得那是仲春的一個假日，她和偉文一同去遠足。偉文怕她爬不動山，她一賭氣就要和他比賽，賭注是一個吻。結果她比他遲到了十幾步，他向她索取賭注，她卻一味的繞著那顆樹躲閃，但他終於摟住了她，她笑著喘著，像一塊餳糖般軟癱在他的懷裡」。這是一個多生動多美艷的鏡頭，也是一幅綺麗的畫或詩境。可是並不是詩，如果用詩表達出來，當然會更美。筆者常想，一切文學，包括散文、小說、詩詞、戲劇、山歌、民謠、圖畫等，只要表達得好，都會引人入勝的。正如胡適博士說：「表情表得好，達意達得妙，便是文學」。

曹植才高八斗

曹植，三國時曹操之子，字子建，封陳王。穎慧異常，甚為曹操所喜愛。其兄曹丕素忌其才，意欲加害，令限七步內成詩，曹植應聲對曰：「煮豆燃豆萁，豆在釜中泣；本是同根生，相煎何太急」。曹丕聽後，自感愧然。曹植文才富艷，謝靈運譽他：「天下文章一石，子建獨得八斗」。後世稱他為繡虎，可惜四十一歲時即卒，諡思，有《曹子建集》。他年輕時，生活奢靡，不知人間疾苦。如其〈鬥雞〉詩云：「遊目極妙伎，清聽厭宮商。主人寂無為，眾賓進樂方。長筵坐戲客，鬥雞閒觀房。群雄正翕赫，雙翅自飛揚。揮羽激清風，悍目發朱光。觜落輕毛散，嚴距往往傷。長鳴入青雲，扇翼獨翱翔。願得狸狐助，常得擅此場」。意思是說：各種各樣的巧妙伎藝都看厭了，各種音樂也已聽膩，主人感到無聊，賓客們便進呈種種玩樂的方法。於是又圍在一起看鬥雞。雄雞為顯其威風，兩邊翅膀一張一合，激動清風。撲鬥時，眼睛也已發紅。先用嘴啄，輕毛散落一地；繼用厲爪撲，往往使對方受傷。凡鬥勝之一方，搧動翅膀，長叫一聲，在空中飛揚。結狸狐句：出自莊子逸篇：「羊溝之雞時以勝之者，以狸膏塗其頭也」。「狸」是狐狸，吃雞。雞聞對方狸膏即畏懼，故將狸膏塗於雞頭上，以嚇對方求勝。又如〈公宴〉詩云：「公子愛敬客，終宴不知疲。清夜遊西園，飛蓋相追隨。明月澄清影，列宿正參差。秋蘭被長坂，朱華冒綠池。潛魚躍清波，好鳥鳴高枝。

神飆接丹轂，輕輦隨風移。飄颻放志意，千秋長若斯」。此詩是描寫他與曹丕在銅雀園遊宴詩酒流連的情景。這與他後來所寫的〈怨歌行〉：「君作高山柏，妾為濁水泥……願作東北風，吹我入君懷；君懷常不開，賤妾當何依」。及〈種葛篇〉：「行年當晚暮，佳人懷異心，恩絕曠不接，我情遂抑沈」。前後期作品相較，是截然不同的。此或為生活、環境、年齡、思想迥異使然。鍾嶸《詩品》評他「骨氣奇高，詞采華茂」。筆者卻認為詞采華茂是不錯的，至於骨氣奇高倒也未必。

劉定遠海曲遺民

同宗定遠先生，祖籍江西都昌，現寓臺灣。民國十二年（一九二三）生。政治作戰學校政治系二期畢業。曾主編國防新聞《輿論和時事》週刊，供層峰軍政長官決策參考。並為軍友社《軍民一家》等雜誌、撰寫時論專欄。退休後，受聘中統通訊主筆。文辭犀利，識見宏深，贏得各界佳評。其詩詞亦雄渾典麗，擲地有聲，楚騷、古南及洛陽詩社、聘為顧問。著有《海曲遺民詩文集》。他自我解嘲曰：「政黨輪替，綠色政權，視吾儕為外省人，而大陸又說我們是台胞，則成為兩岸遺棄之民也。因而我亦以『海曲遺民』認命」。並有詩題其端云：「蟄居海曲算遺民，屈指流光五十春。故國情懷縈夢寐，異鄉感慨嘆沈淪。皺眉未遂凌雲志，切齒尤憎媚日人。歲月悠悠東逝水，何時返璞得歸真」？情詞慷慨，不失其赤子之心也。

定遠兄幼極穎悟，當他十二歲時，其父明道公，在景德鎮市任教。時維秋冬之交，他奉母命寄寒衣帽，並附七律一首於書後：「北雁回歸一夜寒，萱堂囑語寄衣冠。蕭蕭南圃無新景，寂寂東籬仍舊觀。珍重金軀嚴起宿，芥輕阿堵廣衣餐。別來無恙全家福，母健兒康賤體安」。一位十二歲的少年，能寫出如此典雅的詩章，真非池中物也。詩的首聯說：天氣漸漸寒冷了，母親叮囑他寫信寄寒衣帽給父親。頷聯指報告他父親，別後家中田園仍是老樣子。頸聯謂恭請父親保重玉體，按時作息，注重衣食，不要過於節省。結聯說家中一切托福平安，他請父親不必掛念，寫得甚為妥切，得體。

定遠兄的詩，曾於兩岸詩賽中多次獲獎。獎杯獎牌，琳瑯滿目。例如民國八十九年（二〇〇〇）一月，《乾坤》詩刊為迎向二〇〇〇年詩宴暨慶祝創刊三週年，特舉辦徵詩活動。他以「遙寄川滇諸堂弟」一詩參賽：「故鄉遠在白雲中，台海慈航渡不通。消息郵傳千里雁，團圓夢醒五更風。過河有悔枯魚泣，登陸毋勞汗馬攻。但願乾坤能再造，和平演變慶成功。」獲首獎，得獎評語是：「典雅精鍊，切事切題。愛國愛鄉，沉鬱吟來，意亦雋永」。評得甚佳。但我要補充的是：結聯一語雙關。不僅將「慶祝乾坤」四字巧妙安排。且「和平演變」亦順理成章。意在言外。第三句原註云：「古樂府載：『枯魚過河泣，何時悔復及。作書與魴鱮，相教慎出入』。此借枯魚為喻，慎始防微之意。暗諷今日『台獨』，宜加審慎，以免枯魚之泣，致噬臍莫及，悔不當初。用典極為洽切。

民國八十一年（一九九二）八月，他返大陸故鄉探親。順道至都昌縣城附近之南山，作舊地重遊。並賦七律一首：「山悠水遠念都昌，自古馳名魚米鄉。明主觀兵龍望腦，宋揆遺址鳳朝陽。環湖北岸多舟楫，通道南山免渡航。蘇軾題泉名野老，碧桃花發自芬芳」。首聯指都昌縣自古以來，都是產米產魚之鄉。不管離開它有多久多遠，總是令人懷念。頷聯龍望腦，係篁竺峰前面之小地名，鳳朝陽係伍家山後面的鳳凰山。前者為明太祖朱元璋觀鄱陽湖與陳友諒水戰之處，後者地鄰宋承相江萬里的故里遺址。頸聯謂環繞鄱湖北岸有船隻聚集，南山現在建有通道，不須渡船，人可直接互相往來。結聯乃引蘇東坡的故事。按坡公被謫黃州、惠州、儋州，三次經過贛北湖口等地。而都昌與湖口比鄰，必當來此遊歷。在此曾留下墨寶：「野老泉」三字真跡。另留七絕一首：「鄱陽湖上都昌縣，燈火樓臺一萬家。水隔南山人不渡，東風吹老碧桃花」。均立碑勒石，供後人瞻仰。

定遠兄詩思敏捷，含蘊豐盛。在其《海曲遺民詩文集中》，此類佳作，俯拾即是，無論律絕，動輒一題數首，甚至超過十首以上者，其才有不能盡用之感。

張堂明書香世家

張堂明君，予之同鄉也。當予主編《台灣新生報．新生詩苑》時，由來稿中識其大名。爾後函札往還，始悉為衡陽望族。其先曾祖霖雨公，係前清五品學政；祖父綬春公為邑庠生考選孝廉方正，六品頂戴，稱得上官宦裔冑，書香世家。

張君號慶華，筆名醉樵，豎之，一九二八年生。東北瀋陽幹部學院畢業。幼承庭訓，髫齡時即醉心古典詩詞、楹聯。先後受聘《東方文化藝術報》《東方潮》《筆架山詩詞》特約記者採編、學術委員、顧問等職。現任大陸中華詩詞學會及台灣楚騷研究會會員。其詩詞作品散見於各報刊，並多次參予大陸詩賽獲獎。

當其七秩令誕徵詩於予，予亦有詩和之，承其謝以詩云：「潑墨落瀟湘，隆情貺和章；貴躬雖抱恙，妙筆卻含香；典引王盧駱，詞藏角羽商；東橋時節雨，潤物沁衷腸」。首聯在感謝予之和詩，頷聯道及予在病中，仍能勉為執筆。頸聯中謂予引述初唐「王楊盧駱」四大家，其詩之排名次序似不必太計較。結聯呼應首聯而意義更進一層。

其次如〈虎年迎春〉云：「斗柄流光忽建寅，龍騰虎躍慶新春；干戈化去詩聲朗，玉帛迎來笑語頻。喜怒樂哀驚白髮，悲歡離合嘆紅塵；屠蘇隔海遙相敬，共頌炎黃裔胄親」。寅年屬虎，故首聯妙在點題。「化干戈為玉帛」，本為一句古諺，為消除戰爭之意，今分作頷聯對句，加「詩聲朗」與「笑語頻」，更期兩岸之和平。頸聯「白髮」對「紅塵」，不僅有顏色之美，且為「虛」對「實」。加一「驚」字，有猛然驚醒「老之將至」之意。加一「嘆」字，有感傷人事無常之意。結聯高舉酒杯，共祝兩岸炎黃子孫，相親相愛，意義深長！

又如〈詠蓮〉云：「沿池漫步踏朝陽，陣陣晨風撲鼻香；露點晶瑩暉翠蓋，苞含靦腆卻紅妝；任波蕩漾亭亭立，引蝶翩躚款款翔；莫道敦頤偏愛汝，污泥不染美名揚」。晨起散步於荷花池畔，清風陣陣吹拂，朝陽燦爛，露珠在荷葉上晶瑩滾動，紅裳翠蓋，蝴蝶翩躚起舞，真如周美成所云：「葉上朝陽乾宿雨，水面清圓，一一風荷舉。」結聯點出周濂溪〈愛蓮說〉，顯出蓮之品性高潔。

猶憶予患心疾等待手術期間，張君疊有詩慰予。如詩云：「久聞心疾待開刀，料想華陀技藝高；血脈三支通暢否？牽腸掛肚我心勞。」結句情感澎湃，使予感念不已。

他在〈遊桂林駱駝山〉有句云：「專陪象鼻聯佳句，獨佔鰲頭聽讚歌」。其中「象鼻」對「鰲頭」，獲張夢機博士評為「妙手偶得，巧到毫端」，實難能可貴。

茲值《醉樵吟集》付梓，承其不棄，一再函托寫點介紹文字。予雖不敏，然情實不可卻，乃贅數言於篇端，實有掛一漏萬之譏也。

聶紺弩及其詩

聶紺弩，湖北京山人，黃埔軍校二期畢業，曾留學日本、蘇聯，並任中國作家協會理事。人民文學出版社副總編輯兼古典文學部主任等職。著有《散宜生詩》、《聶紺弩雜文集》、《聶紺弩小說集》等行世。

聶氏與周穎女士結婚後十年，周始懷孕生一女，取名海燕，在民族舞蹈團任演員，於一九六七年因故自殺。聶氏得知噩耗，一時沉痛不語，次日凌晨，其妻推門進入臥室，只見他面向牆壁側臥，半邊枕頭尚有淚痕。桌上煙盒已空，煙頭散落一地。筆筒下壓著一詩條云：「願君越老越年輕，路愈崎嶇愈坦平；膝下全虛餘母愛，心中不痛豈人情。方今世面多風雨，何止一家損罐瓶。稀古嫗翁相慰樂，非鰥未寡且偕行」。他的詩明白如話，但頗有深度，樂觀中表現沉痛的精神，與無盡的悲哀。

再如《挑水》一詩：「這頭高便那頭低，片面能平水面漪。一擔乾坤肩上下，雙懸日月臂東西。汲前古鏡人留影，行後征鴻爪印泥。任重途修坡又陡，鷓鴣偏向耳邊啼」。詩的首聯指挑水扁擔一高一低，水面放置一小木片，水花便不致外濺。次聯指兩個水桶圓如日月，兩臂一前一後，拉住水桶純索。三聯汲水時，人影倒映水井中。行走時赤足踏著泥路如鴻爪留痕。結聯謂任重道遠、坡陡難行，而路又泥滑，偏偏鷓鴣鳥不斷地傳來叫聲：「行不得也哥哥」。真是形容深刻，充分表現了知識分子的悲哀。聶氏在文革期間，以「臭老九」的身份，被流放北大荒做勞工，此乃為其生活之寫照。

又如他的《拾穗同吳光祖》一詩：「不用鐮鋤鏟钁鍬，無須掘割捆抬挑，一丘田有幾遺穗？五合米需千折腰。俯仰雍容君逸少，屈伸艱拙僕曹交。纔因拾得抬身起，忽見傍邊又一條」。這詩的體裁雖是傳統的，但內容卻是創新的。聶氏與吳光祖同被參加拾穗勞動，工作雖然輕鬆，但所遺之穗有幾？千折腰才得五合米，其功效實堪懷疑。吳個子矮小（有如王逸少羲之）倒沒有關係，聶是高個子（自比戰國時的曹交，身長九尺四寸。），俯仰之間，就沒有吳那麼「雍容」而感到「艱拙」了。本是一曲知識份子的悲歌，卻以詼諧喜劇的方式出之，令人感喟無限，也可見藝術的魅力。

古代的愛情詩

在我國《詩經》中，愛情詩的數量最多，也最為人所稱道。僅是〈國風〉部份，即有六十餘首，佔全部風詩三分之一以上。雖然數量多，但面目卻各不相同，恍如繁花競艷，各展其風姿。有些描寫山林野草，不期而遇的幽會，像自然一樣樸野、清新。如〈召南・野有死麕〉云：「野有死麕，白茅包之；有女懷春，吉士誘之。……舒而脫脫兮，無感（撼）我帨兮，無使尨也吠」。有些表現單戀的痛苦。如〈周南・關雎〉云：「關關雎鳩，在河之洲，窈窕淑女，君子好逑。……求之不得，寤寐思服，悠哉悠哉，輾轉反側！」有些則敘述彼此相逢的快樂，如〈鄭風・風雨〉云：「風雨如晦，雞鳴不已；既見君子，云胡不喜」。有些則反映對出征丈夫的相思，別後無心裝飾。如〈衛風・伯兮〉云：「自伯之東，首如飛蓬；豈無膏沐，誰適為容？」有些則表現其一往情深，忠貞不渝的愛。如〈鄭風・出其東門〉云：「出其東門，有女如雲，匪我思存。縞衣綦巾，聊樂我員」。以及〈小雅・隰桑〉云：「心乎愛矣，遐不謂矣。中心藏之，何日忘之」。有些則反映了戀愛的波折和苦惱。如〈鄭風・狡童〉云：「彼狡童兮，不與我言兮；維子之故，使我不能餐兮」。有些則描寫了幸福美滿的愛情生活。如〈鄭風・女曰雞鳴〉云：「女曰雞鳴，士曰昧旦；子興視夜，星月有爛。將翱將翔，弋鳧共雁」。

尤其是〈鄘風・柏舟〉云：「汎彼柏舟，在彼中河；髧彼兩髦，實維我儀。之死矢靡它，母也天只，不諒人只」。父母強迫她放棄自己選定的對象，她表示到死也不改變其主張。又如〈王風・大車〉云：「穀則異室，死則同穴，謂予不信，有如皦日」。她說生不能住在一起，死了也要和他同葬在一起。要是有人認為她說謊，有光輝的太陽在上。那位姑娘指天誓日的言詞，不禁使人想起後世許多動人的愛情故事，如：焦仲卿與劉蘭芝、梁山伯與祝英台、杜麗娘與柳夢梅等等……。漢朝劉向認為〈王風・大車〉乃春秋時代息夫人所作的絕命詞。她勸亡國之息君一起自殺，結果兩人「同日俱死」，其真實性如何？有待加以考證。

韓偓十歲裁詩

韓偓，唐京兆萬年（今陝西省西安市東南）人。字致堯小名冬郎，並號玉山樵人。昭宗龍紀進士，任左拾遺、中書舍人。為昭宗功臣，曾遷兵部侍郎。朱溫竊國，他因不肯依附，兩度遭受貶謫。天祐中詔復其官，他不敢入朝，攜家眷依閩中王審知，後卒於梁乾化年間。

他十歲能詩，曾受其姨父李商隱的稱讚：「十歲裁詩走馬城」、「雛鳳清於老鳳聲」。並得昭宗知遇，故常有宮苑遊宴之作。又時值喪亂，連遭外貶，接觸地方劫後景色，故也時有感時傷亂之作。如〈過泉州〉詩云：「水自潺湲日自斜，盡無雞犬有啼鴉，千村萬落如寒食，不見人煙空見花」。又如〈春日經野塘〉云：「季重舊遊多喪逝，子山新賦極悲哀」。並在〈寒梅〉詩中以「風雖強暴翻添思，雪欲侵凌更助香」自喻。詩雖稍嫌直爽，卻表現有一定的風骨。又如他的〈五更〉詩云：「往年曾約鬱金床，半夜潛身入洞房。懷裡不知金鈿落，暗中惟覺繡鞋香。此時欲別魂俱斷，自後相逢眼更狂。光景旋消惆悵在，一生贏得是淒涼」。有似他姨父李商隱的〈錦瑟〉、〈無題〉、〈聖女祠〉諸詩；所不同者，顯與隱而已。兩者藝術修養或有等差，而淒美之情則一。可見一首好詩，有如一顆投下水中的石子，必能使讀者的心湖激起了一種美感與依戀低徊的漣漪。

韓偓的部分香艷詩，雖稍嫌輕薄，卻開啟了「香奩體」的先河。大體說來，他的詩辭采繁富，往往纏綿往復，哀怨感人，唱出慷慨激昂的曲調。在晚唐詩人中，有人說他繼承了李商隱的衣缽；尤其是七言律詩，更深得玉溪的神髓，甘芳美醇，韻情淒艷，然歟？否歟？

蓬門未識綺羅香

秦韜玉，京兆（今陝西省西安市）人，年輕時即有詩名。曾應進士試未中，乃出宦官田令孜之門。僖宗時奔蜀，他隨駕前行，以工部侍郎為田令孜神策軍判官，並敕賜進士及第。他有一首詠〈貧女〉的詩：「蓬門未識綺羅香，擬託良媒亦自傷。誰愛風流高格調，共憐時世儉梳粧。敢將十指誇針巧，不把雙眉鬥畫長，苦恨年年壓金線，為他人作稼衣裳」。此詩寫貧女性格的樸實、純潔、對自己的本領自豪，感歎，都做了深刻的描繪。雖然寫貧女無人賞識、自傷，同時也是憐寒士的懷才不遇，不能單純作詠貧女看，俗話常說「為人作嫁」，典就出在這裡，可見此詩流傳之廣。其實在此詩之前，李山甫亦有一詠「貧女」的詩；「平生不識綺羅裳，閒把荊釵益自傷。鏡裡祗應諳素貌，人間多是重紅粧。當年未嫁還憂老，終日求媒即道狂。兩意空知無說試，暗垂珠淚滴蠶筐」。全篇描寫亦極淺明深刻，道盡了貧女的樸實，感傷。前後兩詩相較，有太多雷同之處，亦各有特點。

惟秦詩之傳播，名氣遠超過李詩。按李山甫係唐懿宗時人，而秦韜玉係唐僖宗時人，懿宗在位僅十四年即傳位僖宗。李、秦二人、前後雖距一個朝代，但就彼此年齡而言，可能相差不到二、三十歲。究竟是秦摹仿李詩？抑是李摹仿秦詩？或係兩者唱和之作，亦未可知。因無歷史記載查考，祇好存疑。

羅隱芳草礙馬

羅隱，晚唐錢塘人。字昭諫，本名橫。其貌不揚，曾十次應進士試未中，遂更名。光啟中為錢塘令，有善政，節度使錢繆辟為從事。累官鹽鐵運使，諫議大夫，給事中。卒年七十七。性情傲睨，所著詩文多散失。他在〈感弄猴人賜朱紱〉詩中云：「十二三年就試期，五湖煙月奈相違。何如學取孫供奉，一笑君王便著緋」。這是說他在長長的十三年中，一心忙著參加考試，五湖的風光都無暇去接近，連考十次都名落孫山。而一個在皇帝面前當差（弄猴）的人，引得皇上一笑，便被穿上大官的朝服。其詩也夠諷刺的了。

我倒欣賞他的〈綿谷回寄蔡氏昆仲〉一詩：「一年兩度錦江遊，前值東風後值秋。芳草有情皆礙馬，好雲無處不遮樓。山牽別恨和腸斷，水帶離聲入夢遊。今日因君試回首，淡煙喬木隔綿州」。首聯是說兩次去四川成都訪友，時間一在春天，一在秋天。頷聯出句有如一幅春郊試馬圖。也說明和蔡氏兄弟的分手，滿懷愁緒，連芳草也似有情，老是絆住馬蹄，捨不得詩人離去。對句是說四川不僅山川秀麗，連雲彩也是感情豐富，好像怕詩人登樓遠眺、觸動鄉情。所以把樓遮蔽起來。因為詩人萬里入蜀，故鄉遠隔天涯，自難免有王粲那樣的懷鄉心情。頸聯是說除了「芳草」、「好雲」有情以外，還有山水也是有情。山在牽情，水在嗚咽（流淚）都進入到夢中來。地物猶如此多情，而朋友的深厚感情，更不言可喻了。結聯只好道出詩人獨自騎在馬上，屢屢回頭探望，但是彼此已隔幾重山了。這詩所運用是「形象」語言，所以寫來具體曲折、生動、感情充沛，確是好詩。

傅俊傑文武雙修

傅俊傑將軍，祖籍湖北丹江口市，現籍台灣台北縣。軍校二十三期、三軍大學戰爭學院七十年班畢業。曾任陸軍步兵師長，金門防衛部作戰處長，陸軍指參學院教官，國防部史政編譯局長等職。

傅將軍不僅武略超群，且兼擅文事。退休後，經營珠寶公司，暇時撰寫文章，於台灣各大報刊雜誌發表。題如〈談治國，說教育〉；如〈勿輕棄海島戰略與戰術利益〉；如〈折蔣公銅像，是歷史罪人〉；如〈為政重在修身〉；如〈今日的平天下之道〉等，都是「堂堂之鼓，正正之旗」振聾發聵的作品，也是論是非公義的大文章。

至於詩詞，他也極為愛好。記得我主編《台灣新生報．新生詩苑》期間，曾收到他的詩作，其中如〈蓮池之殃〉詩云：「清澈蓮塘昔美名，今為穢窟遺心驚。紅裳翠蓋難重見，廢物油污處處呈」。又如〈參觀芝加哥商業區〉云：「市容整潔聳崇樓，攤販機車影曷留？陳列櫥窗成品美，琳瑯觸目任君求」；又如〈參觀芝加哥社區〉云：「見面哈囉呼兩邊，車行路口讓人先。循規守禮除紛亂，來往行人聖耶賢？」詩多口語化，但甚有內涵。少部份聲調欠暢，經代為調整刊布，彼甚欣喜。爾後相見，彼常以「老師」稱之。我對彼云：「若著上軍服，我還要向將軍敬禮」，彼答：「畢竟老師為尊」。可見他的謙遜、和善。但好景不常，不久新生報因故停刊，他的詩不能再見報，我也失業，但彼此卻結為好友。

從上面詩文觀之，彼真不愧為一位文武雙棲的儒將。

朱遐昌苦學成名

凡人的學識聲譽，有名實相稱者，有盜名欺世者，有實過其名者，我所認識的朱兄遐昌先生，應為實過其名之人也。他自謂小學畢業，然讀其詩文，不亞於大學國文系畢業生。

朱兄係民國十三年生於浙江省磐安縣，幼年失怙，端賴慈母含辛茹苦，撫養成人。由於天資穎悟、博聞強記、十六歲即出任鄉邑小學教師。於教學其間，幸承其恩師陳竹齋之助，鼓勵其向學，每晚義務為其補習，諸如《古文觀止》《幼學瓊琳》、四書五經，唐詩宋詞等書，無不一一傳授，如此將近九年，學教相長，奠下他日後為學的基礎。

民國卅六年投筆從戎，轉戰來台，在軍中任文書、監獄官之職。退役後，為生活奔走，其艱苦備嘗之情景，不足為外人道。於是勤苦自修，通過特種考試，得任台南師專職員，兼台南師專詩詞班指導老師。後又通過教師檢定考試，專任後甲中學教師。

猶記沈從文乃小學畢業，曾任軍中文書士，後來出任大學教授，成為名作家，考古學家。王雲五學徒出身，卻能當政治家，做博士班老師，其成就均從自修得來。遐昌兄亦如是。他雖小學卒業，卻能教中學，兼師專詩詞班導師，編大專應用文課本。請看其自述：「書房是我的王國，書籍是我的領土，我像騎著高峻的白馬，馳騁在我的國土上，多麼威風。記得在高雄師院進修時，黃永武先生曾說：『一位國中的國文老師，家裡起碼要有一千冊藏書』，而我的藏書，大概超過此數一倍有餘」，「其中工具書，包括《淵鑑類涵》《中文大辭典》《佩文韻府》《教育大辭典》新、舊《辭海》等大小總有二、三十部，各種碑帖有二百多種，並有全套樂器」，「我將書房取名『四樂軒』，由名書家王愷和先生題的匾額。所謂『四樂』即是讀書、習字、撫琴、登山」。他自己亦著有「四樂軒」三部曲，吟草、文鈔。並經常出席全國詩人聯吟大會，獲得多面金牌獎。撫琴是他的拿手，書法是他的本領，他是名書家朱玖瑩的高足；登山更不在話下，他能背負十幾公斤行李，爬上數千公尺高峰，而且跑在年輕小夥子前面。正如他的一首七律所云：「奮身直上三千丈，極目雲山萬里圖。大甲迴波千嶂阻，玉山聳翠一峰孤。丹楓嬌艷新娘子，紅檜昂藏大丈夫。客裡秋光人漸老，神州西指氣吞吳」。此為他登「中雪山」之作。首聯即以對仗出之，謂之「偷春格」。且氣勢豪雄，勇邁直前，直欲征服此山。頷聯述中雪山之峻秀，與鄰近諸峰之形勢；頸聯述此山中之佳木丹楓紅檜，詞語工緻巧妙，兩聯皆對仗齊整。結聯雖云「人漸老」，但「氣吞吳」豪氣干雲，與首聯氣勢一貫，有老而彌厲之精神。其他如五絕〈夢〉云：「整日思為舜，終宵惟夢周。黃金與美女，未敢到床頭」。金錢美人，人人所愛，但他平生希賢希聖，志不在此，夢中也未敢想到此種事。七絕如〈野趣〉云：「閒愛山林獨步遊，濃陰溪畔濯清流。蟲魚相對談心久，歸去山花插滿頭」。農村中長大的孩子，不管現在的年華是否老去？總喜愛山林，尤喜愛溪水。赤足浮蕩在碧波中，享受那分清澈透骨的逸趣。不管是與蟲魚談心，或看它們談心，都已臻禪境。結句有杜牧「塵世難逢開口笑，菊花當插滿頭歸」之天真感。詞如〈滿江紅〉云：「哭望天涯，知今世、能還鄉否？當年少、志高天等，莫知地厚。不顧高堂身後哭，直隨流水山前走。到而今，烽火阻歸鴻，能誰咎？望鄉國，雲覆阜，哀老母，誰相守？原一家孤寡，那堪分手！復國雄心空萬丈，思鄉清淚傾盈斗，噩耗來，驚破夢團圓，消魂久」。此詞思鄉情切，可能是早年所作。因其中有「烽火」「復國」等詞語。想當年，凡稍有知識之青年，尤其是偏僻地區者，值國家多事之秋，總想效班超之投筆，出外為國效忠，創一番事業。正所謂「人不出門身不貴，火不燒山地不肥」。不顧一切，拋下老母親人，遠走高飛。本擬三年五載，有點成就，即刻衣錦榮歸，誰料天涯飄泊，人老江湖。當兩岸開放可以探親返鄉時，而天倫夢碎，「老母終堂，生妻去帷」、「昔日有家歸不得，而今歸去已無家」。此不僅遐昌兄如此，筆者與所有來台人士，莫不皆然，此為大時代之共同悲劇，豈止傷心落淚，「實堪仰天而長嘆者也」！如做退一步想：現為地球村，交通迅捷，朝發夕至。「四海之內，皆為兄弟」，「埋骨何須桑梓地，人間到處有青山」。吾輩將心胸擴大，自然會「此身到處悠然」了。

毛潤之輓戴安瀾

中央日報副刊於民國九十一年十一月廿日《人與歷史》專欄中，載有王健先生寫的〈威震異域、長師入緬〉一文，對抗日名將戴安瀾在緬甸東瓜要地，與日軍作戰，遭到伏擊，壯烈成仁之經過，及國民政府在重慶追悼情形，敘述甚詳，可稱為一篇極有價值之戰史文獻。惟其中述及毛澤東由延安寄來追悼會中之挽詩五律：「外侮需人禦，將軍賦采薇；師稱機械化，勇奪虎人威；浴血東瓜守，沙場竟殞命，壯志也無違。」按律詩起碼有八句，此詩其中應少了第六句，以致讀來不順暢。是否作者書漏了？抑是打字者的遺漏？編者沒有審核出來，校對者沒有校出來，竟被我這愛管閑事的人發現了，乃即函該副刊主任林黛嫚女士。林女士轉交編輯部查復稱：略以「轉請原作者答復」。從此竟無下文。按編者有審稿之責，校對者有校對之責，中副如此虛晃一招，實屬不負責任，深感遺憾！

幸而後來在北京華藝出版社所主編之《類編中華詩詞大系》一書中，意外發現有毛澤東挽戴將軍的原作。對照之下，第六句是「驅倭棠吉歸」。第四句中「虎人威」則為「虎羆威」；第七句中「竟殞命」則為「竟殉節」，其餘文字與王健所書相同。真是「踏破鐵鞋無覓處，得來全不費工夫」。不僅獲得了原作全璧，也照原作更正了部份謬誤，喜慰至極。

朱光潛評隔與不隔

王國維在《人間詞話》裡提出「隔」與「不隔」的分別，依他所言：「陶謝之詩不隔，延年則隔矣；東坡之詩不隔，山谷則稍隔矣。『池塘生春草』，『空梁落燕泥』等二句妙處在不隔。詞亦如是。即以一人一詞論，如歐陽公〈少年遊〉詠春草上闋云：『闌干十二凭春，晴碧遠連雲，二月三月，千里萬里，行色苦愁人』。語語都在目前，便是不隔，至云『謝家池上，江淹浦畔』則隔矣。……」朱光潛對王國維此一說法，也有他的看法與評論：

「王氏論隔與不隔的分別，說隔如「霧裡看花」，不隔為「語語都在目前」，似有可商酌之處。詩原偏重於「顯」與「隱」的兩種方式。法國十九世紀帕爾納斯派與象徵派爭執就在此。帕爾納斯派力求「顯」，如王氏所說的「語語都在目前」、像圖畫、雕刻。象徵派則以過於明顯為忌。他們的詩，有時正如王氏所謂「隔霧看花」，迷離恍惚，像瓦格納的音樂。這兩派詩雖不同，有隔與不隔之別，但各有好詩和壞詩。王氏的「語語都在目前」標準似太偏重「顯」。近年來新詩作者與論者，曾經有幾度劇烈的爭辯，詩是否應一律明顯的問題。

「顯」易流於粗淺，「隱」易流於晦澀，這是大家都看見的毛病。但是「顯」也有不粗淺的，「隱」也有不晦澀的。我們不能希望一切詩都「顯」，也不能希望一切詩都「隱」。因為在生理與心理方面，人本來有種種「類型」上的差異。有人接收詩偏重視覺，一切要能用眼看得見，所以要求造形藝術的「顯」。也有人接受詩偏重聽覺與筋肉感覺，易受音樂節奏的影響，所以要求詩須有暗示性的「隱」。所謂「意象」，原不必全由視覺產生，各種感官都可產生。不過多數人形成的意象，以來自視覺為最豐富，在欣賞詩或創造詩作時，視覺意象最重要。因此要求詩須明顯的人占多數」。

朱光潛進一步又說：「顯則輪廓分明，隱則含蓄深永，功用原不相同。說概括一點，寫景詩宜於顯，言情詩所托之景仍宜於顯，而所寓之情則宜於隱。梅聖俞說詩須『狀難寫之景，如在目前；含不盡之意，見於言外』，就是看到寫景宜顯，寫情宜隱的道理。

朱光潛又舉例說：「謝眺的『餘霞散成綺，澄江靜如練』；杜甫的『細雨魚兒見，微風燕子斜』，以及林逋的『疏影橫斜水清淺，暗香浮動月黃昏』諸句，在寫景中屬絕唱，正如梅聖俞說的：『狀難寫之景，如在目前』。言情的傑作如古詩『步出城東門，遙望江南路；前日風雪中，故人從此去』；李白的『玉階生白露，夜久侵羅襪；卻下水晶簾，玲瓏望秋月』；王昌齡的『奉帚平明金殿開，且將團扇共徘徊；玉顏不及寒鴉色，猶帶昭陽日影來』，諸詩妙處亦在隱，正如梅聖俞所說的『含不盡之意見於言外』。朱光潛以上之評論，與我一向所主張的相吻合。

我在拙作《東橋說詩》前集論〈李商隱之無題詩〉中，曾言及「李在寫情方面，雖多隱晦；然在寫景方面，卻甚淺明。如『向晚意不適，驅車登古原；夕陽無限好，只是近黃昏』。另如〈早起〉、〈天涯〉、〈憶梅〉諸詩，亦皆淺明如話，豈『寫景宜明，寫情宜隱』歟」？又在本續集的「自序」中云：「胡適博士說：『作詩須力求具體，不可用抽象的方法。凡是好詩，都是具體的，越偏向具體，越有詩的意味』。我對胡先生的詩觀，是表贊同的。不過我也認為他引用的詩句，太偏重於『寫景』，對於『抒情』是否也須具體鮮明？答案如王國維說的：『寫情則沁人心脾』，又說：『境非獨謂景物也，喜怒哀樂，亦人心中之一境界，故能寫真景物真感情者，謂之有境界，否則謂之無境界』。真景物是有形的，目之可見；真感情是無形的，抽象的，則只有體味，二者是不相同的……」讀者可以覆按，不必我多作解釋。我認為朱光潛的評論甚有見地，且對王國維氏之說，頗富闡發性，特加表出論列。

池從文與邊城記

沈從文，湖南鳳凰人，民國前十一年生。原名岳煥，字從之，亦名茂林。幼讀私塾，繼入二小，十四歲從軍，在部隊任司書。後至北京，於京師圖書館工作及北京大學傍聽。曾任《中央日報》《大公報》副刊與雜誌社編輯。大陸變色後，出任中共歷史社會科學院研究員。

沈氏雖只小學畢業，但由於自休苦練，不斷研讀我國古籍詩文，卒成文學名家，曾任北京大學及西南聯大教授。平生著作等身，以小說、散文著稱於時。他的成名作《邊城記》早年改編成電影——《翠翠》，一時轟動台、港等地。晚年周恩來安排他編寫《中國古代服飾研究》，將要出版時，適值「文革」爆發，付之一炬。直至「四人幫」結束，沈氏以四個月的時間，補充完成二十多萬字之說明，並譯作英、法、德、日文出版問世。

香港學者曾敏之教授在題《沈從文文集》詩云：「忍抛熱淚讀邊城，更羨戎衣一老兵。早歲才情文倚馬，晚年研古器精純。坎坷不墜青雲志，報國猶存赤子心。引領京華堪寄慰，鴻篇已共海濤奔。」老作家施蟄存教授則在「重印《邊城記》題記」中，引述其舊作云：「長溪渡口水風涼，北去南來各斷腸。終古籐蘿牽別緒，絕流人馬亂斜陽。浣溪坐老素足女，捉棹行歌黃帽郎。湘西一種凄馨意，彩筆爭如沈鳳凰。」作家荒蕪亦有《贈沈從文先生》絕句數首，茲錄其一云：「邊城山色碧羅裙，小翠歌聲處處聞；我論文章尊五四，至今心折沈從文」。觀乎以上三位詩人學者之作品，或敘其生平經歷，或寫其風土著作，或對其才華景仰，而知人論世，贊譽沈氏則一。

辛棄疾的浣溪紗

辛棄疾於宋嘉泰三年，被起用為紹興知府，並兼任浙東路安撫使。他在上任時路過常山縣農村途中，有〈浣溪紗〉一詞記其事：「北隴田高踏水頻，西溪禾早已嘗新，隔牆咕酒煮纖鱗。忽有微涼何處雨？更無留影霎時雲。賣瓜人過竹邊村。」詞的上闋說北邊高地上，人們還忙著用龍骨車踏水灌田，而西溪邊的稻子已開始收穫嘗新了（早稻與晚稻收獲時間不同）。人們隔著牆向挑酒擔的人買酒，屋子裡還飄來一陣陣煮小魚香味。下闋說忽來一陣涼意，不知那裡飄來幾點細雨，一縷雲一下就過去了，連影子也未留下，一個賣水果的人，在竹林村邊挑著擔子叫賣。他描寫農村的景象，歷歷如繪。

孟浩然贈張九齡

孟浩然有首贈張九齡丞相，贊美洞庭湖的風光，表達自傷不遇的詩：「八月湖水平，涵虛混太清；氣蒸雲夢澤，波撼岳陽城；欲濟無舟楫，端居恥聖明；坐觀垂釣者，徒有羨魚情」。此為一般人認為最好的詩。尤其是頷聯，氣勢磅礡，堪為絕唱。但詩僧釋皎然在他的《詩式》中，卻認為「雲夢澤」與「岳陽城」是天地二氣初分，即有此六字，孟浩然不過加上「氣蒸」與「波撼」四字而已，算不得上流詩句。其實，加了這四字才能成為氣勢雄健的名句，否則不過兩個名詞罷了。頸聯謂想渡過去，卻無船隻，在清明的盛世閑居，總覺十分慚愧。結聯暗喻自己沒有一官半職，希望張九齡加以援引，其用心可謂良苦。

白堅詩牽兩岸情

白堅先生，原名王朝玉，字真如，一九二九年生。江蘇淮安人。早年就讀中央大學經濟學系。現為江蘇省社科院文學所研究員，南京求真詩社常務副社長，南京詩詞學會顧問、江蘇省南社研究會副會長兼秘書長。著有《夏完淳集箋校》、《楊文驄傳論》、《夏完淳傳論》、《古林居詩詞詩論集》等書。他是倡導兩岸詩學交流力行者。早年與台灣詩人如林荊南、莊幼岳、傅紫真，林恭祖、王　勉、蔡秋金、陳洒寒、鄧　璧等交往唱酬。詩文常散見於《台灣新生報》、《中國詩文之友》、《中華詩學》、《古典詩刊》、《楚騷吟刊》，所撰〈兩岸情深話詩緣〉、〈兩岸詩學交流之我見〉、〈兩岸詩詞比較觀〉、〈中華詩詞家的時代使命〉等論文，鼓吹文化交流，融和兩岸情感。

其詩詞力主真人真情。五律如〈夏完淳詩文〉云：「地坼天崩際，斯人震古今。斷頭寧惜死，臨命自豪吟。處處山河淚，篇篇烈士心。雄詞三百首，萬世石金音」。此詩有如謝榛在《四溟詩話》所云：「起句如爆竹，驟響易徹，結句如撞鐘，清音有餘」。前四句寫夏完淳之犧牲壯烈，震古鑠金；後四句謂其詩篇雄詞壯彩，百世流芳，不愧史家筆法。七律如〈答蔡秋金詞兄〉云：「片雲飛渡海天涯，錦句生輝映碧紗。知己幾人忘世俗，神交千里自清華。昔年鄉夢中宵月，此際歸程滿樹花。且待金陵秋色好，同尋楓葉向棲霞」。起聯自然突兀，結聯詩意濃郁。「片雲」句：指詩箋之飛來。「碧紗」句：形容來詩之珍妙。事詳王播詩：「二十年前塵撲面，如今始得碧紗籠」。中述彼此千里神交，文情清貴華美，非世俗所能及。昔年懷鄉，今始睹面，歸程一路順風，定必繁花滿徑。等待秋天楓紅，再來金陵棲霞山同賞楓景。

詞如〈訴衷情〉云：「相逢喜極淚沾裳，執手話衷腸。千絲萬縷待理，夜苦短，情偏長。思手足，夢家鄉，願終償。休縈往事，且看前程，共向康莊」。詞為詠他友人兄嫂由台灣回大陸省親之事。兄弟數十年不見，一日相逢，喜極而泣。離緒萬斛，綿綿情愫，燈下傾談，終宵不寐。夜何其短，情何其長！手足情懷，思鄉夢境，願終得償。在一位傍觀者看來，描繪如此深微，實屬難得。

由此可見其詩詞之一斑。

蔡秋金號醉佛

蔡秋金先生，號醉佛，儒雅之士也。余承乏新生報《新生詩苑》主編時，從來稿中即知其大名。近擬將其瑤著《嘯月軒詩鈔》付梓，飛函囑余作序，余雖不敏，亦不能不有所言也。

蔡君祖籍福建晉江，世居鹿港，現寓新莊。其父、祖皆係儒商兼修，叔曾祖德芳公，且為前清進士。鹿港文風鼎盛，據聞有六位進士出身，德芳公即其一也。是以蔡君髫齡，即長於書香世家，耳濡目染，對經史及歷代百家典籍，多有所窺，並受名師歐陽日新先生之啟迪，因而詩學日進，卓然成家。廿數年來，被推為台北市詩人聯吟會會長。他長於絕、律詩，不僅格律謹嚴，音響韻逸，且才思敏捷、出口成章。北京詩人王成綱、基隆已故詩人周植夫，謂其詩才無敵，應非虛譽。其律詩如〈秋日貂山紀遊〉云：「遊鞭指處馬蹄驕，蘆白楓丹景色饒；十里西風濱海路，半江落日舊鹽寮；開疆猶憶吳沙地，拾句當攜杜甫瓢；自詡騁懷詩筆健，雪泥鴻爪記三貂」。前四句言景，後四句抒情，情景交融，詩境如畫。又如〈偶詠〉一詩：「琴書曾記困風塵，一掃陰霾氣已伸；萬卷窮攻堪抵富，千金買醉不辭貧；自安儒素詩言志，欲遣閒愁酒最親；莫讓老來悲失路，酡顏且鑄少年春」。由詩中可見其志概與人生觀。頷聯應屬名句，結聯尤見瀟洒。此與另一詩句「不取錢財成大賈，自甘澹泊作詩人」。其思想為一貫者。

絕句詩如〈吳淵源伉儷金婚並大廈落成〉云：「客至如歸酒似泉，肯堂肯構有情天；羨他壘築銜泥燕，玳瑁雙棲五十年。」在短短二十八字中，說盡吳淵源夫婦五十年來之生活與恩愛、以及父子同心創業、新廈落成賀客盈門之盛況，實屬難得。又如〈與王勉夜話吳統禹身後〉云：「說古談今酒滿觴，最難冰炭置吟腸；但悲一去吳公子，知否人間已海桑？」詩乃精緻語言，貴含蓄。他與王勉夜話吳統禹身後，不知有多少辛酸？多少往事與感嘆？最後僅以「海桑」二字了結。此乃詩之含蓄性。

其他如「一片浮雲開霽色，萬山落木挾秋霜」；「勢似群龍攪雲夢，力驅萬馬蹴滄浪」；「天外作家來聖手，匣中劍氣貯詩魂」；「欲使三台存漢統，誰從九點辨齊煙」。不僅詩筆雄健，而且典麗精工。尤其是「又是一年風景好，落花時節最思君」；「蟋蟀悲秋吟有韻，梧桐葉落寂無聲」；「野鶴閒雲一枝筆，秋風夜雨卅年燈」三聯，雖胎化於杜甫的「最是江南好風景，落花時節又逢君」，以及劉長卿的「細雨濕衣看不見，閒花落地聽無聲」；黃山谷的「春風桃李一杯酒，江湖夜雨十年燈」。但較杜、劉、黃諸家詩句，豈能多讓！其餘佳作甚夥，有如珍珠滿眼，不能盡拾，謹摘其數顆賞玩，攄其淺陋之見而已。

駱賓王討武曌檄

駱賓王，初唐四傑之一，義烏（今浙江金華）人。七歲即能賦詩。所作「鵝鵝鵝，噗通飛下河（亦有作：曲項向天歌）；白毛浮綠水，紅掌翻清波」。詩境生動絕妙，不愧為天才之作。

他曾任臨海（在浙江省）丞。由於職位低微，最後棄職而去。至唐睿宗文明元年，武則天正式奪取皇權稱帝，被當時貶柳州刺史之徐敬業起兵反抗，駱賓王即參加此一反抗行列。

為徐敬業草擬〈討武曌檄文〉，對武氏大事攻擊。未久，此文即傳至長安，武氏讀罷檄文，矍然動容嘆曰：「有如此人才，國家未能重用，實為宰相的過失」。後以徐敬業事敗，駱賓王亦失其蹤影。有謂其死於亂軍之中，亦有謂其隱姓埋名，入杭州靈隱寺為僧。

相傳初唐時另一大詩人宋之問，一次被貶赦還，路過錢塘，夜宿靈隱寺。因見月明如水，想以詩來描繪寺的夜景。在長廊下行吟，最初獲得兩句：「鷲嶺鬱岧嶢，龍宮隱寂寥」。惟下句久久吟不出來。適巧堂上一老僧，正在打坐，便問宋胡為深宵不寐，苦苦吟哦。宋便將己意相告。老僧笑云：「何不用『樓觀滄海日，門對浙江潮』。宋得此一指點，於是便連成一篇云。下接：「桂子月中落，天香雲外飄。捫蘿登塔遠，刳木取泉遙。雲薄霜初下，冰輕葉未凋。待入天台寺，看余渡石橋」。此一詩中，最佳者還是「樓觀滄海日，門對浙江潮」兩句。至天明，宋再覓此一老僧，已不知去向。有謂此人即駱賓王，因偶露詩人行蹤，所以勢必離開靈隱寺，乘桴入海矣。

概說唐詩四時期

唐詩在我國文學史上，是光芒萬丈，多彩多姿的。唐朝詩人多達兩千兩百餘人。上自帝王將相，下至販夫走卒，大都能吟詩。因此唐詩多達四萬八千九百餘首。無論在內容上、風格上，形式上都超越前代。

就其內容言：有反對戰爭、有渴望過和平日子者；有流露兒女私情，有表達大眾願望者；有吟詠史實，有批評社會風尚者。就其風格言：有柔弱纖細之作風，有慷慨激昂的特色，有含蓄之章法，有豪放的筆調。就其形式言：也是多種樣型。既有五律、七律之所謂近體；又有從樂府發展變化而來的歌行、和脫離樂府而產生的新樂府。以前常用五古、七古等舊形式，並不排除，且表現較前代更為完整而熟練的五絕，七絕等新形式。

唐詩已洗淨六朝時代的穠艷鉛華，極力從盛飾中恢復句法與章法的自然平易與淺近簡樸。稱雄文壇，約三百年。依其歷史背景和藝術成就而言，可分為四個時期。即初唐、盛唐、中唐、晚唐。(一)初唐：是指自唐高祖武德初至玄宗開元初一百年間。在此期間，所謂「四傑」（王勃、楊炯、盧照鄰、駱賓王）。所謂「文章四友」（蘇味道、李嶠、崔融、杜審言）。所謂「沈、宋」（沈佺期、宋之問）。都是此時期的代表。(二)盛唐：是指開元初至大曆初五十餘年間。在此期間的詩人，大致可分為三大思想派系；即王維的佛教思想，李白的道教思想，和杜甫的儒家思想。無可諱言的，李白和杜甫是盛唐最出色的詩人。而盛唐又是黃金時代中的黃金時代。(三)中唐：是指代宗大曆初至文宗太和九年的七十餘年間。此期間的重要詩人有「大曆十才子」（盧綸、吉中孚、韓翃、錢起、司空曙、苗發、崔峒、耿湋、夏侯審、李端），「元、白」（元稹、白居易），「韋，劉」（韋應物、劉長卿），「韓、柳」（韓愈、柳宗元），「孟、賈」（孟郊、賈島），李賀、劉禹錫、張籍等，其中以「元、白」最有名。(四)晚唐：是指文宗開成初至昭宗天祐三年，在此八十餘年間。重要詩人有李商隱、杜牧之、溫庭筠、杜荀鶴等。此後，唐詩即結束了光耀文壇的歷史。

縱觀唐代的卓越詩人，雖不勝枚舉，但在後世，卻只有大小李杜，最受人注意推崇。他們的詩風，可說各有千秋。李白以豪放見長，杜甫以精純飲譽，杜牧以格調纏綿，李商隱以風華掩映。在一般人中引起的感受，也各有不同。大抵少年人易於接受李商隱、壯年人便會喜歡杜牧之，中年人多崇拜李白、老年人則傾折於杜甫。因為小李的詩，彩艷繽紛，最能悅人耳目；而小杜的詩，風流蘊藉，易於打動壯年人的情懷；大李詩的作風，如長江黃河，雄奇廣遠，足以喚起中年人的壯志豪情；而老杜詩的作風，如深山巨壑，蘊藏無限，殊堪滿足老年人的深思默索。由於人類生命力的發展，每個階段大不相同，所以在文學上的感受也就大異其趣，這是極自然的事。

賈島是苦吟詩人

賈島作詩，從不肯隨便，一定要做到恰到妥切為止。也正因為如此耽於琢磨，刻意求工，所以寫出之詩，就不免用力過深，偏於奧僻枯瘦。他自己也知道對於此點，未必能為世人賞識。所以曾有詩云：「二句三年得，一吟雙淚流；知音如不賞，歸臥故山秋」。同時也自嘆道：「知余素心者，惟終南，紫閣諸峰隱者耳」。由於他如此固執己見，刻意苦吟，所以當時一般人，將他列為苦吟派的典型人物。但他也有一些名句，如「秋風吹渭水，落葉滿長安」。「鳥宿池邊樹，僧敲月下門」。甚至如：「松下問童子，言師採藥去，只在此山中，雲深不知處」寫得既平易又自然的好詩。韓愈因為早年與另一詩人孟郊為友，十分賞識孟郊的才華，而孟郊已死，不意又得見一位與孟郊詩風相近的賈島，自然極為高興。乃寫了一詩贈賈島：「孟郊死葬北邙山，日月風雲頓覺閒。天恐文章中斷絕，再生賈島在人間」。由於賈島得到韓愈這樣在文學上權威人物的賞識，頓時聲名大震，不久即中了進士。長安市上知名之士，無不與他結為知己，詩酒唱酬，十分寫意。

但宋朝的蘇軾，卻看不起賈島，他有詩批評賈島：「為報韓公莫輕許，從今島可是詩奴」。他認為韓愈不應該輕易推許賈島，因賈島這樣「二句三年得」的人，應該是詩奴。筆者卻認為蘇軾憑著自己一點才情與天分，輕視其他苦吟苦鍊之詩人，罵別人為「詩奴」，誠有失詩人之「溫厚」。金代詩人元好問亦有詩云：「長沙一湘纍，郊島兩詩囚」。他不僅罵賈島，而且罵孟郊。實不應該。也許是「文人相輕」吧！

其實賈島雖然習於苦吟，但他的詩才，也相當敏捷。有一次，他乘船過河，同船有一人，看了艙外的景色，忽然詩興大發，就朗吟道：「水鳥浮還沒，山雲斷復連」。吟出之後，驕示同船之座客，但卻久久吟不出下句來。當時賈島猶在做和尚，此人瞧他不起，連睬也未睬他。於是賈島裝出呆頭呆腦的模樣，順口輕易接下道：「棹穿波底月，船壓水中天」。那人聽了，這才驚服。從此再也不敢以詩句驕人了。由此可知，賈島並非詩境艱澀，如囚禁般的下乘詩人。

李白撞華陰縣衙

李白遭高力士等小人譏忌，在內廷之阻礙下，無法見用於唐玄宗。他也看出玄宗昏庸，無任何作為，便索性請求還山，再過其放浪不羈的生活。

當他離開京城長安之後，準擬遠遊華山，路過華陰，適巧華陰縣令坐堂審案。此時李白已酒入微醺，倒騎一頭瘦驢，直撞縣府衙門，被差役拿住，送往縣令案前問罪。縣令見其大模大樣，全無敬畏之色，不禁大怒，乃喝問道：「汝是何人？安敢無禮」？李白也不肯報上姓名，只云願寫供狀。縣令即命人予其紙筆，熟料他寫出之字句卻是：「曾得龍巾試唾，御手調羹。力士脫靴，貴妃捧硯。天子門前，尚容走馬，華陰縣內，不許騎驢」。縣令看罷，頓時大驚，知為翰林學士李白駕到，忙下階相迎，向他道歉，要以賓主之禮相待。但李不肯，仍然騎上驢子，揚長而去。

論語被稱為仁學

筆者在本書上集中，曾有〈仁的淺釋〉、〈析仁與忠恕之道〉兩篇拙作。惟言猶未盡，特再將研讀所得，加以補充。

孔子認為「仁者，人也」。反之不仁，則非為人。非人則與禽獸何異？仁是從二從人，猶如兩人走獨木橋，一自彼方而來，一自此方而往，彼此橋上相遇，須相互扶持，謙讓，方能安全互相通過，免於擠落橋下。擴而言之，凡能以「己立立人，己達達人」、相互扶持、相互為對方著想，推己及人的道理待人，則謂之仁。換句話說，人類共生共存進化的大道，便是仁道。仁道有賴人類共同的修養，所以說「修身以道，修道以仁。仁者，人也」。

禮記儒行篇引孔子之言：「溫良者，仁之本也；敬慎者，仁之地也；寬裕者，仁之作也；遜讓者，仁之能也；禮節者，仁之貌也；言談者，仁之文也；歌樂者，仁之和也；分散者，仁之施也」。由此可知，人的一切正當行動作為，都是仁的表現，及為人類共生存共進化之目的。

孔子在《論語》一書中，言仁者凡八十五章，仁字之出現一百有五次，有人稱《論語》為仁學，亦不為過。

期頤衍慶與偕老

俗語云：「山中可有千年樹，世上難逢百歲人」。這是我國農業社會，醫藥不發達的時代，能滿百歲並五世同堂的人，真是福壽齊天；而夫婦同登百齡耆壽者，可謂千萬人中難得一見的金光異彩。

據《清會典事例禮部風教》篇記載：「乾隆五十三年諭：保寧府奏、成都縣民劉萬迎，現年一百歲，五世同堂，曾、玄繞膝，請旨旌表等語。劉萬迎壽逾期頤，慶延五世，洵屬昇平人瑞，特賜御書匾額，並親製詩章，以示寵榮，所有應行加恩賞賚，及建坊旌表，仍著該部查例具題。欽此」。尋頒御書「期頤衍慶」匾額一方誌慶。

又同書記載：「乾隆三十五年，安徽省太湖縣壽民朱憲章，與妻劉氏現俱一百歲，例准旌表、給銀建坊，並給予『期頤偕老』四字」。此均為史書記載，班班可考之事蹟。

至今科學昌明，醫藥發達，百齡人瑞，日見增多。但由於小家庭制度，除農村外，兩世同堂者少，三世同堂者更少，五世同堂者少之絕少，百齡人瑞且五世同堂者，盱衡全世界，恐難再覓矣。此亦為時勢之所趨。

談驕傲與謙遜

清初大儒顧亭林先生在「日知錄」中說：「昔日之得，不足以自矜；後日之成，不容以自限」。像他那樣一代大儒，對自己的著作，猶如此表示不滿足，他要寫到「筆絕臨終為定」。可見愈有學問的人，愈謹慎謙遜，原因是「學無止境」、「學然後知不足」，「活到老，學到老，還有幾樣未學好」。古聖先賢，留給我們的遺訓，含意是多麼深遠！

泰戈爾也說過：「當我們最謙遜的時候，便是我們接近偉大的時候」。因為做人能夠謙遜，才會求上進，才能達到成功至善的境界。

所以我們不能有一技之長而滿足，更不可稍有一點成就而自傲自大，因為自傲與自大的人，總認為自己是對的，別人是錯的；自己是天才，別人都不行，語言虛浮誑大，最容易招致別人的忌妒與厭惡。正如曾國藩所說的：「以才自足，以能自矜，則為小人所忌，亦為君子所薄」。尤其是「中無所有，而夜郎自大，此最易壞事」！

曾國藩對其諸弟子侄，平時總是教以「謙遜藥驕佚」。如誡諸弟書中說：「吾於道光十九年進京散館，侍祖父星岡公於階前，請曰：此次進京，求公教訓！星岡公曰：爾之官是做不完的，爾之才是好的，但不可傲，滿招損，謙受益，爾若不傲，便好全了。遺訓不遠，至今猶如耳提面命，今吾謹述此語告誡諸弟，總以除傲字為第一義」。因為「天地間惟有謙遜是載福之道，驕則滿，滿則傾矣」。

曾國藩不特治家如此，即用兵遷將，也是以謙謹深穩而少大言者為主。他在勉王璞山書中說：「察足下志氣盈溢，語言誇大，視天下事若無足為，僕竊憂其乏惕厲戰競之象」，「恐持之不固，發之不慎，將來或至僨事」，「足下忠勇勃發，宜大蘊蓄，不宜暴露」！這些話是何等的發人深省！

我們常見名人學者講演時，開場便是：「諸位先生，今天與諸位來共同研討這項課題，本人才學有限，如有講得不妥的地方，尚請諸位原諒指教」！那份謙謹的心情，蘊蓄深厚的風度，是多麼的令人崇敬！

由此以觀，驕傲自滿，實為阻礙進取的絆腳石，惟有謙遜謹慎，才是成功立業的途徑。「謙受益」是我們處世最好的座右銘，一個虛懷若谷的人，將會獲得更多的友情和助益，永遠受到別人的歡迎。

切毋道人之短

任何人都有長處，也難免有短處，因為「人非聖賢，孰能無過」，但背後議論別人的過失，傷及別人的名譽，是不道德的行為。所以古來賢哲，最忌「道人之短，說己之長」。如馬援在誡兄子嚴敦書中說：「吾欲汝曹聞人之過失，如聞父母之名，耳可得聞，口不可言也。好議論人之長短，妄是非正法，此吾所大惡也，寧死，不願聞子孫有此行也」。又如曾國藩在誡諸弟書中說：「吾家子弟，滿腔驕傲之氣，開口便道人長短，笑人鄙陋，均非好氣象。賢弟欲戒子弟之驕，先須將自己好議人短，好發人覆之習氣痛改一番」。又說：「為學最要虛心，嘗見朋友中有才氣者，往往恃才傲物，動謂人不如己，見鄉墨則罵鄉墨不通，見會墨則罵會墨不通，既罵房官，又罵主考……平心而論，己之所為詩文，實無勝人之處，不特無勝人之處，而且有不堪對人之處，只為不肯反求諸己，便都見得人家不是……」。

由此可知好議論人短者，大多由於驕傲自負心理作祟，以為自己全智全能，處處見人不是，所以才「道人之短，說己之長」，識者見之，發一冷笑。其實「大巧若拙」，「君之盛德，容貌若愚」，凡真才實學之人，是不輕意自我表露的，「玉蘊山含輝，珠藏川自媚」，有花自然會香的。況且個人生命有限，而知識無窮，正如莊子所說的：「吾生也有涯，而知也無涯，以有涯隨無涯，殆已！」大智如莊子，猶自我謙虛如此，淺薄如吾輩，又有什麼值得自傲自負，而去評論別人的不是呢！

我時常這樣自我反省假設，即使我對別人的議論，百分之百的全屬事實，也許對方會寬宏大量的原諒我，但是良知會告訴我：「朋友，不要以為自己都對，當你在議論別人過失的時候，你沒有想到自己正犯了過失。因為『說人是非者，便是是非人』」。所以我們要「靜坐常思己過，閒談莫論人非」，才是為人的道理。

也許有人說，一個人的過失，自己是不知道的，須得有人指摘出來，才會有所改進，這固然不錯，但應顧及對方的自尊心，並把握一項原則：「揚善於公堂，規過於私室」，這要出於真誠善意的態度。所以「道吾惡者是吾師」與「道人之短」，二者是不可同日而語的，因為前者流露著真誠，後者表現著譏誚。

朋友，當別人將你的缺失偷偷的告訴你時，你會不感激他而認為他是你的知己好友？相反的，當你的知己好友很得意地向你批評（你另一好友）某人的缺失，或揭發某人的陰私時，你對那位來批評的好友，又是怎樣一種看法？

附錄一

讀報迴響篇

也談詠梅詩

讀民國八十一年九月廿一日中副「長河」版，李清泉先生的「近春故早發，獨自不疑寒——玉頰檀心的詠梅詩」，不僅意境優美，圖文並茂，且引述歷代許多名家詠梅的詩詞，足見李先生是一位梅花詩的愛好者。不過，李先生在開頭所引述的那首詠梅詩：「古清香梅映朝霞，冰玉由來即生涯；千年朔氣萬年雪，鍊得寒梅是國花。」不僅未說明作者姓名，且前兩句詩不合平仄譜，顯然引述有誤，不知李先生何據而云然？據筆者所知，此詩係黃永武博士所作，原詩共二首，特抄錄如下：「古樹清香映早霞，由來冰玉即生涯；千年寒氣萬年雪，鍊得梅花是國花。」「絕色高標疏影斜，培香栽玉遍天涯；家家具得凌霜骨，冰雪來時齊作花。」黃博士為當代詩學權威，詩論（話）寫得很多，但詩作卻不多。以上詠梅二首，是筆者所僅見及者。

附林政華先生的迴響之迴響

民國八十二年十二月三日中副「長河」版載有劉榮生先生〈也談詠梅詩〉一文，係讀九月廿一日同版李清泉先生「玉頰檀心的詠梅詩」一文的「迴響」。劉先生查出李文開頭所引述的兩首梅花詩，確為黃永武教授的手筆；可惜劉文沒能提及黃教授詩的題目和出處，故於此再加以補充。

筆者曾於民國七十二年出版《古今吟梅詩品賞譯註》一書（慧炬出版社出版）；當時黃教授在中興大學任教，並兼任文理學院院長，在中華日報副刊撰寫連載「愛國詩牆」專欄，加上那些年蔣緯國將軍也致力發揚梅花精神，推廣植梅運動，來彰顯國魂。因此，在拙編出版之前，筆者去函黃院長，請其賜序；他即以〈梅花精神的歷史淵源〉大文見付，作為「代序」。

其文凡四千五百餘字，從六朝人禮讚梅花的孤高起，對歷代文人才士歌詠梅花的精神特色，作詳細的考察闡發，足以振奮人心。他並且在序文中「賦二首梅花詩作結」，第一首題為〈詠梅〉：「**古樹清香映早霞，由來冰玉即生涯，千年寒氣萬年雪，鍊得梅花是國花！**」而第二首題為〈推廣植梅運動〉：「**絕色高標疏影斜，培香栽玉偏天涯，家家具得凌霜骨，冰雪來時齊作花！**」二詩用韻相同，風格頗高，追步古人；對我國以梅花為國花的原因，以及提倡植梅的深心，三致其意，更屬難得。

花褪殘紅？

拜讀中副民國九十一年十一月十五日葉于模先生〈滿山落葉鳥空啼〉大文，開端言及：

「蘇東坡那樣灑脫的人，當貶到荒涼孤絕的海南島時候，終日跟侍妾朝雲合唱『花褪殘紅』，竟至泣不成聲，淚流滿面。」一節，與筆者所知稍異。按朝雲隨同蘇東坡於宋哲宗紹聖元年（公元一〇九四年）十月二日到達貶所惠州，而在紹聖二年（公元一〇九五年）七月五日，朝雲即得了一種瘟疫，竟爾身亡。因她是虔誠的佛教徒，蘇東坡把她安葬在城西豐湖邊的小山丘上，離一座佛塔和幾所寺院不遠。而此時蘇東坡又因詩惹禍，最後被遠謫海南島（儋耳），正是紹聖四年（公元一〇九七年）六月十一日。這時朝雲已經過世兩年，蘇東坡不可能和她「合唱『花褪殘紅』，淚流滿面」。

所謂「花褪殘紅」，想必指蘇東坡〈蝶戀花〉那闋詞「花褪殘紅青杏小，燕子飛時，綠水人家繞……」而言。區區之見，不知葉先生及廣大讀者，以為然否？

晨鐘中副兩風流

拜讀民國九十二年十二月廿八日中副方塊黃啟方先生所撰之〈新年三願〉大文，其中道及五代詞人馮延巳的〈長命女〉詞：「春日宴，綠酒一杯歌三遍，再拜陳三願：一願郎君千歲；二願妾身常健；三願如同梁上燕，歲歲常相見。」因而觸動我一點回憶與感想。

記得約在十餘年前吧！中副舉行年度春節作家茶會中，新聞界前輩馬星野先生（當時似任中央通訊社社長，抑為《中央日報》董事長，已記不清了）也躬臨其會。他曾將馮延巳以上的〈長命女〉詞，及韋莊的〈思帝鄉〉詞：「春日遊，杏花吹滿頭。陌上誰家年少，足風流。妾擬將身嫁與，一生休。縱被無情棄，不能羞」。予以綜合改寫成一闋新詞：「春日宴，男女作家皆笑臉。先賀元宵節。一願花兒長美；二願筆兒長健；三願如同梁上燕，歲歲長相見。春日遊，大家登五樓。一時文思靈感、滿心頭。寫得晨鐘、中副兩風流。縱是稿酬薄，不能休」。（按：「晨鐘」「中副」是《中央日報》的兩大版面）。

觀乎馬先生的改作，真是清新風趣，切情適景，贏得與會人士熱烈的掌聲。如今，據聞馬先生已經作古，每想到他的言論和風采，總感老成易於凋謝，胡何哲人不常存？益深追慕與懷念之情。

陋夫銘與陋妻銘

拜讀民國九十一年七月廿日、廿七日中副方塊，沈謙先生闡述及近代文人仿作〈陋室銘〉趣文、及八月十一日王傑元先生的〈新陋室銘再一首〉，使筆者回憶五十年前，在大陸時期的兩篇〈陋夫銘〉與〈陋妻銘〉，其格調雖不甚高，但亦可供飯餘茶後談論之一助，特抄錄於後，以添蛇足：

〈陋夫銘〉

官不在高，有權則靈；位不在久，貪瀆則行。斯是陋夫，惟吾心傾。舞場相結識，一見遂定情。交遊多富貴，往來皆明星。可以訂密約，敘幽情；無失寵之可慮、無見棄之可驚；既可驕親戚，復可光明庭。爲妻云：「何陋之有」。

〈陋妻銘〉

品不在高，有錢則靈；貌不在美，風騷則行。斯是陋妻，惟吾拙荊。演劇始相識，戀愛後結婚。雖然無組織，總算小家庭。可以報眷屬，領代金，無單身之寂寞，無獨宿之淒清；既可結上司，復可事鑽營。爲夫云：「何累之有」。

觀夫今日民意代表，及有頭有臉人物，桃色新聞不斷，鬧得滿城風雨，實令人感慨！如將以上兩篇短文，略予修改，亦可適用於今日之社會。

也談酒色財氣歌

拜讀民國九十一年九月廿八日中副方塊沈謙先生寫的〈酒色財氣歌〉大文，使我想起幼年時也曾看過酒色財氣的歌，惟與沈先生所說不同。特就記憶所及，分正反兩面，敘述如後，以供談助：

正面／

酒是醉人的妙藥，色是刮骨的鋼刀；

財是下山的猛虎，氣是惹禍的根苗。

反面／

無酒不成禮儀，無色路斷人稀；

無財社稷蕭條，無氣易被人欺。

觀乎以上正反兩面的意見，都甚有見地，但也各有其偏。總之，不論酒色財氣，定要做到自我約制，恰守其分，適可而止。

曾國藩節制四省

拜讀中副「主流」第三四五期潛夫先生所撰「讀曾文正公家書有感」一文，覺其議論精當，文字暢達，與我心有戚戚焉。惟美不足者，其中談及文正「攻破南京之後，清廷命其署兩江總督，節制四省……」一節，就時間而言，顯有錯誤。按「曾文正公全集」及黎庶昌所撰年譜記載，文正之奉旨署兩江總督，加兵部尚書銜，為咸豐十年間之事；而文正之晉太子少保銜，命節制蘇、皖、浙、贛四省軍務，則為咸豐十一年咸豐帝駕崩，同治帝繼位以後之事。當時文正固辭，而清廷不許。諭曰：「……當此江浙軍務吃緊，生民塗炭，我兩宮太后，孜孜求治，南望增憂。若非曾國藩之悃忱真摯，豈能輕假事權？所有四省巡撫提鎮以下各官，仍歸節制……」顯然可知當時南京尚未克復，江浙正在吃緊，怎能謂南京已「攻破」？（按曾國荃之攻破南京，時為同治三年六月）。

「主流」為一學術專欄，甚具權威性。此種錯誤，深恐以訛傳訛，故特辨正如上。尚請見諒並惠予披露為荷！

（民國七十四年八月十二日中央日報「主流」專欄）

關公溫酒斬華雄

拜讀中副十二月九日司馬中原先生大作「酒話連篇」，其中談及：「在古代，大將臨陣前，君主或元帥會擺宴設盞，為壯其威。關公斬蔡陽就是個例子，」按關公先斬後飲，斬的不是蔡陽，而是華雄。此在「三國演義」第五回與二十八回記載甚詳。後人有詩讚關公云：「威鎮乾坤第一功，轅門畫鼓響鼕鼕；雲長停盞施英勇，酒尚溫時斬華雄」。

又原文末段：「古人詩云『抽刀斷水水斷流，藉酒消愁愁更愁』。此為李白「宣州謝朓樓餞別校書叔雲」詩中之「……抽刀斷水水更流，舉杯消愁愁更愁。」兩相對照，詞句亦有出入。故特函請惠予更正為荷！

（以上投書皆獲報社迴響，以「來函照登」方式刊布。）

附錄二

雜文七篇

讀《浮生六記》後感

芸娘是中國文學上一位最可愛的女人。這是林語堂先生於英譯《浮生六記》時，在前言裏對書中女主人的推美。我很贊佩林先生的見解，並使我對這書的欣賞和偏愛。

林先生說這書的體裁特別，作者沈復是以自傳故事兼談生活藝術，閑情逸趣，文評藝評，山水景色……。我也可以說這是作者以閨房記樂，閒情記趣，浪遊記快，坎坷記愁，養生記道等分章敘述，而自成一有系統的傳記文學。以沈復優美的才華，真摯的感情，與深刻的生活體驗，自然寫來詞句清麗婉約，情節感人至深。

沈復與其愛妻芸娘，于清乾隆庚子正月二十二日結婚，至嘉慶癸亥三月卅日芸娘久病不愈，一靈飄渺，香消玉殞，恰是「鴻案相莊二十三年」。時至今日，我才知道我國的歷史社會中，有這麼一對可愛可慕的情侶，飽嘗過閨房之樂與坎坷之愁。

他們夫妻情感的親密，沈復在〈閨房記樂〉中敘述得香艷纏綿，細膩盡致。我再難以更美的詞句來讚美形容。我認為他們有時「並坐同行」，都受到老年夫婦的「相視如仇」這實為愛情上所遭遇的委屈。舊式禮教中的男女，縱使授受不親，而正式夫妻的情感過於流露熱愛，也被視為浪漫之舉嗎？……豈非習俗的過錯麼！

如今時代已經進步，不僅已婚的夫婦可以並坐同行，即使一對未婚夫婦或情侶，手挽手的遊公園，上電影院，甚至公開擁吻，也無足為怪。可是無論任何女人，在丈夫跟前，事事可以吃虧，唯有一事不甘讓步，那就是不容丈夫有外遇，否則不鬧得天翻地覆，也得獨自搶地呼天，甚至釀成夫婦的離異，然而在芸娘的眼光中，卻未有這種見解。你看她見了憨園，見了一位歌伎，她就想暗中替她丈夫撮合娶為篷室，由於她只知道追求美，而忘記這是與禮教相衝突的。後來憨園為有力者奪去，家庭也因這事對她誤會，以致遭到放逐，半生顛倒於窮困之中，終於生起大病，迄至香魂飄渺奄奄一息之時，她還囑咐她的丈夫：「願君另續德容兼備者，以奉雙親，撫我遺子」。她雖不能與她丈夫偕首百年之後，但她念及她丈夫後半生的凄苦，所以她助他愛其所愛。她是一個具有超然情操的女人。她自歎：「滿望做一個好媳婦而不能得，其實像她那樣的媳婦，還有什麼可說呢！一個靈心慧質敬上愛夫的女子，還不能得到堂上翁姑的諒解，是宿命的安排？抑是造化的做孽？

芸娘對於沈復的愛護與體貼，可謂無微不至；而沈復之對芸娘，亦無負其所愛。你看芸娘死後沈復那份悽絕纏綿之情，「曾經滄海難為水，除卻巫山不是雲」。我們禁不住一掬同情之淚。一個人死後的靈魂，真的會歸來嗎？沈復不曾相信，但又曾相信。當芸娘「回煞」

之期，沈復抱著悽愴的情懷，傷心欲碎，於淚眼模糊雙燭青煙熒熒中，冀能見到他愛妻芳魂的歸返，這份悲痛與痴情，可謂天地間的一種至情。以芸娘那樣靈慧的女子，處在當時「女子無才便是德」的社會中，是難以與現實相容的，所以她抑鬱的死了！我們應歎惜她的生不逢時，後世人都宜清香一瓣，弔慰芳魂。

沈復是在他三十八歲的那年，遭到家庭放逐，開始顛沛流離的生活，至四十一歲時喪偶，四十二歲時失怙，四十四歲夭嗣，這一連串禍不單行的日子，憂傷的歲月，是給他多麼的痛擊！但他酷愛山水，酷愛泉石，雖至窮困潦倒，蹭蹬不遂，而仍不改山水之樂。你看他還這樣說：「此余愁苦中之快遊也」。他在那樣的愁苦中還做快遊，你能不說他樂天知命嗎？你能說他不知愁苦嗎？然而人畢竟是有情感的動物，當情感受到拂逆與創傷時，總難免不有擺脫塵俗之想。由於沈復青年時感情過多支付，與中年時感情一再受創，因而影響他的心神與健康，直到晚年，他才知道攝生！他才深悔「前此一段痴情，是為做繭自縛」。他在「養生記道」一章裏說：「舞衫歌扇，轉眼皆非；紅粉青樓，當場即幻。秉靈蠋以照迷情，持慧劍以割愛欲，殆非大勇不能也。然情必有所寄，不如寄其情于卉木，不如寄其情于書畫，與對艷裝美人何異？可省卻許多煩惱」。與其說這是沈復得到了解脫，毋寧說是他進入更高的人生境界。我們青年朋友，如果感情受到了創傷，滿懷痛苦無所寄託時，何不記取他的箴言：寄其情於卉木書畫呢！（民國四十四年寫）

客裏中秋憶兒時

如果不是看到福利社那五顏六色的中秋月餅，我幾乎忘記時序又屆中秋了。

自我離家出外以來，記不清中秋已曾幾度？而今又逢客裏中秋，仰看著皎潔的明月，滿天的星星，總勾起我無限的鄉愁，悵惘地寄於沉默的遐思。「同是天邊月，總是故鄉明」，我是如何的懷念著故鄉啊！只好讓一片歸心，以白雲為翼，飛過滄海，去到我那美麗可愛的故鄉——湘西邵陽，重溫童年時的舊夢吧！

在故鄉，正是金風送爽，桂子飄香的時候了。記得兒時過中秋的情景，那種天倫樂趣，依稀的仍可回憶起來！當明亮的圓月，從東方山頭冉冉升起，吐放著銀素似的光輝，大地呈現得皎皎光明，池塘裡的清水，澄澈如鏡，倒映著圓月；池邊的柳樹，風姿綽約的佇立在月影下，屋後「松竹生夜涼」，冷露潤著桂花香，倦鳥棲巢，庭院寂靜，正是「天階夜色涼如水」。這時我們一家人都到庭前賞月，母親設案於庭中，案上供奉著月餅，水果和香紙，面向著月兒小姐祈禱；老祖母手搖著大蒲扇，講述著月兒的故事，幾個不解事的弟弟和鄰居的小朋友們，在庭前的晒穀場上拉著黑長的影子做遊戲——騎駱馬、殺綿羊、扮新娘、老鼠穿洞……花樣翻新，大家興高采烈，晒穀場上滿是稻草，他們在上面打著滾兒，或翻著筋斗，嘻嘻哈哈的亂做一團，有時天空劃過幾道流星，帶來了閃耀的光亮，他們又一個個仰起驚疑的小臉，望著那長尾巴似的光亮出神。在孩提時幼小的心靈裏，宇宙是多麼的神秘與奇妙。

我最愛聽祖母講故事，她說中秋這晚的月，到了子夜時分，光輝分外明朗，錦雲圍繞，五色鮮瑩，當華麗的時候，好像一隻大金盆，又似撐開的彩傘，光華燦爛，美艷異常，這便是一般所傳說的中秋看「月華」。相傳「月華」出現僅一會兒即行消失，若沒有耐心坐守等待的人，是不容易看見的。

不管祖母的話是真或假，但我憧憬著「月華」的出現，竟坐守到皓月當空，冷露濕衣的時候，還不願去就寢。當母親已睡熟醒來，發覺我尚留在門外賞月，於是又披衣起來，一再的在門口呼喚，嚇唬我說「夜深人靜，遠山傳來了老虎的吼聲」，我才帶著幾分驚惶與失望的心情，慌張的跑回寢室，而此時弟弟們都已呼呼的入睡了。

童年時代的生活是美麗的，也是多彩多姿的，常常使我追憶和懷念。人人都有過美麗的童年，人人都有可愛的家園，和天倫團聚之樂。但今天大陸河山破碎，兩岸分隔，遙望著悠悠的白雲，總寄予無限的思親懷鄉之忱。值此中秋佳節，我抱著一片虔誠，默禱上蒼，保佑我們親人無恙！希望早日回到故鄉，探望親人。讓我一顆頻年在外飄泊的心，重偎著母親的慈懷，訴盡離別辛酸的痛苦，承受和藹溫煦的母愛，盡情的過一個快樂團圓的中秋佳節。

（民國七十年中秋）

不經一番寒徹骨

芸彤：

我的愛女，妳兩次的來信，我都看過了。我和妳媽、爺爺、奶奶、舅舅、舅媽、阿姨……心裡都感到很高興和安慰。

妳決心進空軍機校，而且先去陸軍官校接受一個月的嚴格入伍訓練，這無論對妳身體的鍛鍊，或者將來的為人處世，都是極有助益的。妳既然願意做軍人，要知道，軍人是以服從為天職的。所謂「合理的要求是訓練，不合理的要求是磨練」，妳對教官的指示，要絕對接受，多聽、多看、多學習、守規矩、不存僥倖的心理；咬緊牙關，努力向前。古人云：「不經一番寒徹骨，焉得梅花撲鼻香」。所以一個成功的人，是必須經過一番艱苦的琢磨，這道理，我想妳也會了解的。

妳妹妹錦心也於九月二日去德育護理專科學校入學，新生訓練也很嚴。由於妳們姊妹過去在家中生活較優閒，一旦接受有規律的訓練，開始是不會習慣的，但日子久了，也就好了。等到將來畢了業，也許妳對過去那種家庭生活反而感到不習慣了。

孩子，這是妳步入社會人生歷程的開始，我們做父母的，為妳們姊妹雖然指引了一條道路，但希望妳們姊妹邁開大步向前走去；如果中途不小心跌倒了，要靠自己勇敢地爬起來。因為在這個競爭激烈的社會中，妳自己如果不勇敢地繼續往前衝，這時，別人即刻會跑到妳的前面去，那麼最後被淘汰的，就是妳自己。

我離開家鄉出外從軍，年齡比妳現在還小，在冰天雪地裡接受嚴格訓練。記得民國三十七年在湖北漢陽受訓，有一天氣溫降到零下四度，大夥兒都穿著棉軍襖，我一時不小心，冷得將兩手插進褲袋裡（規定是不准插手的），被分隊長發現，馬上一刺刀就打過來，雖然未被打中手臂，但卻嚇得渾身發抖。又有一次，我們早上起床，著裝、洗臉、刷牙、打綁腿、摺棉被（方正像豆腐），前後不到十分鐘，集合號音就響了，這時班上不知那位同學沒有將內務板放好，被教育班長發現，責問大家，但沒有那位同學敢承認，最後只好全班受罰，各被打兩大內務板，當時手心痛得發麻。這些事，雖已過去四十多年，但在我的記憶中，猶依稀如昨。現在看到妳能步我的後塵，接我的棒子，也就很高興與安慰了。同時也有「韶光易老，白髮飄蕭」之感。孩子「及時須努力，歲月不待人」要好好把握這青春年少啊！

現在台灣沒有冰天雪地，教育的方式已改進得合理多了；不但不會打罵，對女生的教育，應該會比男生還寬待些。空軍機校環境優美，教官及隊職官素質都非常優秀，妳們同學兩個人共一個寢室，生活管理非常合理，比我當年那種受訓情形，要好得太多了。希望妳好好的接受教育，將來做一個好國民和好軍人，我就放心了。最後祝妳學業進步！

（民國八十年春）

舐犢情深

錦心：

我的愛女，讀了妳的信，一時百感交集，感動得幾次掉下淚來。妳的每一句言詞，都強烈的敲擊著我的心弦。我發覺你已經長大了，沒想到妳突然會變得如此懂事、聰明。其實，妳早已懂事了，只不過在我的心目中，總認為妳沒有長大似的。我想：凡是天下做父母的，對他們的子女，都會有同樣的心情，那是因為對兒女的愛愈深，責望也愈切的原因吧！

說也難怪，從妳出生到現在，雖然已滿十五歲了，但在我的感覺上，好像是不久的事，時光過得委實太快了！做父母的，都盼望兒女能早日成長，但又深怕自己的年華老去，人總是如此的矛盾。猶記得妳們姊妹的出世均是剖腹產，妳媽媽為了妳們姊妹，挨了兩次刀，這不是妳現在的年齡所能體會到的。不管別人怎樣想，但在我的心裡，孩子只要成材，男女都是一樣，我這番心意，妳能了解嗎？孩子。

，回憶六十九年六月，妳因患胸腔瘤，需要開刀。我和妳媽媽難過得幾乎昏了過去，這關係著妳生命的瘤，不知是良性還是惡性？日夜縈繞在我們的腦際，以致整夜失眠，甚至終日對泣，心情之痛苦，不是妳當時所能了解的。幸蒙上天保佑，並感謝當時的朱建慶副院長那分仁心和高明的醫術，妳終於安全的出院了，我們好慶幸啊！這一幕幕的往事，都湧入心頭，然而一晃妳國中快要畢業，即將進入高中的孩子了。可是在我的心目中，還把妳看做在我手中抱與在背上背的時候一樣。有時妳有錯，與我頂嘴，我會生氣的責備妳，甚至打妳，但事後回想，又覺得悲痛難過，古人說：「打在兒身，痛在親心」，也許就是這個意思吧！

孩子，凡是將真情投入所寫出的文章，一定會寫得很好，一定能感動人。妳寫給我的信非常真摯感人，也是這個緣故，這可以做為妳今後作文的方法和準則。我讀了妳的信以後，對你的看法改變了，同時對妳的教育方式，也絕對會有所改變。今後任何事情，我要平心靜氣的和妳溝通，以理性來主導我們父女的關係。我們不管工作如何辛苦，即使做牛做馬，也是無怨無悔；尤其是希望看到妳能懂事成材，那將是無上的安慰。

下年度妳就要考高中了，功課的準備，固然有賴平時熟讀深思，一點一滴的累積，但考試前臨陣磨槍，也是不可少的工夫。要知道，書中有些問題，雖然平時記得很熟，但臨到考試一時卻想不起來，這就是考試前沒有作總複習的緣故，所以充分的重點準備與照顧全面，是考試成功的要素。我天資雖不甚高，但從小讀書的成績，總冠前茅，以後在軍事學校求學，也是如此。原因是別人用一分的心力，我卻用十分的心力。所謂「三分天才，七分努力」，天才是需要靠努力才能成功的。我平生對任何事情皆極認真，尤其是求知和榮譽方面，絕不願服輸，一定要拼鬥到底。但願妳也有這種不服輸的精神，去努力用功，如此一定會有好的結果；希望妳將來學業有成，為國家做一個有用的人，我的心願就滿足了。

（民國八十年六月寫）

哲學是有體系的思想

哲學與文學、史學是相關聯的，人們常謂文史哲。而哲學家下哲學的定義，也是多種多樣的。他們好用專門術語，且好用自己創造的術語。所以初學的人看來不容易懂。加以你一說法。他一說法，使初學者愈看愈糊塗。我在軍中上了數十年的政治課，課本中述明一個任何人都懂的定義，即為：「說得輕鬆點，哲學是講得通的道理；說得文雅點，哲學是有體系的思想」。

講得通三字，看來很簡單。可是通字是要通於一切的，這就不簡單了。中國人有兩句描述哲學特徵的話：「天人一貫，理事無礙」，即是講通一切的意思。天是自然，人是社會。自然科學與社會科學的道理，有許多是很難貫通的。例如在自然的物質方面，定量物之使用愈用愈少，而在人類的精神方面，則愈用而愈出，兩者就表面上言，則互相矛盾不能貫通。

凡事必有其理，凡理必有其事，理事無礙之說，似亦簡單，然亦有難言之處。如一人造屋，百日可成；百人造屋，一日可成。推而至於億萬人造屋，則一刹那之間，其屋可成。天下豈有此比例之理。但天下絕無此魔術之事，故「天人一貫，理事無礙」之說，不是容易做到的。換言之，要講通一切道理，談何容易！然而不能「究天人之際，通古今之變」，即不能「成一家之言」；不能貫通自然科學和社會科學的一切道理，就不能成為哲學。所以有人說，哲學是科學之科學（Science of sciences），也有人說，哲學是貫通天人理事的宇宙原理（Cosmology）。

但為什麼我們要講通一切的道理？這因為必須如此，始能滿足知識的欲望。什麼是知識的欲望？這有兩種解釋，就是求知欲和傳知欲。人們是很喜歡將自己的知識傳授別人，小孩在沒有大人在場時，自己就充大人，愛將在大人面前聽來的故事，轉講予小朋友們聽，此為孩子們的傳知欲。古人一到老年，即趕快整理自己的文集和詩集，要將其「藏之名山，傳之其人」。此為老年人的傳知欲。人無分老小，都有傳知欲的，所以孟夫子曾有一警告：「人之患，在好為人師」。但我們那來的知識，用以傳授予別人？首先我們必須求知，而求知即成為自然之欲望。孔子嘗說他自己：「學不厭，教不倦」。學不厭者，求知欲也；教不倦者，傳知欲也。孔子有極強的知識欲，所以成為大成至聖先師。

求知是一種欲望，而欲望是沒有滿足與有創造性的。滿足低一層欲望，就要創造較高一層欲望，滿足較高一層欲望，又創造更高一層欲望，此謂之欲望的創造性。如此不斷的滿足，不斷的創造，始將人類的行動向前推進、知識向上開展。欲望是無境的。所以中國先賢造字，將欲字寫成從谷從欠。谷者，象徵欲望之深如山谷；欠者，表明欲望難於滿足，總有欠缺之時，惟其欲望無止境，故人類之知識和事業亦無止境。莊子云：「知也無涯」。西哲說：「宇宙是未完成的草稿」。其所以如此者，即人類欲望不斷滿足，不斷創造之故。

從歷史上看，知識是不斷累積，不斷創造的。從個人心理活動看，思想的開展，也是不斷滿足，不斷求新的。試以人類從何處來為例：我們答覆此一問題，說你從父母生下來的，他滿足了。於是又問：父母又是從何處來？回答說：是從第一世祖傳下來的，他滿足了。於是又問：第一世祖是從何處來？答云：是從類人猿逐漸變化而來，他滿足了。於是又問：類人猿又是從何處來？回答他說：是從阿米巴進化而來，於是他滿足了。更問阿米巴從何處來？如此不斷的問，不斷的追，問到底，追到底，為的是什麼？即是滿足他的知識欲。因為知識是創造性的，人們要對一切道理都能講通了，才能得到最高的滿足。人們之所以常有哲學的思想，就以此問到底的知識欲為其根本原因。

這個問到底的「底」，即為那最高且最後的原理，依據此最高且最後的原理出發，將其推論下去，演繹下去，一直講通了一切自然和人事的道理，此即為「天人一貫，理事無礙」的學問。也就是哲學的本質。所以研究哲學的人，都是「打破沙鍋問到底」，還問沙鍋在那裡？這個「底」，以哲學的術語說，就是「本體」。有了本體，據此推演，形成一套理論，這一套，即是系統。有了本體，有了系統，這就是思想上有了體系。前面說哲學是有體系的

思想，我們不說思想體系則已，如說思想體系，則入於哲學題了。（民國五十二年讀書心得）

論知己並贈小春（兩紀）

被愛是遇著知己，接受知己的愛，也是相知的表示。人生如能得到一位相知相愛的伴侶，雖然同居在深山曠野荒島，也不會感到寂寞的。相知相愛的伴侶，豈是金錢可以換取的。夫妻的恩愛既已濃厚，何況再加上雙雙知己的感情呢！如此知己的伴侶，相知相愛的夫妻，古往今來，能有幾位？所以人生第一幸福，就是能得一位相知相愛的終身伴侶。

啊！宇宙茫茫，人海滄桑，唯有得到知己，才能得到安慰，唯有得到知己的伴侶，人生才有無限的幸福，和無比的快樂。如果沒有知己的時候，則人生只有荒野，只是荊棘，但是茫茫人生，能得到幾許知心？異性的知音，尤為難得。

所以對於知己，不辭同患難，共艱苦，甚至於拋棄一身而為知己犧牲的。古人說：「士為知己者死，女為悅己者容」。這兩句話中蘊藏著多麼崇高壯烈的意義！但這並不是盲目的犧牲，實在為知己而犧牲。所以得到一位知己，雖然捨棄自己的生命，也不後悔，何況是浮世流俗的功名富貴呢！（民國五十二年三月二十二日）

我是一個富於感情，愛好文學的人，喜愛真、善、美。常以外在的美，和內在的真與善，去評價一切的人和事物。也常以文學來美化自己的生命，修飾自己的靈魂。追求人生的美夢。所以我愛讀內涵豐沛、詞藻優美的詩詞與散文，也愛看情感澎湃、故事感人的小說。

在這茫茫的人生旅途上，感到朋友在我的生命中，有如沙漠中的綠洲。沒有他，生活便失去樂趣。所以我珍惜朋友對我的感情。當我快樂的時候，我喜歡把我最知心的話，與他分享，共話衷腸；但當我苦悶悲哀的時候，也希望他給我一些安慰。無論同性或異性，只要彼此個性相投，心靈接近，我都希望做我的朋友，成為我的知己。

（民國四十九年三月廿八日）

愛是自私的嗎？

小春：

說實在的，我怎麼不想前來府上呢！和妳在一起，我的生命才有光輝，生活才感到幸福。假如這次春節我來台中，我們將和今年元旦一樣，儘情的玩一玩，也許比元旦在台中公園玩得更開心呢！我將和妳一同遊覽彰化的八卦山。在八卦山的大佛前，許下我們的心願：「願我們常在一起，永不分離！」在山的青草地上，我們併肩偎坐，仰視白色的浮雲，藍色的天，互訴衷腸。妳對我說：「×哥，我們太幸福了」！我也說：「×妹，這是上帝的賜予，我們應該感謝上帝，把我們領進這詩意的人生」。

愛，是自私的、忌妒的，越自私愛得越深，愛得越真摯。在真正的愛情裡，是不容許第三者加入的。所以說：「真愛情猶如眼睛裡不能有一粒沙子」，不管沙子有多微小，但一旦飛入眼裏，即會痛苦流淚。非要將沙子除去才會舒服。譬如我元旦送給妳的一篇文章題為「太太的塑像」的剪報，那位女主角非常愛她的丈夫，要是她丈夫說某位女人如何漂亮，或多看別的女人一眼，她定會吃味，找她丈夫算帳。這表示她對他的愛情是真摯的。天下沒有第二個男人可以動她的心，她也不許他去愛第二個女人。又如《茶花女》那本世界名著裡，男主角亞芒說過一段話：「無論如何信任所愛的女子，無論她的過去如何可以保證將來，男子終究還是多少有點忌妒的。你如果愛一個女子，認真地愛她，妳定會感覺到需要使你的愛人與世界隔絕，為你所專有。無論你心愛的女子對一般人們如何淡漠，可是她與人們接近的時候，總好像是會失去她的香氣與完整」。所以他愛他的女友馬格麗特，要使她不與任何男人接近，與這世界隔絕，原因是怕她與別的男人接近後，她的心就會被分散，對他的愛就不會百分之百的專一了。正如詩人徐志摩說的：「妳看我活著不能沒有妳，我要妳身體完全愛我，也要妳的性靈完全化入我的，我要妳性靈的絕對的全部，因為我獻給妳的，也是絕對的全部，那才當得起一個愛字。」這是多麼的自私，所以我說自私的心理越深的人，對愛情越真摯是一點不假的。可是有些女人，當她和別的男人言談嬉笑時，被她的愛人發現了，以致有忌妒吃味的事情，你看她怎麼回答的：「哼！我現在還未嫁給你，你就管我這麼多，要是將來做你的妻子，那恐怕我沒有一切自由了……」唉！她那裡懂得什麼叫真情？她那裡真心在愛他喲！名作家公孫嬿說得好：「愛情專在獨有，重在專利，假如人人可得也就不稀罕了」。如果一位女人，和別的男人言談嬉笑，被她的愛人看到了，不聞不問，漠不關心，試想：他對她還有什麼愛情可言？她縱然得到了許多的自由，那種自由又有何意義？所以真正的愛情，是男女間相互關心，體貼，彼此供獻出來的愛，比重是相等的，一顆心換一顆心，才是相愛之深。這才叫真愛。

妳問得對，我從前告訴妳說：「愛是犧牲，不是佔有」為什麼如今又說：「愛是自私的，忌妒的」呢？這不是前後矛盾嗎？妳問得好，現在請聽我的解釋：

我說愛是自私的，忌妒的，那是指一對正常的愛侶，雙方必然具有的心理，否則便非真愛；我說愛是犧牲的，而非佔有，那是指愛情遭受了環境的阻礙，或其他因素，以致愛情起了變化，其中雙方或一方所應有的修持與適應態度。譬如一對情侶，非常恩愛，可是礙於父母反對，或第三者加入等因素，而使他們不能結合，最後雙雙殉情，這是兩者同時犧牲的方式，也是自古留傳下來的「在生願結同心帶，死後仍開並蒂蓮」的故事。也許有人說這樣犧牲是沒有代價的，是弱者的表現。但我不同意這種說法，我很讚成徐志摩說的：「愛侶的殉情，與烈士殉國，宗教家殉道，同具有崇高壯烈的意義」。假如他們不愛得那麼深切，便非真愛；沒有真愛，他們便沒有勇氣去自殺。生命誠可貴，可是愛情價更高呢！

又如最近有一對美滿夫妻，兒女都已成群了，但由於男主角在外國留學。異鄉寂寞，於是又與他的女同學戀愛了而且生了孩子。當他的妻子知道他們事情時，怎不感到傷心，難過！但米已成飯，他妻子又有什麼辦法呢！如果他妻子是位識大體有修養的人，她可能會犧牲自己的幸福，成全他們的恩愛，自己卻偷偷的去自殺，或吃齋唸佛。假如她是一位潑辣的女人，可能會向他大吵大鬧；或向法院告他犯重婚罪（或妨害家庭），或提出離婚條件。男人也是一樣。當他知道他女友或妻子變心，移情別戀時，如果他是一位有修養的智識份子，他可能會對她說：「既然有比我更好的人來愛妳，我只好含淚祝福妳們」。或者說：「只要妳幸福，我什麼都可犧牲，那怕是我的生命……」假如是一個粗暴無知的男人，情形就不同了，不是罵她，便是打她，殺她，甚至將他的情敵殺死。像妳所說的那位厲無咎，因為忌恨的心理而親手用槍打死他的愛妻碧霞，那應該是屬於後面說的那種男人。《小說報》我沒有看過，我不知厲無咎殺他愛妻的理由，妳也沒有說出他忌恨的原因。難道是她背叛他，負心他？去和別人偷情？如果她是一個不守婦道的女人，遭遇那麼不幸，是很少人會同情她的。而她的丈夫厲無咎，可能法院要判他坐牢或填命。妳說：「自私、忌妒，到後來還不是這種下場嗎」？妳將一件小說不正常的愛情——不是真愛情，來做自私、忌妒的結論，那是不公平的。我說的自私、忌妒，是指一般正常成功的情侶必須具有的心理，否則便非真愛，當愛一旦產生變化，便沒有愛情可言。

所以甜蜜的愛情，美滿的婚姻，當一旦發生裂痕時，猶如一個熟睡的嬰兒，從甜夢中驚醒。不管是女人或男人，心情是極端痛苦的。而這種痛苦，便是自私、忌妒心理的表現。有知識修養善良的男（女）人，儘力克制這種自私與忌妒，願將痛苦自己承受，將愛予以昇華，這叫做「犧牲自己」。反之，無修養兇狠的男（女）人，擴大這種自私與忌妒，將痛苦向別人投擲，將愛變為恨，這叫做「報復別人」。犧牲自己的人是偉大的，他要打落牙齒和血吞，像耶蘇基督一樣，背負著人類痛苦的十字架，這種人世間少之又少。而報復別人的人，卻相當多。所以這個社會充滿仇恨與殺機，兇殺的新聞時有發生。假如人人能做到犧牲自己，那麼這個社會也會變得美滿。所以我說愛是自私的、忌妒的，越自私，愛情越真摯；我說愛是犧牲的、非佔有的，那是指愛情發生變化時，所應有的修養與適應態度。這兩者是一貫的，一點也不矛盾衝突，我這樣解釋妳滿意嗎！

接到妳的來信快十天了，今天才答復妳，不瞞妳說，實在太忙。我們一年難得見幾次面，春節又沒到府上來，實在對不起！請代向伯父母問候。

（民國五十五年二月十日）

附錄三

東橋詩聯鈔

五言絕句

竹影二首

風來聆戛玉　雨後賞青蒼
月出搖窗影　堅貞傲雪霜

矗立凌空綠　瓊枝帶雨濃
清風明月影　節媲歲寒松

賀友人新婚

喜作鴛鴦侶　雙棲玳瑁樑
同心修福慧　緣結百年長

蛛網

儼如諸葛亮　獨坐中軍帳
八卦陣圖開　欲擒闖入將

瓶花

足濯清新水　纖腰巧樣身
怡情饒雅趣　妝點繡簾春

五言律詩

端節感懷

龍舟傳賽事　佳節又端陽
門綴菖蒲秀　庖聞角黍香
忠良悲屈子　昏朽嘆懷王
千古離騷淚　椎心灑楚湘

夏日農村記遊

寶島田園美　村前柳水塘
輕風翻碧浪　新穗獻清香
童子追蛙笑　老農望歲穰
騷人騁遊目　漫採滿奚囊

送諸詩老應聘赴泰

往訪東南勝　江樓共餞行
臺瀛乘鐵翼　佛國結詩盟
盛況何能擬　高吟孰與京
冰輪光皓皓　照徹海天明

歸燕吟

萬里歸來日　盤旋認舊堂
親情縈棣萼　世事感滄桑
老屋形非昔　青山色已黃
傷心翹首望　暮靄冷斜陽

次蘋老趣彭高兄韻

綜編誠不易　儼若理家婆
織匠胡爲少　彈工卻患多
同心探韻府　異議隔天河
珍惜苔岑契　開懷一放歌

註：俗諺：織匠少、彈匠多、賢者多勞。

代熾詞長令郎康復喜賦

魔疾遙離去，張筵慶復生。
蒼天憐俊彥，巨眾惜豪英。
老父心舒闊，通家氣喜盈。
歷經斯劫後，博士躍雲程。

註：代熾詞長令郎正中，在美榮獲博士，惜身患癌疾，經台大醫院使用新藥治癒。張筵約請吟友。

七言絕句

讀書偶感二首

翻越層巒復度峰　遙望絕頂白雲中
雖臨終極繁華境　翹首藍天卻莫窮
學海無涯勤是岸　青雲有路志爲梯

源頭活水方清澈　絕巘纔望眾嶽低

註：前二句套借古諺。

物外趣

雲山萬壑綠陰叢　懸網飄搖美夢中
日暖花香鳥聲碎　寄身物外趣無窮

註：懸網，即吊網床。兩端繫於樹幹，人睡其中。

憶兒時秋登故鄉大樹嶺

西風蕭瑟日輪曛　遠近炊煙接暮雲
山色凄然樵牧去　遙望天際雁成群

竹　風

總與梅松媲節忠　昂然挺拔聳蒼穹
倏來一陣瀟瀟雨　搖曳窗前送好風

山居早起

別業城南玉嶺西　環山翠綠曉煙迷
推窗纔見晨曦綻　即聽林間眾鳥啼

夢裡還鄉

雨滴簷鈴客夢長　萬千塵慮暫相忘
迷濛惟覺歸航近　隱隱青山是邵陽

寶島鄉村

桑樹陰圍翠竹屏　成群鵝鴨叫盈庭
日長黃犬門前臥　萍水池邊柳線青

和夢機教授閒暇口號

未肯平生甘寂寞　翎毛不惜老番顛
暗鉤台獨心迷日　種族難明足可憐

註：種族不明係太平天國石達開諷曾文正公語。

蓬萊早春

梅花香裏報先春　春繡陽明綠未勻
阿里雲開雪峰霽　中華景運又清新

臘　梅

萬樹花開庾嶺南　一簾春近雪毿毿
我非鼎鼐調羹手　漫作鹽梅一例探

滿城風雨近重陽二首

滿城風雨近重陽　靈感來時逸興昂
豈奈催租人過後　詩情零落若秋霜
閒來鎮日爲詩忙　素養精工是妙方
綴玉敲金欣得句　滿城風雨近重陽

風　柳

毿毿金縷順風揚　高拂樓台低拂牆
帶雨含煙還嫋娜　柔絲繫客不留香

註：不留香者，不留情也。

次白翎詞長憶江南韻

遠山含黛水鋪藍　柳線搖金春意酣
草長鶯飛杏花雨　教人爭不憶江南

讀《離騷》有感二首

蜩螗國事憫孤臣　遺恨千年汨水濱
今古忠良輒遭嫉　含冤豈獨屈靈均

賦罷懷沙自溺淪　離騷每讀慨嘆頻
懷王若不讒臣誤　爭使無顏客死秦

詠　竹

窗前翠綠影縱橫　時聽風搖碎玉聲
立地撐天緣有節　歲寒傲雪氣崢嶸

觀　瀑

石壁煙嵐韻調高　懸崖掛練奏雲璈
山人策杖潭邊立　靜看群珠落雪濤

探親餞行二首

江樓設宴送文旌　萬里期君順旅程
一路言談多在意　省親祇敘別離情

如鵬展翼向神州　縱目河山意興悠
料得奚囊詩滿篋　回程再醉淡江樓

敬悼經國先生二首

一聲霹靂破晴空，瞬入寒風變態中；
驚見巨星天際落，人間哀戚感無窮。

苦難憂勞一擔肩，血心嘔盡大溪眠；
先生風範垂千古，後世懷恩至萬年。

憶南京大屠殺四首

東鄰倭寇太猖狂　侵我金陵鬪戰場

城破亡魂三十萬　空前國恥豈能忘
挹江門外血成渠　忍見機槍大掃屠
戰地風來腥撲鼻　人寰慘絕罄難書
極惡元凶谷壽夫　縱兵殘害我無辜
擄燒姦殺屍橫積　屋燬垣焦草木枯
天網恢恢無不報　歡呼勝利終臨到
元凶伏法雨花台　拊掌萬民相走告

論伯夷叔齊

高風讓國遠昭垂　古有叔齊偕伯夷①
周伐不仁攔馬諫　首陽瘗怨復奚疑②

註：①伯夷、叔齊兄弟讓國，孔子謂「古之賢人」。又曰：「求仁而得仁，又何怨？」。

②按武王伐紂，孟子稱之，夷齊卻扣馬而諫。後武王滅紂，夷齊恥食周粟，餓死首陽山，焉能無怨！

雙燕二首

貼地翻飛羽翅香　雙雙來去爲誰忙
一聲嬌語翩然過　輕剪春光入畫樑
傍柳穿花草木香　綠蕪庭院往來忙
呢喃軟語商量定　燕爾新巢築畫樑

猴年說猴三首

冬竭春來氣尚寒　拖棚猱戲快終殘
人潮鼎沸鑼聲繼　里巷深宵夢不安
索果殊能博眾歡　儼然袍笏效登壇
張皇四顧兜鍪舉　我亦因佗笑沐冠
山名花果亂紛縈　正氣沈消邪氣橫
希冀頑軀常硬健　要留老眼看河清

註：花果山：《西遊記》中之山名。

夏日陣雨二首

赤日炎炎燒碧空　塵飛氣壓熱無風
驟然陣雨雷聲歇　彩徹雲衢萬縷紅
長空電閃迅雷鳴　卻暑淋漓地氣清
更願觀音瓶裡水　化爲甘澍濟蒼生

雨中樓望

雲天暗淡雨濛濛　山野樓臺隱約中
馬路飛輪水花濺　揭來仕女傘如篷

探親抒感

淡日疏雲漸煥天　還鄉正好趁飛船
省親聽訴興亡事　回首何堪憶昔年

圓山曉步

層巒聳翠自高低　曙色朦朧野色迷
古剎鐘聲迴邐遠　扶筇人在小亭西

花下對飲

花光照酒美盈眸　賞景吟詩韻事稠
好鳥枝頭春意鬧　良辰莫負醉千甌

讀江沛兄逸樓吟稿

久仰江翁逸興樓　長河珠玉一筐收
精雕細琢還精選　古雅清新出眾流

佑民兄惠贈守愚吟草

戎幕當年憶令名　騷壇今喜慕韓荊
珠璣惠我難籌禮　謹獻蕪詞答盛情

觀李澤浩兄演玉堂春

一曲蘇三繡幪開　輕移蓮步出簾來
僉云美女嬌嬈態　誰識英雄射虎才

江城春集

春繡陽明翠嶺橫　江樓勝會盡豪英
誼聯三社詩交友　功仗南豐妙策成

詠水三首

引決東西各自流　恆趨低處不高求
楊花豈可相同論　貌本清清質本柔

逝者如斯晝夜忙　空明棹擊泝流光
性情誰謂多和順　蕩蕩懷山襄屋樑

秋色寒潭澈底清　滿潭軟玉碧晶瑩
晴空飛鳥毿毿柳　倒影波中分外明

寒梅

冰姿玉骨影橫斜　萬蕊連翩若粉霞
天愈霜寒香更艷　孤標傲世媲中華

榴火

的皪花光不染塵　瓊枝翠葉郁清新
熱情奔放紅如火　愧煞凡間冷血人

江樓吟望

悵望鄉關鬢已秋　客中王粲怕登樓
何堪隔岸同觀火　江水茫茫發旅愁

敬似磊翁

仰望瓊居聽雨樓　詩情煙景畫中收
問何靈秀清如許　爲有文星樂此留

註：磊翁居：「留春聽雨之樓」。

榮生惠詩步韻酬謝　刁抱石

或恐才高笑小樓　把杯聽雨味兼收
燕傳新語春將去　連夜哦詩懇慰留

懷先慈八首

父歿吾纔滿五齡　慈親念九正芳春
撫孤堅厲冰霜節　歷盡人間萬苦辛

家計艱難苦裡過　慈容憂戚淚痕多
每懷舊事增淒哽　無限傷心誦蓼莪

離巢稚燕效鵬飛　菽水承歡屢載違
遙祝慈親千福壽　終身萬里感春暉

憶別庭闈尚綺年　爾今華髮滿峰巔
年雖益長情仍苦　未報春暉憾莫塡

歲月頻更物換新　爭教遊子不傷神
海天極目家何在　每憶親恩淚滿巾

天邊遙望落霞紅　噩耗傳來左海東
他日縱然歸梓里　承歡無路哭秋風

孤燈寒夜影幢幢　細聽風檐雨打窗
幾夢慈親來訣別　感傷情淚落雙雙

天涯哭母自年年　今世因無再面緣
惟願再生爲母子　太平時世得團圓

望月

南樓月出強登臨　怕倚欄杆客思侵
一角故園千里外　可憐親舍白雲深

迎諸老自泰返國

詩聯盛會慶回班　暢敘吟懷喜笑間
綺宴迎風陪末座　花彫美酒醉開顏

次定峰詞長贈內韻二首

甘苦同嘗酒共斟　西樓月滿好談心
修來百世姻緣福　白髮相看意更深
歸耕梓里種蔴桑　此願同君總得償
秋至西山拾紅葉　春遊南苑袖盈香

春晴即景二首

晴日微風帶曉寒　尋芳覽勝趁春闌
人間春色餘無幾　欲折花枝著意看
霪雨連朝喜放晴　出遊策杖惠風清
賞春莫嘆櫻花老　尚有黃鸝深樹鳴

柳陰聽蟬二首

柳線搖風暑氣清　尋詩品茗聽蟬鳴
錦衣玉食安和樂　嘒嘒胡爲嘆不平
綠柳陰簷午日清　詩心琴韻託蟬鳴
雖餐多少風霜露　得一枝棲意尚平

七夕

漫道鵲橋難渡過　人間亦歎有銀河
卅年兩岸離人淚　應比雙星淚更多

花朝春遊二首

百花獻錦艷陽天　南國春光分外妍
紫燕凌風黃蝶舞　晴郊遊客興陶然
日麗風和不燠天　郊遊結伴意欣然
卻看柳線迎風舞　黃蝶蕓花一色妍

登山

岧嶢大遯俯江城　勝日登臨整酒兵
自笑一呼山盡應　低頭各拜我爲兄

春日尋詩

叢林踏遍綠盈裾　綺麗春光望眼舒
借問詩情何處有　坐看花綻惠風徐

醉春

氣轉陽和歲轉新　寒梅度臘喜迎春
騷人最愛韶華景　醉聽流鶯滌俗塵

江樓話舊

有約重登翠玉樓　江城雅會集吟儔
今朝敘舊殊多感　不是鄉愁即國憂

次周蘋老原韻

一般侃侃論詩書　總要求新莫太驢
偏有時人彈古調　唱辭怪異近迂儒

註：驢鳴狗吠，形容文字之惡劣。今人罵語爲：「你怎麼這樣驢！」

博士買驢　周蘋仙

長長三紙買驢書　一字何曾話及驢
博士頭銜眞赫赫　古今皆有怪酸儒

註：博士買驢語出顏氏家訓勉學篇

古典詩社成立喜賦

結社名爲古典詩　要融舊學鑄新知
求眞盡善兼優美　爛縵光華洵可期

納　涼

薰風頻送芰荷香　綠蔭蟬聲噪夕陽
獨坐烹茶迎素月　葫瓜棚下細風涼

重　陽

又値重陽韻事濃　詩朋把酒菊籬東
茱萸遍插無窮感　遙望雲天送雁鴻

靜夜思

卅年飄泊異鄉身　錦繡家山入夢頻
悵望中天今夜月　清輝偏照別離人

客中歲暮

耶誕花紅歲又殘　頻年羈旅客天南
錦衣玉食融融樂　遊子奚爲淚不乾

碧潭遠眺

橫臥長橋氣勢雄　青山倒影碧波中
尋芳士女紛如織　雨後斜陽淡淡風

寶島新年辭

頻年客旅羈天涯　西望浮雲不見家
海宇明朝新換歲　春風詞筆寫中華

清　明

村野夭桃吐絳英　微寒細雨又清明
先塋祭掃頻年負　每憶親恩珠淚瑩

野步

野林漫步景清幽　絢爛霞光照綠疇
拂面微風神意爽　人生美境更何求

和黃克孫教授譯魯拜集韻

澹然蔬食勝瓊漿　心境清幽習習涼
相伴詩書珍愛侶　縱居荒漠亦天堂

附黃教授譯詩

一簞蔬食一壺漿　一卷詩書樹下涼
卿爲阿儂歌瀚海　茫茫瀚海即天堂

註：黃先生現任美國麻省理工學院物理教授

謝劍生兄蓮園招飲二首

新春猶記共華筵　對酒鏖詩逸興綿
今日承君相約飲　又隨諸老結詩緣
黃花搖曳綠樽前　勝若吳姬壓酒妍
惜取今朝詩畫境　金珠難換是華年

誰言秋色不如春

碧天雲澹菊籬黃　果樹懸金稻穀香
爲愛秋容成熟美　翻嫌春色太濃粧

讀姚墾詞長「戴新詩稿」

綴玉連珠落錦箋　讀來無字不新鮮
悼亡最是悲傷曲　我亦心酸涕淚漣

閒居夜讀

夜靜神閒賞錦篇　浸沈醲郁未成眠
文涵哲理無窮味　詩境高超律韻妍

九日

秋來楓葉似花紅　重九登高興靡窮
千古龍山風落帽　至今人尚笑談中

贈李明光專門委員

清歌一曲偶然開　筆底文潮滾滾來
漫道個兒嫌瘦小　卻爲勞保一架才

註：李君能歌善文，歌偶然曲特佳

詩人雅集

蓬萊景色美無邊　又喜瓊樓會眾仙
勝會相期身永健　年年彩筆寫瑤篇

搨地

青谷翠峰多嫵媚　龐然怪手猛相摧
可憐生態同蒙難　水土資源受創哀

贈許貴芬女士

淺笑輕盈樸素妝　瑤階蘭桂並時芳
漫云福慧誇賢淑　家本高陽富貴堂

註：高陽乃許氏堂號。

謝蓮園主人招飲

難爲才女費張羅　美釀佳餚醉面酡
雨洗庭柯滿園綠　賞詩讀畫趣情多

贈向守愚鄉兄

君籍平江我邵陽　幼時違難走他鄉
無情歲月催人老　共惜黃花晚節香

讀萬古蘆溝橋二首

神閒夜靜讀華章　筆掃風雷墨尙香
博辨雄詞糾偏謬　蘆溝萬古永名揚
研探史實費斟量　欲爲橋名復正常
字字書來皆有本　十年雖苦興偏長

註：書爲黃文範先生著。

雁訊

卅年湖海逐征程　又報天邊一雁聲
萬里家園已非舊　岳雲湘水夢長縈

十四夜月

酒入微醺語半蠲　忿臨心坎忍居先
人生好景眞堪惜　花未全開月未圓

註：結句借。

贈許明山先生

卅載鯤瀛未識荊　藝壇今始慕才名
人人稱道詩書畫　筆落煙霞韻最清

白曉燕遇害

離巢雛燕驚遭劫　嬌弱忍堪鷹鷲凌

天下母親皆墮淚　椎心豈獨白冰冰

酒寒兄邀飲酬答

射水陳侯敞綺筵　美輪廣廈會群賢
不才我亦叨光末　詩酒高談俗慮蠲

註：席設台糖大廈。

贈陳鳳珍女史

短髮輕顰美素妝　溫恭好禮熱心腸
循循善析強身道　欲遣群倫更健康

註：係興百世公司解說員

賀裕光琬琳嘉禮

艷陽春暖鑄嘉緣　鬢影衣香滿綺筵
慧業同修恩似海　康寧幸福喜延年

註：劉裕光爲啓禎兄令郎

治慶兄令媛文定賦賀

名媛吉士定文緣　寶炬交輝照綺筵
福慧雙修歌戀曲　銀河星燦月明圓

病榻吟二首

愁來每望白雲邊　歲月無情感萬千
掃墓探親猶未往　豈知病魔頓來纏

臥病醫床六六天　情如苦海感無邊
功名富貴原爲夢　體健身強纔是仙

柳堤垂釣二首

虹銷雨霽晚晴天　放釣湖陰碧水邊
何望錦鱗來上餌　一堤柳影亦陶然

柳線毿毿拂水塘　垂綸靜憶晚風涼
何時得遂平生願　遊釣瀟湘返邵陽

雨港夜泊

燈影波光星閃爍　海輪今夕基津泊
卅年契闊負親情　夜靜無言雙淚落

九一五夜偶感二首

絳衫百萬滾長龍　鼎沸人聲雜耳聾
標的僉求同一向　貪婪腐政早應終

深內窺簾勿亂蹌　禁軍鐵網好身藏
過街碩鼠人人咒　小醜聲名永世揚

崑幹班畢業卅五週年同學會二首

憶昔同窗淡水鄉　四鄰田野綠蒼蒼
今看巨廈連雲起　過眼韶華數十霜
時値生龍活虎年　紅爐共鍊淡江邊
修文習武強身手　情景依稀在目前
患難師生聚一堂　暢懷敘舊喜洋洋
老來但願腰軀健　復國猶須上戰場

新生詩苑慶祝大會

十載南豐著意栽　今成滿苑百花開
嫣紅姹紫忻同賞　盛會群英遠近來

梅園探梅二首

冰姿月夜影橫斜　十里香浮興更賒
流水潺潺山隱隱　梅園近處聖雄家
迎眸萬蕊梅花白　翠嶺青溪景色新
幽靜梅園多勝慨　人間仙境絕囂塵

清明掃墓　舍弟劉桂生

雞公山上百花開　祖妣雙親在夜臺
歲歲清明虔祭掃　杜鵑啼血不勝哀

迎大哥再返家園　劉桂生

團聚離分又九年　重歸載譽擬秋天
漫將薄酒酬親友　暢笑歡談喜慶聯

春歸　劉桂生

夕陽斜照映窗臺　九度春風拂面來
夢醒猶存花綻放　春雖遠去復將回

步蘋仙兄聯誼韻二首

江樓盛會結詩緣　氣爽秋高日麗娟
談笑座中誰趣雅　吾湘周子號蘋仙
颱風去後轉秋涼　雅會群仙共舉觴
酒入微醺陳一願　民殷國富祝平康

慰常昭詞長

維誦飛來漱玉章　驚知貴體欠安康
吉人自古皆天相　豁達應爲祛病方

春訊

小樓昨夜蕩東風　淑氣陽和萬物同

大地乍翻新嫩綠　枝頭已綻蕊珠紅

百花並壽

仲春南國艷陽天　新誼園中會衆仙
美酒詩吟仁者壽　弧輝喜共百花妍

註：新誼園餐廳名。祝詩友生日

次文祥詞長悼內韻

親迎禮重記來歸　恩愛相莊願不違
淑德賢聲傳梓里　可憐雙燕頓分飛

仲夏雅集

青山引客上蓬萊　花滿芳庭酒滿杯
正是蓀園人意好　吟懷喜共綺筵開

榕樹下

燒天赤日烈炎張　綠葉榕陰好納涼
隨伴詩書親愛侶　管他人世與滄桑

鴻福樓春酌

天飛雲錦曉光新　海國陽和浩蕩春
鴻福瓊筵賓主美　盡爲琢玉賞心人

錦和春三首

浮生本似邯鄲夢　凡事胡爲苦認眞
成敗是非同幻渺　夢中榮耀醒何存

茫茫人海滾紅塵　石火光中寄此身
揖讓三分天地闊　世間自有錦和春

簾捲西山陣雨收　議堂喧鬧幾時休
詩人自是鍾情性　儒雅溫文第一流

自嘲次治慶兄韻四首

毋須惆悵憶清狂　湖海飄零數十霜
半世不隨人俯仰　平生至忌事乖張

蒔花弄鳥觀棋譜　聽雨臨窗鑄韻章
祇憾身無金鳳翼　凌風兩岸任翺翔

老來終冀望河清　對岸青山分外明
幾度故鄉承溢譽　雙邊韻社有虛聲

胸橫壘塊情難抑　心惱奸邪氣未平
但願林園歸去隱　紅塵隔絕利和名

輓張鐵民詞長三首

驚悉文旌返帝鄉　離塵衣袂順風揚
惟期一路安然去　手捧瑤章見玉皇
古刊社裡識文旌　過隙駒光廿載更
詩會每逢親雅範　寧知永別已吞聲
人生原本如春夢　石火光中寄此身
濁世清華張鐵老　天涯何處覓斯人

註：杜甫〈夢李白〉「死別已吞聲」。

月下傾觴

中天皓魄灑秋光　斜倚西樓夜未央
相對知心一壺酒　爲蘸壘塊潤詩觴

柬楊茂山專員

清才遠紹四知堂　籍駐臺陽世澤長
學究中韓辯無礙　翩翩儒雅煥文章

步劍生兄題拙稿韻

稿藏那敢望名山　遺字常偷公隙閒
枯竭毫端無好句　卅年吟苦益慚顏

題東橋詩文選

譚劍生

千秋事業記名山　一卷東橋豈等閒
自是詩佳文亦茂　橫天皓月照開顏

張定公八秩獻詞四首

欣值明公大耄年　不須朝杖步彌堅
春容藹藹仁人壽　襟度謙謙仰峻賢
詩文經史德懷身　書藝高華世共珍
潭府屢趨親雅範　吟壇有幸挹清塵
棘院手量天下士　黌宮論學啓新天
胸中錦繡千章艷　筆底琪花萬蕊妍
鴻章錫序耀庸篇　獎飾逾恆感愧聯
今日臺陽開壽城　蕪詞敬獻表心虔

和勉蓀兄偶感韻二首

醉中騎馬似乘舟　望眼迷濛萬瀑流
有感玉谿詩錦瑟　千年霧裡百花洲
簾捲西山暮雨收　膩看歌舞幾時休
書生本是鍾情性　總願時清少濁流

賀廬山白鹿洞詩會三首

匡廬勝會集豪英　傑句雄篇落筆成
遙望江濤胸境闊　閒聽鳥語韻懷清
鹿院群賢共詠詩　要融舊學鑄新知
求眞盡善兼優美　絢爛光華更入時
詩魂喚起仰英賢　雅會時逢錦麗天
啓後承先揚國粹　吟旌飄展大江邊

步榮生廬山詩會韻三首　王　勉

遙天觴詠集群英　欲獻蕪詞句未成
料得鄱陽秋水闊　半山紅葉一篙清
未識廬山先誦詩　聯翩舊雨伴新知
飛流直下三千尺　滌盡塵心是此時
由來國士亦時賢　共譜心聲動海天
兩岸秋光應更麗　古今興替入吟邊

謝佑民兄贈守愚吟草二集

承惠瓊琚彌足珍　鑄詞婉麗意清新
夜深時撿循環讀　有味醰醰勝酎醇

賀姚壐令郎忠元獲美碩士

喬梓俱爲錦繡才　賢郎折桂月宮回
更兼嘉媳懷珠喜　瑞靄姚門燦爛開

贈洪慧芳畫家

生就靈心慧點身　南山駐景永青春
才情不讓蛾眉秀　人面猶如畫面新

山　月

山居寂靜遠囂塵　雨後天涼夜色新
風拂疏林篩月影　伊誰搗碎遍山銀

七言律詩

觀張定公書法展

玲瑯四壁豁吟眸　藝苑雄才壓眾流
卷裡詩篇蜚玉屑　管中書法吐銀鉤
衡文棘院勳猷著　隱墅溪山榘範道
南嶽錦雲分海嶠　楷行篆隸耀千秋

又絕句二首

書道菁華逞霸才　自由揮灑任盤徊

胸中丘壑煙霞見　筆底雲山錦繡堆
騁馳宇內姓名揚　法溯鍾顏與二王
價重士林稱絕藝　瓊琳滿室墨飛香

劉千公祠重修竣工

界田毓秀劉家族　宏偉宗祠重聳矗
克序人倫繼古賢　恆懷祖德營新築
雕樑彩柱煥光華　傑閣瓊樓莊靜肅
敬仰千公祭祀隆　綿延萬代馨香祝

註：界田，即宗祠所在地。

和佑民理事長丙戌春酌

渥蒙招約引壺觴　雅集朋簪喜溢洋
美釀珍餚情意厚　雄談暢飲興懷長
寒梅傲雪舒銀蕊　健筆凌雲鏤玉章
滿眼韶光春浩蕩　歡忻神采正飛揚

步張定公大選紛爭瑤韻

票匭驚心次第開　扁舟譎黠趁風來
族群撕裂何堪補　家國認同尤足哀
含怒孤臣椎膽碎　興悲孽子嘯聲雷
漫云迷霧能遮日　不信眞情喚不回

賀南菁書法學會作品聯展

南菁書藝美名揚　妙手鴻裁翰墨香
揮灑毫端何勁健　縱橫管陣自堂皇
行楷草隸皆稱絕　詩畫詞章各擅長
大筆雲煙世珍共　中華文化煥榮光

賀《漢屏詩詞集》付梓

忻值吾公釣渭年　宏開壽域展嘉篇
清才叔度聞中外　瑤著隋珠煒大千
梁孟相莊人讚羨　桂蘭挺秀世稱賢
怡情萬物身心泰　緩帶輕裘逸似仙

歐陽雲吟長八秩步玉

時當祖國盛平年　八秩於君應敞筵
少日家邦多劫難　耆年蘭桂共爭妍
詩文無價能傳世　珠玉有聲尤勝田
富貴功名奚足道　書城坐擁總怡然

讀修平都講北堂懷德集

海隅雲暗北堂春　雒誦哀章痛喟頻
金浦由來推望族　母儀奚止式周親
義方課子揚閭里　儉德持家茹苦辛
舉世慈恩皆一例　含悲早亦碎心人

註：金浦，係林太夫人母族地名。

次金榜君八十書懷韻

忻君令誕值嘉辰　南極星華不老春
鐵局銘勳勳績懋　騷壇鬥韻韻情眞
騰芳蘭桂鵬程遠　相敬孟梁慧業臻
豁達襟懷軀永健　盈庭瑞靄福無倫

賀沛公獲獎邀讌

素仰才華壓眾英　一敲詩譽滿鵑城
凌峰獨立心應喜　絕巘群望膽合驚
八秩掄元若梁灝　千秋夢筆有江卿
今朝綺讌承邀約　得愬忻懷答盛情

敬和榮生兄謝沛公詩　任翊

湖湘才子二豪英　滿腹珠璣譽帝城
詩說東橋神鬼讚　詞摛儲隱地天驚
於今俱是壇壝老　憶昔皆爲骨鯁卿
叨擾佳餚欣赴約　賀魁祝嘏獻純情

和張鐵民七十瑤韻

喜値文旌七十春　幾回相聚便交親
仁人自古多增壽　君子由來弗患貧
風節崢嶸心志潔　詞章典雅性情眞
襟懷豁達身彌健　坐擁書城絕俗塵

恭祖兄八秩華誕獻芹

弧掛崇門八秩春　豪情依舊少年身
吟馳楮墨驚河嶽　筆掃壇壝動鬼神
北戴河濱風昳麗　匡盧山嶺景清新
宏開壽域君毋忘　鉛槧高名世共珍

註：腹聯指君〈北戴河〉、〈盧山高〉兩篇名作。結聯期君所有著作早日付梓。

古典詩刊發行二百期

艱辛開創憶當年　歲序輪經十七遷
篳路山林循古典　盈園蕙菊啓新天
施肥澆蕊慚余拙　美葉修枝仗眾賢
最是難忘宿松鄧　方針把握記心田

註：第三句：語出《左傳》「篳路藍縷，以啓山林」。「古典」，本刊名，雙關語。第四句：「蕙菊」，喻人才，亦喻作品。「新天」，指推陳出新。第七句拗。指鄧璧兄，宿松人，曾籌創本刊。

悼方公子丹吟文

吟壇得挹魯靈光　倏聽文星返帝鄉
盛譽常爲名士道　自言無諱楚人狂
盤胸經史詞精奧　落筆珠璣境巋昂
儒彥已稀天又奪　遺篇循讀感神傷

註：頷聯蛻化公之舊句：「賤字早蒙名士道，放言不改楚人狂」。

朱學瓊教授逝世周年

幽明永隔倏經春　輒讀遺篇感喟頻
傲骨不埋黃壤土　英魂長伴碧波粼
記從病院憐躬弱　猶起醫床話道眞
混世賢豪留弗住　夜臺爭忍迓斯人

註：朱教授於民國九十一年逝世，至親好友全不發訃文，亦無電話通知，家祭後火化海葬。予忝爲好友，七七過後始聞知。一切舉措，皆其生前所遺囑者。

潤公返美別宴感賦

渥蒙教勉記當年　幸會今朝又別筵
拓業芝城雄略展　羈棲海嶠志薪傳
珍情惠我銘心骨　詩思承公寄琬篇
仰企喬雲祈永健　天涯長共月明娟

賀種玉詞長八秩

韶光電掣歲駸駸　喜值文旌八秩臨
投筆早酬謀國志　昌詩亦展濟時心
莫嫌賞景桑榆晚　且聽呼嵩酒琖深
回首繁華嘉譽滿　尚餘經史續追尋

讀種玉兄袖山樓詩集

裁詩輒憶袖山樓　一卷珠璣孰與侔
俊雅清新元白體　高華平易范楊儔
已從明近藏情趣　不讓艱深凝意浮
惠我佳篇循再讀　有如靈藥頓消憂

題張白翎詞長詩集

詩聯楷隸合兼優　縱目騷壇孰與儔
健筆銀鈎追褚柳　錦心繡句媲曹劉
扶揚大雅聲譽盛　護衛中華藻思遒
屢占鰲頭永堪憶　名山一卷足千秋

註：第七句正拗。白翎兄詩在往年屢獲掄元，最近有（中華民國長存）一詩徵和。

抒懷

似矢流光歲月遷　從戎往事若雲煙
還鄉心願時彌切　報國豪情日益堅
白髮高堂縈夢寐　青山老屋總魂牽
中華和統期能早　錦繡河山億萬年

戴鴻宇捐肝救父

愛子捐肝代父肝　至情能撼萬重巒
器官移植家同願　刀術施祈人兩安
罔極親恩總難報　不窮孝思足承歡
世風澆薄楊香渺　異彩金光喜一觀

註：楊香，晉時孝子，曾捨身救父。

淡水線上一瞥

霞光輻射滾金球　點點帆鷗影入眸
遙拜觀音瞻法相　郊遊大遯湧人流
嶄新樓閣嚴如匣　郁勃園林碧若油
一瞥江城圖畫美　往來捷運爽於秋

註：大遯、觀音，皆山名。大遯，亦即陽

明山。

和種玉兄令郎花燭喜賦

羨君夙願慶全償　喜事今朝綺讌張
乃父霸才揚韻社　文郎高志入雲鄉
迎來紫鳳齊家樂　識得青驑衛國強
詩頌關睢歌好合　交輝紅燭客盈堂

光復節有感

光復台澎六十年　誰云我未出頭天
户皆暴發民爲主　出國遊多淹腳錢

東橋曰：世謂台灣錢淹腳目。

和南京白堅教授自題芳草閣

聞君喜獲新高閣　不遜元龍百尺樓
闢室研經詞筆健　開軒賞景晚風柔
秦淮碧匯玄湖水　鍾阜青牽白鷺洲
芳草名園吟侶集　詩聲琴韻樂悠悠

註：一、白堅兄喜獲福利房十五層公寓。
二、據古籍載：「洩玄武湖水，南入秦淮河」。故兩水匯。

次醉樵兄七秩元玉

七秩逢君喜慶纏　筆花瀟洒若雲煙
嘉譽不恥王楊後　偉著何慚盧駱前
沈醉詩書甘澹泊　挺堅風骨耐熬煎
繁華過眼人生路　寬慰心情到百年

酬夢機教授並次瑤韻

棲遲海嶠憶華年　忽捧瑤章喜極邊
樗櫟過譽慚我拙　瓊琳滿腹仰君賢
說詩一度叨鴻序　論典多承惠錦詮
每企喬雲思棨範　珍情永記豈飛煙

得榮生先生書　張夢機

同滯天涯莫問年　飛來手沕寂寥邊
艱危歲月憐吾病　駿爽詩文識子賢
一檢偏方生舊憶　重吟錦瑟得新詮
殷勤寄語東橋客　高誼休教化作煙

次賀夢機教授六秩

岑樓獨上豈伶俜　美夢溫香最易醒
天妒才高罹固疾　時逢甌破寄飄萍
每懷雅範同喬嶽　總感詩豪若曉星
耳順華年胸萬卷　清心養望伴山靈

六十自酌　張夢機

烹鮮持盞慰伶俜　六秩眞當醉不醒
小市流光催病竹　上庠陳跡問浮萍
已飛天祚輕如羽　欲擷庭花遠似星
料得餘生歸落寞　能陪藥鼎是山靈

疊韻奉寄榮生先生　張夢機

慢從寂境感伶俜　且向三閭較醉醒
寒舍九開新店菊　幽襟一繫斷橋萍
閒看林壑朝烹茗　渴飲天河夜覘星
荏苒年光驚耳順　尊詩如酒暖心靈

重　逢

睽違舊地卅餘秋　有幸今朝再度遊
伊本盛情談往事　我將離緒訴緣由
菱花鏡裏紅顏淡　玉樹階前綠葉稠
際遇親姻原有定　惟期互祝福彌遒

步治慶宗兄八秩韻

欣值文旌釣渭年　繁華過眼事如煙
楚刊暢茂箋爲圃　彩筆煇煌硯作田
階砌桂蘭同挺秀　閫闈梁孟共渾圓
心情豁朗春常駐　綺麗晚晴霞滿天

註：治慶兄主編《楚騷吟刊》。

業恢將軍八秩榮慶代

忠心報國爲空軍　飛技高超迥絕倫
參院同窗親雅範　庚書共歲挹清塵
工聯著績聲華美　力霸銘勳翊贊新
鴻案相莊蘭桂秀　八旬令誕喜迎春

註：參院，指空軍指揮參謀學院；工聯，指工程聯隊；力霸，指力霸公司。

乃遲先生八秩榮慶

綺年立志效空軍　博雅清才迥軼群

著績特優光史牒　累功再三授忠勤
桂蘭階砌同含秀　鶺鴒閨闈並蘊欣
忠孝傳家隆八秩　宏開壽宴酒微醺

註：再三之「三」，讀仄；忠勤，指忠勤勳章。

春　晴

細雨輕寒帶曉煙　瞬開晴日遍山川
良辰好鳥爭芳樹　勝會詩人鑄錦篇
稚子緣原追蝶笑　老鷹碧落逐雲旋
育焉萬物生機暢　春滿乾坤百卉妍

江城雅會

冬至蓬萊耶誕紅　吟旌飄展鳳城東
嶺梅已放春光洩　隄柳將舒淑氣融
勝會鏖詩詩筆健　瓊筵鬥酒酒兵雄
無才愧我從偏坐　傾聽高吟興未窮

納莉颱風過境謝洒翁招宴並次《海上秋興》韻

驕颱橫掃驟成秋　煙霧迷濛礙遠眸
海嶠曾無雲際雁　葦田可有水中鷗
不情風雨摧平地　遺恨生靈淹巨流
陳府招筵誠足感　每憐時世益添愁

悼王勉先生並陳磊翁、夢機教授、洒寒兄

蓀園勝景百花開　園主探親久不回
沈痾藏身引人慮　群醫措手致君災
老留塵世寧非幸　急赴泉鄉總感哀
最是難忘雞黍約　吟朋聚會醉看梅

註：王勉詞翁於去（八九）年十月還鄉省親、逝於浙江黃岩，惟仍火葬故土。蓀園係其齋名，位於五股鄉蓬萊路。

謁　陵

毓秀湖山草似茵　特來朝謁趁芳辰
英風不共流光渺　勳烈應隨日色新
瞻仰遺容神肅穆　憑臨聖寢履逡巡

默祈精魄長相右　護我中華億萬春

註：蔣公遺囑有長相左右之語。

憶故鄉冬景

凜冽尖風逼歲闌　紛紛落葉滿岡巒
彤雲釀雪天陰冷　旭日藏暉氣峭寒
茅舍籬邊新麥秀　葦塘灣畔古楓丹
難忘少小家山景　爭奈年年夢裏看

步榮生弟冬景韻

劉向陽

北雁南翔歲欲闌　半輪夕照染岡巒
青松挺拔何堅忍　翠竹輕搖豈畏寒
嶺上梅開雪飛白　溪邊楓颺水流丹
難忘夢裡家山景　盼復還鄉仔細看

東橋按：颺讀仄聲。

和白翎詞長原韻二首

憶識荊州廿四年　光華文采尚依然
詩人性本饒風雅　高士由來喜説禪
風節崚嶒心耿介　詞章錦繡意珠圓
極星朗耀春常駐　躍馬豪吟猛著鞭

書劍雙拋志不窮　閒來採摘菊籬東
功名誰説浮雲澹　詩酒君當醉月工
再過卅年猶健老　漫行千里仗雄風
相期桑梓榮歸日　好把離情傾肺衷

次韻賀賴強詞長八秩

杖朝遠看白雲翔　綠水芙蓉十里香
壽並南山騰瑞景　酒傾北海醉華堂
請纓已遂英豪志　鬥韻尤稱錦繡腸
預祝期頤程未遠　屆時再醉百千觴

和朱常昭詞長八秩韻

八秩人生若彩虹　義高無礙袖清風
懷仁始信和無敵　養性方知忍有功
富貴浮雲心澹泊　詩觴醉月意圓融
岡陵獻頌身彌健　瑞靄朱門燦爛紅

次張達旦詞長八秩韻

韶華易老歲頻遷　令旦恭逢開國年

承紹箕裘榮德業　歷經蔣李錦雲天
金婚閨室情彌篤　玉樹庭除譽盡賢
詩禮醫農家世遠　岡陵祝嘏喜欣然

龍岩筆會和霍松林教授

墨客龍岩契素心　中華文化植基深
欣敲詩韻千秋盛　難忘鄉情萬里音
彈射衛星歐美慄　舟摩皓月亞非歆
和平崛起聯雙岸　花萼相輝可斷金

註：《幼學瓊林》：「兄弟既翕，謂之花萼相輝」。又易經：「二人同心，其利斷金」。

春遊小琉球

難得偷閒作遠遊　尋芳特訪小琉球
水晶座艇觀鱗泳　海岸風林望眼收
烏鬼巖中遺跡渺　美人窟外綠陰稠
天然景緻留心賞　俗慮雲消喜解憂

註：小琉球位台灣南部外海，面積六點八方公里，居民二萬餘人。島上有烏鬼洞、美人洞等景觀。乘玻璃小艇觀海底游鱗及海生動物，賞心悅目，令人忘倦。

和伯英丈八秩鑽婚

何須富貴耀平生　錦繡詩章老更成
舉案歡吟無量壽　藏山喜頌永恒名
枝牽兩岸盤根遠　鴛夢千程結伴行
歸隱漢陽期有日　東皋策杖看春耕

修平教授六秩次韻

浸沈醲郁味常甘　韻律推敲輒再三
人晉六旬始稱壽　道能一貫已無慚
文風飆起期同責　國學宏揚願共擔
花甲猶嗟親不在　奉先思孝足深談

壽文公八秩暨鑽婚

鑽婚復慶杖朝年　白首依偎憶綺緣
德媲班曹欽榘範　詩追李杜仰高賢

鏡臺春永情彌篤 玉樹枝榮福益綿
天錫遐齡開霽色 弧辰喜共百花妍

贈劉啟禎先生

莫逆相交四九年 欽君奮發尚依然
鴻猷丕展聲華遠 駿業昌榮利澤綿
閨室孟梁情篤好 玉階蘭桂世稱賢
難能最是家和樂 幸福康寧不羡仙

和定峰詞長探親韻

送客金風淨碧天 乘飆鐵翼不須鞭
瀛洲詩友相斟酒 粵海鄉朋接放船
早歲無知離後苦 晚年有幸續前緣
江山藻繪清新句 團聚親情似月圓

回鄉探親喜賦

姚定峰

返旆輕揚桂子天 西風走馬快揮鞭
朝離寶島留詩句、暮至珠江泛畫船
渡海探親疑是夢 餘生訪舊豈非緣
遙山遠水資描繪 況值人圓月正圓

洒寒詞長七秩次韻

南國風光麗日春 喜逢令誕七盈旬
從心所欲惟心靜 率性能誠見性眞
霽月襟懷遊勝境 凌雲健筆出凡塵
功成回首花如錦 拋卻人間苦與辛

賀廖醒群教授七秩

漫道韶光易度過 勳華績懋豈蹉跎
詩文典雅臻清境 書劍道雄更細磨
所欲從心煩膩少 靜思養性趣情多
欣逢杖國身彌健 對酒開懷一放歌

贈志祥昭南內兄嫂冠首

秦府清才憶少游 志仁道藝德兼修
祥和絳帳欣傳業 孟氏芳鄰善教留
昭耀文華誰與媲 南岑峻茂孰堪侔
伉修百世姻緣福 儷侶同心展壯猷

註：冠首，按內兄嫂秦志祥、孟昭南均任教育工作

贈善銘連襟暨惠桂姨妹冠首

王子求財適遠邊　善人富貴本由天
銘心每憶珍饈美　秦媛常依金鼎前
惠愛春風花萬樹　桂華秋月玉盈園
伉和鴻案相莊肅　儷伴情深不羨仙

註：連襟王善銘、姨妹秦惠桂遠至巴拉圭
經營餐飲業

贈益東校長伉儷冠首

詹家彩鳳豈尋常　益友多聞品琇瑯
東日熙和花萬蕊　陳詞巧妙錦千章
芙江水麗金明耀　蓉嶺林華玉蘊藏
伉合蓬萊仙子眷　儷人並美譽雙揚

註：詹益東陳芙蓉伉儷皆國中校長

步恕忠詞兄恕園韻

卜築新遷正吉年　飛來錦句妙毫巔
映窗翠篠搖清影　訪閣朝陽照麗天
閒弄蘭孫慰心境　醉書花鳥入詩篇
恕園日涉經成趣　美里仁鄰抵萬錢

壽李將軍家文七秩

將軍杖國彩雲翔　瑞氣祥煙萃錦堂
帷幄勳華光史冊　航勤績懋著臺疆
才兼文武胸懷富　學貫中西姓字揚
梁孟相莊蘭桂秀　岡陵獻頌壽稱觴

千島湖遇劫

碧綠湖中飛野煙　猿悲日黯旅遊船
親人淚灑椎心地　驚客魂歸離恨天
匿飾眞情豈非謬　撫安善意總宜先
潮平方見雙邊闊　風正纔能一帆懸

▲東橋按：帆讀仄聲

七言排律

和修平教授罄竹難書

眼前有似和珅現，拗辨貪婪好逞強
鬻爵收贓無可恕　使權枉法足堪傷

弊端成串污清白　詆語聯篇渾黑黃
公庫掏空私庫滿　獨家聚富眾家荒
社維邦誼齊艱窘　經濟民生苦不揚
蕪穢椿椿寧罄述　鼓鑼聲歇盍收場

贓，賄也；渾，仄讀；椿椿，件件也；清白，語雙關；寧，豈也。和題不步韻。社維，治安也。

七言古風

遙寄忠民學長（代作）

聯中舊事何能忘　髫年命運誠堪傷
九齡失恃太悲苦　十二背井奔他鄉
相期求學大河渡　洛陽陷落重流浪
前程一別各天地　君滯桑梓余臺陽
對望碧波海峽闊　四十餘載音渺茫
當時立志互勉勵　爾今賸得雙鬢霜
幸虧兒女已長大　弄孫含笑軀堅強
三晉雲山每入夢　鄉親戚友縈心房
遙聆故人體多健　稱意事業神飛揚
願祈中華早和統　把酒同話熱衷腸

聯　句

喜周彭高詞長至聯句

細雨江樓醉八仙（玉璋）滿城燈火燜雲煙（榮生）
賡歌喜接周郎至（王勉）耽麴還如太白顛（任翅）
密室春深紅間白（恕忠）投懷玉暖聖耶賢（鄧壁）
牧之十載揚州夢（介夫）詩酒風流一脈傳（彭高）

夜宴芳園聯句三首

一角紅樓鶯亂啼（王勉）無邊春色惹人迷（鄧壁）

坐懷轉覺君心重（任翅）經眼風光不可稽
（彭高）
偶立芳園倚小花（鄧璧）汲將溪水細烹茶
（王勉）
眼前莫恨蓬山遠（介夫）縱有春心夕照斜
（彭高）
君自多情妾更嬌（玉璋）瀛州韻事記今宵
（榮生）
紅顏白髮藤黃酒（恕忠）萬種風情信筆描
（王勉）

蓀園造訪聯句（排律）

訪仙一路上蓬萊（鄧璧）雅築雲間絕點埃
（田浪萍）
摩詰堂前饒逸趣（周蘋仙）槐陰樹下隱高
才（張鐵民）
庭中花鳥迎人舞（王紓難）檻外煙嵐排闥
來（劉榮生）
天地多情容嘯傲（王勉）詩書滿架足低徊
（李清水）
愧無佳句酬知己（任翅）惟有青山著散材
（王勉）
蘭桂向榮枝並秀（劉治慶）友朋投契酒頻
催（馮嘉格）
蓀園今日張吟宴（陳恕忠）風送荷香醉玉
壘（洪玉璋）

對聯

輓王伯母李太夫人

是福人　是壽母　八秩晉八齡　鶴算添籌
慈容長在
有孝子　有賢孫　一堂同四代　鸞軿返駕
纖憾不留

輓杜母鄭碧芳女士

壽年望七旬　看蘭桂欣榮　豈期禍患生旦

夕

伉儷垂卅載　羨姻緣美滿　竟棄塵凡隔幽明

輓許騰元世兄

家國喪英才　爭忍霜凋夏綠
賢親失愛子　那堪雹碎春紅

輓朱常昭詞長

騷壇樂唱酬　曾寄詩篇商我定
瀛島悲長訣　頻含哀淚爲君拋

輓蔡秋金詩兄

鹿港挺豪雄　英靈倏竭神仙境
驪珠探醉佛　詩卷長存天地間

賀吳宜芳新居嵌名二首

宜稼堂書藏萬卷　芳林苑錦織千章
宜家共策雄圖展　芳訊相期景運開

註：宜稼堂，清江南藏書之家。芳林苑，南朝齊建，後爲南平王偉宅第。

迎春納福

彩筆題人間景福　春風繡大地新妝

邦家之光

子孫賢孝家爲寶　官吏廉能國是珍

悼文公詩老

記往歲請益登堂　謦我敲詩猶在耳
痛焦琴斷弦絕響　悼公含淚卻無言

輓林母蕭太夫人

懿範永流芳　正喜平頭八秩壽
慈雲今忽渺　最傷返駕九重天

紹華蓮珠兄嫂雙壽

帨弧並懸登上壽　極婺同耀賦長春

輓陳綿芳詞長

椽筆生花　聲華曾耀三藩市
庚星匿彩　精魄今登白玉樓

謁蔡鍔將軍墓園聯

記當年起義雲南　旌旗獵獵奇勳著

看此日鍾靈嶽麓　墓草芊芊俠骨香

緬懷蔡鍔將軍聯

正氣驚老猿　英雄肝膽
眞情感小鳳　兒女心腸

贈蓮紅嵌名

蓮花君子貌　紅葉女兒心

贈春梅嵌名

人皆欣賞春光美　我獨喜聞梅蕊香

自　韻嵌名

榮若春秋華袞筆　生成邦國濟時心
自評：出語狂妄，濟時有心而無力

題潮州一覽閣

立足雲峰　一覽群山小
寓身傑閣　虛懷大海寬

輓林公明朝先生

哲胤共稱賢　繼承文章事業　光前裕後
尊翁全令德　克享福壽康寧　返璞歸眞

新詩

苦戀

我看見
那充滿熱愛的浪花，
飛揚的浪花。
興奮的擁著船頭，
又被撇開了，
　遠了，
　更遠了。
雖然它以生命追隨著船，
不斷的訴說它的熱愛，
但船卻遺忘了它。
海水失望的退下，
而又戀戀地追趕，
最後
只剩下那白色的泡沫

——那無望的淚。
船繼續在航程中，
海水被排開了，遠了，
我聽見
——海深沈的嘆息！

懷　念

兩年前的一月十三日，
晴空嘩然一聲霹靂，
驚見天際一顆巨星隕落，
宇宙頓時進入風雲變幻與陰霾。
人民哀戚如喪考妣。
你帶著人間的憂勞與苦難，
拖著沉重的背影，
永不回頭的走了！

我們永遠不會忘記：
您的堅忍、弘毅、英明、睿智。
您要我們開大門走大路，
做一個堂堂正正的中國人。
您告訴我們要奉獻、犧牲、服務，
要爲工作而生活；
不要爲生活而工作。

仁慈寬厚，
勤政愛民，
是　您的襟懷。
平實，平凡，平淡，
是　您的風範；
千斤重擔壓肩頭，
一片忠心報黨國，
是　您的抱負；
事事爲國家著想，
時時爲人民打算，
是　您的宏願。

您住在這塊土地上已四十年，
您說：「我也是臺灣人。」
您爲這塊土地注入了心血，
也嘔盡了心血！
您爲民主自由奠立基石。
您是最親近民眾、最
關懷民眾的歷史偉人。

如今，已兩年了！
您長眠在山明水秀的頭寮，
已整整兩年了！
您的風範將垂千古，
人民懷念　您的恩澤將永無窮。

（寫於民國七十九年一月）

讀她——觀影

讀她的感覺似春天，
喜悅的經典，
不斷的句點，
可愛的詩篇。
啊！啊！
是她醉人的笑靨。
時間已洄溯到四十年前。

她的眉黛之間，
鎖著我銘心的愛憐；
她的鬢髮之間，
掛著我「永恆的憶念」。
啊！啊！
美麗的詩篇，
醉人的笑靨，
讀她千遍不厭倦。

（民國八十一年根據流行歌改寫）

賀斌文華信新婚

鎮江佳麗，
宜豐檀郎，
巧妙的合成雙。
同事說他倆：
　白白又胖胖，
　相貌一模樣；
我說他們前世修來，
　天生的一對，
　地設的一雙。
兩年多的愛慕交往，
　彼此的相依，
　彼此莫相忘。
如今心願已得償，
喜悅掛在眉黛上。
願他們——
　同心同德！
　互敬互諒！
歡渡快樂的時光！
願他們——
　愛河長浴！
　齊家報國！
青春結伴好還鄉！
快樂的生活快樂美滿！
幸福的歲月幸福安祥！

早晨的公園

晨曦揭去夜的幕紗，
公園在酣睡中甦醒，
紅花翠葉閃著晶瑩的露珠，
清新空氣似薄荷沁入心腑。
曼妙的土風舞已圍成一個圈，
靈巧的羽毛球在空中飛舞，
慢條斯理的太極拳，
　正在比劃手勢輕移腳步。

男的女的老的少的，
都展現健美的身軀，
織合一片柔和的韻律。

一位時髦的女郎，
牽著一條雪白的小狗，
似在尋覓什麼？
爲何徘徊瞻顧？

兩位白髮的婆婆和公公，
坐在石凳上凝神沉思，
似回憶他們青春的過去。

公園一角樹上，
掛著各種鳥籠，
籠中的畫眉、金絲雀、九官、
八哥和鸚鵡……
都在唱著幽雅的歌曲，
它們的主人在一傍微笑。

這是一幅優美的風情畫，
也是寶島民生樂利的剪影。

附錄四

詩（親）友和唱篇

步漣溪兄韻報諸親　劉榮生

卅年歸夢終如願　重覩親人淚欲傾
大樹山頭尋舊夢　東橋村裡敘離情
歸來幸得腰軀健　別去猶忻步履輕
爲報諸親隆厚意　心香一瓣致純誠

附李漣溪姻兄原作

欣聞寶島親人返　喜聚歡騰熱淚傾
恭讀瑤章叨綺宴　追懷往事話鄉情
共欽賢戚聲華著　自嘆愚姻學識輕
未有家珍酬貴戚　蕪詞一首表微誠

次榮生詞兄探親韻　鄧璧

秋月春花四十更　遙天回首繫葵傾
怕從海嶠長留跡　喜向枌榆暫寄情
照水何嫌雙鬢老　凌虛只覺一身輕
歸來多少難忘事　最是樽前均至誠

步榮生兄報鄉親韻　周蘋仙

白頭得遂尋根願　高舉青樽和淚傾
繞室兒童驚異客　圍爐親友訴衷情
劫中歷盡流離苦　悟後方知生死輕
三徑雖荒巢尚在　倫常畢竟有眞誠

次榮生鄉兄探親韻　周彭高

客裡遙聞返旆旌　接風禮失一杯傾
卅年桑海無窮歎　萬里山河不了情
顧我形勞鄉夢遠　羨君願遂馬蹄輕

洞庭秋月瀟湘雨　洗耳相期意自誠

次劉侯探親歸來韻　陳恕忠

探親冒暑毅然行　餞別樓頭酒共傾
得返故園緣德政　已償宿願了心情
衡山訪舊人猶在　湘水重遊意匪輕
今日歸來詩滿篋　瑤章一一見眞誠

步榮生兄報諸親韻　林青雲

蓴鱸羹美歸張翰　重睹崔盧積愫傾
落日樓頭思舊侶　斷鴻聲裏憶親情
幸膺恩寵身心健　樂享天倫悔憾輕
幾度新亭偷拭淚　者番聚會佈衷誠

次榮生兄報鄉親韻　楊世輝

君歸故里欣償願　乍見親人喜淚傾
盛宴開懷敦戚誼　高軒賡韻寄詩情
覽遊名勝湖山秀　暢歷雲程客夢輕
耳熟鄉音猶未改　親鄰話舊契精誠

步榮生兄報鄉親韻　馮嘉格

蓬萊卅載羈留憾　鬱卒塡膺一旦傾
舊地曾遊尋舊夢　親人合聚賦親情
還鄉悵觸猶山重　離邵乘歸似葉輕
姻戚弟兄相敬慕　將懷託韻各輸誠

步榮生兄報諸親韻　姚定峰

白髮還鄉酬素願　親朋乍見淚珠傾
江邊柳外饒遊興　月下樽前慰旅情
集錦千篇鴻爪遠　揚塵萬里馬蹄輕
知君捷足歸臺日　譜就新詞表至誠

步榮生兄報鄉親韻　張鐵民

卅載生離今忽遇　難禁熱淚奪眶傾
千言萬語辛酸事　再造重逢喜悅情
人道精神恩是重　天倫命脈誼非輕
探親已了還鄉願　更以詩盟表至誠

步榮生兄報諸親韻　李春初

大陸探親終遂願　家人相見淚同傾
賢姻久別仍無恙　貴戚重逢最有情

臺北儒宗仁義重　湖南騷客利名輕
歸來難忘諸鄉友　唱和詞章出至誠

步劉榮生報諸親韻　鍾蓮英

投艱歸夢白頭成　劫後歡逢語細傾
廬墓桑田思往事　親朋骨肉慰今情
兼程山水詩懷壯　三徑苔錢屐步輕
珍重加餐相祝福　浮雲萬里寄衷誠

和劉榮生報諸親二首　王貴尊

文武多君才早播　天聲社裏快心傾
近人平易存仁義　處事開明達世情
苦壓卅年如石重　樂歸萬里順風輕
候門親戚爭迎接　黃口孩童競表誠
酬唱騷壇叨面命　苔岑契合膽肝傾
鼓琴雅致高山韻　得月難忘近水情
我悵儋陽黃雁杳　君同邵水白鷗輕
漫云遲識年華異　報國精忠共竭誠

和榮生報諸親韻二首　朱常昭

天聲劍客才思沛　談笑風生滿座傾
江海文章光翰苑　英雄氣概富豪情
倡言執義爭公正　議禮當仁識重輕
萬里探親歸遣韻　親姻友好互推誠
近於恬澹中求靜　閒看浮雲一笑傾
居處安和禪味永　思歸平穩暮年情
巴人下里新詞少　秋月春風舊夢輕
多我殷懃嘉意貺　敬恭從命獻丹誠

次榮生弟報諸親韻　湖南劉向陽

君伴愛卿桑梓行　遙望洞庭碧波傾
豈非瀛海迴風力　原是湘江邵水情
霞彩雲飛歸棹切　荷香風送返航輕
千磨不易鴻程志　妙筆欣題表至誠

和磊翁韻兼朱兄　劉榮生

苦短年華歎逝波　攀登翠嶺且高歌
凝眸梅蕊新開盛　度臆春風舊煦和
耳順餘生名利淡　心懷韻事趣情多

知能學識無終境　鈍劍從今細細磨

和磊老春後聞雨韻　朱常昭

一泓碧水遠揚波　陶令東皐引嘯歌
本許臘梅添雅興　偏逢驟雨亂晴和
青山不改春常在　紫陌依然草忒多
蕞爾浮雲安蔽日　且將長劍付勤磨

立春後夜聞雨　刁抱石

小窗春色應心波　萬里乾坤一醉歌
估計還山隨處所　願言浮海及時和
看花卻怕高樓近　聽雨初貪傍枕多
將有酒龍詩虎氣　床頭短劍也須磨

次鍾教授退休韻四首　劉榮生

南國風光錦艷春　栽培桃李味餘津
清譽不共年華易　教澤長隨日色新
蓮府幾曾叨雅宴　騷壇數度挹芳塵
功成歸寫閒情賦　梅竹爲儔月結鄰

極目瓊崖路已賒　蓬瀛客旅暫爲家
秋來閒採東籬菊　暑至欣嘗北市瓜
世局波雲難預測　議堂暴力實堪嗟
江山無限詩情意　藻繪猶憑妙筆花

珍重冰心點慧身　才高文苑淑嫺人
詩吟道韞情猶勝　德繼班昭思更新
幽雅蓮園娛晚景　清香梅閣迴凡塵
稀年近是人生始　萬事開懷莫認眞

人事由來總望全　身軀康泰即爲仙
懷仁濟世無窮樂　忍讓謙虛得盡便
佳著當留千載賞　好詩莫吝萬家傳
江山如畫常縈夢　願趁飛航早日旋

退休漫題四首　鍾蓮英

黌宮回首卅經春　到此徘徊悵問津
絳帳忝曾時雨化　門牆合有李桃新
家藏斷簡香盈篋　袖拂清風臭滿塵
賴得壺樽聊可酌　一窗竹韻月爲鄰

樂育英才願已賒　退休且臥白雲家

欲從彭澤新栽菊　不羨東陵老賣瓜
得失雞蟲原可笑　乘除世事不須嗟
江山匪盡供吟望　肝膽猶餘照墨花
林下棲遲且息身　一琴半卷喜隨人
世情不斷時更變　俗事經常日異新
攬鏡蕭蕭衰雪鬢　羈心僕僕老風塵
自憐題柱空慚愧　疏放由來率性眞
已近稀年尚健全　了無俗累勝神仙
捫心坦蕩于焉快　浪跡從容得盡便
學向青箱玄眇望　詩緣白社火薪傳
依然一念猶懷土　珍重桑榆合早旋

次定遠兄春酌韻　劉榮生

耀目明珠好繫繻　輕盈淡雅未施朱
陽春美景蔥而郁　奉酌佳人秀且都
勝會難逢思梓澤　韶華易老看騰駒
最堪銘記林公讌　高誼雄談兩特殊

註：林公，即林恭祖詞長；明珠，指餐廳服務小姐。

春酌偶成　劉定遠

明珠一繫繡羅繻　敬酒添杯顏已朱
暢飲非爲紅粉醉　豪情相看白頭都
難同勝會離群雁　易邁光陰過隙駒
偷得浮生閑半日　靜聽高論不凡殊

前題次韻奉和　楊君潛

照眼緗裙與綺繻　明眸皓齒間脣朱
干支絕學何淵博　樽酒佳人信美都
富貴由來如水月　光陰過隙錄雲駒
諸公豹隱懷高蹈　百代留名著作殊

前題次韻奉和　張夢機

豈羨金龜佩繡繻　羞爲居積問陶朱
早拋貴祿吾將老　兼擅詩文客甚都
斂翼已知非健隼　失蹄端合是傷駒
朋來相慰論齊物　漸悟毫山兩不殊

反鄉探親抒懷七首　劉榮生

一別家園四十春　村居親友笑迎人
風霜鏡裏容顏改　昔日同年認不眞
思鄉卅載心情苦　欣喜今朝挈婦歸
竚立東山橋上望　故園風物已全非
少年兄弟憶同遊　今日樽前各白頭
欲話別來滄海事　見時先作別時愁
倚閭老母淚容微　萬里關山望子歸
今日我歸親已杳　瞻懷遺澤碎心扉
煙雨樓臺繫客思　肅莊仰望祖公祠
卅年毀建名更易　追憶低徊望欲癡
桑竹瓜陰夕照邊　家人笑語夜燈前
田園生活眞堪憶　夢影匆匆四十年
勿須惆悵憶從前　海外蓬萊別有天
但願人生長不老　相離萬里月同圓

註：民國七十八年五月初次返鄉探親。

和榮生兄探親韻七首　朱常昭

欣怡行色故園春　綠竹江簷迎遠人
此日龍光臨邵水　風流儒雅達尊眞
卅載天南仙侶伴　爾今攜手錦衣歸
莫嗟霜鏡容顏改　世本無常百事非
歸來漫寫少年遊　無限情懷湧筆頭
歲月不居人易老　滄桑世事惹輕愁
燦爛霞光夕照微　北堂春杳看君歸
孝思雖匱緣無奈　追念慈恩拜墓扉
故園風貌繫君思　唯物無神那有祠
卅載冰霜窮更白　黎民窮苦變愚痴
瓜棚豆架傍籬邊　風景清幽映眼前
昔日田園生活美　勞君瀛海憶年年
高樓雄矗大橋前　極目鵑城艷麗天
行己有方胸養富　往無不利慧珠圓

酬朱常昭詞長三首　劉榮生

埔鎮分襟尚綺年　騷壇重聚晚晴天
勿憂歲月催人老　體魄康強即是仙
謬承譽我美詩文　我愧無才可報君

四十年來心與血　養根竣實苦耕耘
詩文不論舊和新　要合時宜美善眞
務去陳言求獨創　最難平易見精醇

喜晤劉榮生詞兄　朱常昭

埔心一別卅經三　英俊當年許少男
今我髮蒼餘齒豁　騷壇重聚興彌酣

劉詞兄詩文讀後二首

喜看新舊美詩文　博學多才思不群
史筆伐誅匡末俗　寓言褒貶是非分
詩壇新舊擅兼通　文亦瑰奇雅俗同
何日彙將風采集　一窺全豹啓吾聰

和榮生鄉兄遙寄韻　謝剛中

故山黌宇認從前　麗影書聲幻似煙
一夕花飛隨逝水　數春萍聚總無緣
幼驚烽火人何處　夢斷天涯情最牽
芳草年年依舊綠　高懷時繫彩雲邊

和榮生鄉兄遙寄韻四首　張堂明

佯情看雨倚窗前　過眼山嵐縷縷煙
鶯鳥竊聽花下語　秋波頻送鏡中緣
蓬山眷戀心長苦　邵水相思夢更牽
世上悲歡離合事　活生生地在身邊

東橋按：結句俗語活用

風華正茂校園前　月下花叢籠翠煙
投石看波紋有數　並肩比翼命無緣
睫毛長黑心咸醉　秀髮飄垂夢欲牽
昔日兵災桑梓劫　斑斑血淚駐腮邊

醉樵按：取材自榮生兄著《東橋說詩》一書

回首昭陵弱冠前　身隨戎馬踏硝煙
鴻溝一隔長相憾　海峽雙離頓失緣
忽報東橋詩哲崛　更添石鼓醉樵牽
弘揚國粹風騷振　萬首詩詞翰墨邊

東橋按：石鼓醉樵爲張兄住址與別號。

恨事難忘似眼前　湘江水畔冒狼煙

雷鳴南嶽燃烽火　炮震西窗折夙緣
雲月八千心已碎　風塵三十夢常牽
有朝重聚相回首　微笑依然掛嘴邊
東橋按：拙詩「遙寄」載本書上冊。

附錄五

詩友溢美篇

讀《東橋說詩》　湖北徐永兵

社刊展讀識東橋　身在陽明著眼高
探勝擷英勤剪輯　評詩立說誨吾曹

承贈東橋說詩賦謝二首　朱學瓊

歐公詩話開先例　後世名家日月新
南嶽彩雲孵秀彥　東橋碧水出奇珍
敷脂弄斧皆稱僞　瀝血披肝總是眞
抉剔千年迷眼翳　從知今說勝前人

思齋按：係劉主編榮生大著。

不蹈前朝舊窠臼　自家立說出新奇
性靈神韻猶難定　境界詩魂不可移
僻典如觀雲裡月　眞情好比淚中兒
看官悟得東橋意　便是唐人再見時

東橋說詩讀後　劉定遠

書名乍看覺新鮮　細察仍爲詩話然
最大不同生色處　體裁新舊總評詮

致劉主編榮生　劉定遠

詩苑大樑挑　新生刈楚翹
文詞魁北闕　韻事說東橋
飲淚思慈母　懷歸念舊僚
天涯芳草綠　海隔故鄉遙

次榮生主編遙寄韻　龍冠軍

生正宣元國紀前　少年曾勗躡凌煙
違時自悔狂招忌　恨晚相投雅結緣

多難誰憐人矍鑠　同仇孰召手連牽
等閒頭白心丹槁　叢莽胡侵古道邊

東橋按：龍老生於宣統元年。

感懷寄榮生主編

九二頹齡志不銷　塡胸塊壘愬東橋
人生遇合關機運　群佞攘爭撼市朝
寶扇何尋明月影　玉樓空咽斷腸簫
平生負盡澄清志　晚對黃花誦楚騷

讀先智傳贈榮生弟　湖南劉向陽

嚴父棄養遺三胞　慈親撫攜大中小
茹苦含悲歲月長　舉家凄楚歡樂少
先人何曾留餘錢　祖田數畝難溫飽
平生謹記儉與勤　耕作不忘讀書好
少年立志走他鄉　天外思家悲親老
從軍致政懋績揚　青枝得氣春浩浩
不惑之年結良緣　和鳴低訴明月皎
一雙雛鳳人盡誇　樂敘天倫鶯語巧
仕友吟朋集華堂　詩酒唱酬不覺曉
退隱瀛州著新篇　衡岳鹿洞天聲繞

東橋按：先智係劉榮生之家譜名。

榮生賢仲東橋書成　方子丹

野史無遺託稗官　多君辛苦集叢殘
東橋説異瑕丘説　堪作龜堂筆記看

東橋按：方教授爲今詩壇泰斗

讀東橋説詩　鄧　璧

一卷編成遠近知　東橋雅譽御風馳
見因高卓方陳見　詩既精通便説詩
亦品亦評今更古　如磋如切友還師
等閒揮動生花筆　遍及騷壇絕妙詞

東橋説詩讀後二首　劉治慶

識君計在十年前　唱和乾杯樂比肩
大卷刊行揚姓氏　彭城我亦感榮焉
都道湖湘文士驕　果眞邵水出東橋
洋洋洒洒千篇錦　盡是嘔心瀝血雕

《東橋說詩》讀後　楊君潛

聖代文壇傳繡虎　新生詩苑擅雕龍
古今細說欣開眼　人物平章屢盪胸
激濁揚清誰步武　扶輪振鐸我朝宗
炳然一卷存天地　猶似伽藍度曉鐘

讀東橋說詩後二首　邵東李漣溪

恭讀華章耳目新　字斟句酌見精醇
古來多少評詩客　何及東橋一卷珍

東橋大作驚華夏　韻士高人興倍賒
哲理詩情陳述備　吟壇新放一奇葩

重讀《東橋說詩》　楊柳園

人文詞賦史詩經　探賾搜奇羨博精
縱論古今巍高棟　平章甲乙失鍾嶸
千秋楚壁原無價　一卷騷壇仰盛名
瀲灩瀰漫如北海　頓教河伯夢魂驚

讀東橋說詩卻寄　蔡秋金

詞客伊誰寓霸才　果然一讀似瓊瑰
東橋可證儒林史　灼灼花從筆底開

東橋說詩讀後三首　朱遐昌

讀罷東橋獲益多　從今不敢再吟哦
新詞舊稿都焚卻　免對名詩愧色酡

通過東橋詩國遊　奇葩異卉不勝收
教儂歡笑教儂哭　更自傷心一笨牛

收羅宏富玉連篇　不讓隨園耑美前
標出詩魂眞創舉　東橋應可萬年傳

東橋說詩讀後　江沛

千古楓橋夜泊詩　憑君數語釋群疑
書中多少騷壇事　讀後均堪啓妙思

讀東橋說詩後二首　楊明宇

東橋夫子善譚詩　近古新潮全在茲
異果奇珍香蜜脆　嘴饞猛嗑醉如痴

詩林藝苑掌扶輪　萬語千言美善眞
妙趣橫生無盡意　芳園獨綻一枝春

東橋說詩讀後　蕭德侯

謹讀東橋說詩篇　壇壝無不讚君賢
三湘才子群稱首　四海騷人獨領先
琢句採詞深入淺　品評論法厲尤堅
新生詩苑司刀尺　亦友亦師欣結緣

歎賞東橋說詩贈句三首　洒　翁

衆譽東橋善說詩　古今眞僞釋群疑
洒翁歎賞才無敵　盡得風流妙入時
說詩詩話實相同　風格才殊見解中
褒貶教人心領會　胸羅應自有神通
學植根深熟典章　別才長更說詩詳
道人未道開新紀　先智東橋字號香

讀東橋說詩有感　徐裕福

卓見評詩氣勢雄　東橋一卷意無窮
吾湘北市劉才子　博古通今正世風

東橋說詩讀後　任　翊

一卷騰華夏　東橋貫耳名
說詩詩有則　論史史無情
揚善存風雅　選優彰玉瑩
古今諸傑作　堪可比雲程

讀新生詩苑有感　饒漢濱

聞道東橋善說詩　主編新苑盡幽芝
副刊之下甘潛蟄　飲水情懷只自知

東橋說詩讀後　許遠功

蘊玉含英擅說詩　東橋妙喻白丁知
言之有物譽聲遠　的是騷壇一代師

讀東橋說詩書後　姚　植

人道東橋善說詩　淺談深入盡佳詞
騷風雅俗同欣賞　紙貴洛陽如昔時

東橋說詩讀後三首　胡學超

東橋說詩盡珠璣　激盪騷壇起式微
格調高超思獨步　開人茅塞仰星輝
弘道風人字字香　讀來盪氣幾迴腸
定緣天地鍾靈氣　才有藏山織錦章
一卷書成萬户燈　焚香吟誦學規繩

精深平易皆珠玉　咳唾隨風信有徵

東橋說詩讀後　蘇仲明

珠璣字字放豪光　句句金聲韻味香
研誦再三堪典範　宏開詩教最佳章

東橋說詩讀後感賦　楊耀庭

讀罷珠璣茅塞開　是眞至寶棟樑材
人人乙冊勤翻閱　定使騷風濟世來

拜讀東橋說詩　葛佑民

一卷風行四海知　東橋大作使神馳
話多練達留佳話　詩廣蒐評盡好詩
藝苑主編原益友　吟壇裁判本良師
苦心未把眞才負　咳唾篇成錦繡詞

東橋說詩讀後　甯佑民

讀罷瑤篇感受新　道今論古筆如神
文壇讜論知多少　我愛東橋所說眞

致東橋先生　李逸亭

東橋詩話最精良　風誼謙沖影若藏
有志芸窗耽制作　無心宦海競翱翔
才高郢曲匡時念　學富仁懷濟世章
喜見先生揮彩筆　將同歷史永流芳

讀東橋說詩　張微波

咳吐鏗鏘紙價高　君侯壇坫領風騷
詞源浩蕩如洪水　筆力奔騰似浪濤
詩苑剪裁司玉尺　專欄遣句執金刀
高賢雅韻儒林仰　不佞情般愛鳳毛

賀東橋說詩出版　謝剛中

推敲匪易說尤難　筆底才情藝海寬
佳訊珠聯舒鳳藻　名園珍護盛梅蘭
喜新好舊惟揚善　味古茹今雅可觀
行見風高藜閣美　劉郎聲譽滿長安

東橋說詩讀後二首　郭振民

謹讀東橋細說詩　佳章韻味總神思
詮詞惠我開茅塞　沐浴春風受益之
引述先賢佳妙句　讀來喜悅快心頭

才情深敏詮詩意　媲美前人勝一籌

東橋說詩讀後　傅俊傑

主編藝苑更傳新　詩析名家論斷眞
褒貶分明揚美善　東橋鉅著萬般珍

讀東橋詩選　蔣滌非

讀罷東橋百首詩　頓教寒士更心儀
鴻詞麗句追元白　留與千秋萬姓知

東橋說詩讀後　陳恕忠

東橋雅卷最清新　今古詩家筆下陳
細細讀來多妙趣　名山藏得一枝春

東橋說詩讀後　劉清河

壇壝流盛譽　著作愼修辭
主筆新生苑　東橋善說詩

讀東橋說詩　李　燾

東橋博學早名揚　一卷書成百鍊鋼
筆吐高華評義理　胸懷睿智析詞章
謀篇錦繡同霞彩　鑄字珠璣似玉藏
拜讀啓聾開訣竅　晶瑩鑽石煥豪光

東橋說詩禮讚　郝樹本

文星熠熠綻奇光　聳立東橋巨著煌
四百短篇眞善美　頂尖佳構燦朝陽

讀東橋說詩　劉意芬

劉子東橋擅說詩　語多肯切筆多思
評今學者深如海　論古文人細似絲
句句措辭堪效法　篇篇洞見足爲師
四章附錄含情厚　覽博聞豐媲退之

讀東橋說詩書後　陳无藉

漫道毛公善說詩　東橋劉氏亦優爲
重規故業開新運　比美前賢更有誰

東橋說詩讚　梁民庭

左賦三都享大名　東橋一卷更晶瑩
廣羅佳作詳詮釋　詩學弘揚莫與京

東橋說詩贊　王鐵錚

若數家珍史　古今新舊詩

書中多鑽石　說與世人知

夜讀東橋說詩　邵東趙鶴玉

說詩夜讀曉窗前　茅塞頓開迷霧煙
有幸新生多惠益　無情海峽阻鄉緣
華章破惑千篇義　妙語聯珠一線牽
瑰麗苑花枝滿綻　風騷獨占杏壇邊

東橋說詩讀後　楊世輝

一卷風行見說詩　使君博洽妙神思
東橋古樸溪流曲　歲月悠悠映綠漪

賀東橋說詩出版　衡陽張堂明

江寧盛讚有隨園　臺北東橋豈遜袁
詩話說詩雙媲美　典墳考典百尋根
五車八斗揚三德　萬紫千紅又一村
九域騷人同探勝　宏深博大見詩魂

東橋說詩讀後　譚劍生

漁洋百卉燦三春　風雪東橋釣一綸
墨彩前追劉慧地　應教萬古識斯人

讀東橋說詩後　黃　斌

東橋一卷貌清新　珠玉蟠胸見解眞
豐富內含詞意暢　堪稱最會說詩人

東橋說詩讀後　劉　珍

東橋一卷似龍吟　震我詩腸盪我心
一貶一褒嚴斧鉞　條條卓見感人深

懷世局訪東橋　鄧馥苑

亂世勞人嘆數奇　蒼茫大地欲何之
憂懷怯論興亡事　且訪東橋細說詩

贈榮生惠蘭伉儷　劉子靜

藜閣春長喜氣迎　幽蘭浥露近階生
惠風薰得劉郎醉　瓜瓞綿綿更向榮

東橋說詩讀後感　衡陽張堂明

百看不厭幾迷痴　人道東橋善說詩
再嚼甜辛餘味足　一敲比興古風遺
仁忠且恕三宗德　美善加眞萬眾規
錦繡瓊篇今拜讀　璣珠字字果如斯

拜讀東橋說詩　柏蔚鵬

拜讀東橋錦繡篇　詩文並茂仰鄉賢
精深見解開茅塞　妙語如珠字字鮮

祝　願鶴頂三絕　衡陽張堂明

衷情萬縷讀離騷　心繫王韓李杜陶
祝我中華詩國旺　願和兩岸共揮毫
東海南山福壽全　橋通寰宇艷陽天
説長道短恭傾耳　詩酒聯歡樂晚年
流水行雲韻律嘉　傳經授藝筆生花
千秋萬代知音在　古瑟新彈是伯牙

東橋說詩讀後感　田浪萍

東橋才氣海奔濤　評説詞章意境高
筆下縱橫新絕唱　中華時代一詩豪

謝劉主編邀餐敘　朱學瓊

辱承相約見交深　一品佳餚一潤心
魚肉逾時成腐物　雲情歷久勝純金
聽君半日珍珠語　開我多年世俗襟
友諒友賢思古訓　感懷禮失已難尋

贈劉東橋　刁抱石

東屋關心滄海月　橋梁寄夢洞庭波

贈劉榮生先生　鄧馥苑

榮達無違根道義，生平有願伴詩書。

贈榮生詞兄聯　張白翎

榮業重詩書　希賢希聖
生涯空色相　學佛學仙

贈劉榮生詞兄　刁抱石

榮熙春至思湘水　生氣朝來憶楚雲

為劉榮生而歌　刁抱石

湘水清時照婉容　蓬山遠處舊情穠
天神降祐人同吉　月裡花間可再逢

柬東橋　刁抱石

文揭詩篇帶酒香　看花前度憶劉郎
天然臺上湘雲在　杜宇聲中一舉觴

柬榮生吟長　邵東葉民棟

故園喬木最難忘　惠我瓊琚情意長
翹首天涯思海客　吟旌何日返昭陽

懷榮生先生　張夢機

杜甫詩能尊庾信　樂天文亦念微之
餘生命厄吾終惘　古調聲稀子所悲
事往尚存心感激　年來還憫病支離
稼翁戎老都凋謝　猶待共擎吟旆時

東橋說詩讀後　朱遐昌

偷閒最愛看東橋　佳什品題幽趣饒
玉尺裁量眞善美　燭犀辨別正邪妖
淘金直欲窮山水　拾穗還愁漏瑾瑤
徧採逸詩登大雅　每將寒士姓名標

劉榮生秦惠蘭伉儷雅正　邵東趙合玉

劉君文藻燦如虹　榮主新生詩苑崇
生長邵東望族裏　秦聯台北鉅門中
惠園秀麗情莊婉　蘭閫幽香意洽融
伉禮瑤臺仙子壻　儷詞佳著宋唐風